PROCÈS

DE

L'INSURRECTION MILITAIRE

DU 30 OCTOBRE 1836,

JUGÉ

PAR LA COUR D'ASSISES DU BAS-RHIN.

STRASBOURG,

IMPRIMÉ CHEZ G. SILBERMANN, PLACE SAINT-THOMAS, 3.

1837.

PROCÈS

DE

L'INSURRECTION MILITAIRE

DU 30 OCTOBRE 1836,

JUGÉ PAR LA COUR D'ASSISES DU BAS-RHIN.

AUDIENCE DU 6 JANVIER.

(Présidence de M. Gloxin, conseiller à la cour royale de Colmar.)

L'audience a été indiquée pour neuf heures, et dès long-temps avant, une foule curieuse et animée se presse aux abords du Palais-de-Justice. Des dames élégantes, munies de billets, attendent dans la cour, que le dégel a presque convertie en lac, l'ouverture de la porte.

A neuf heures les accusés sont amenés de la prison par le couloir souterrain qui y communique; bientôt la cour prend séance et l'huissier procède à l'appel de MM. les jurés. La salle étroite et resserrée des assises a reçu toutes les dispositions qui peuvent permettre d'en mettre à profit la faible étendue : le banc des jurés, derrière lequel existait auparavant un couloir le long du mur de droite, se trouve rejeté en arrière du prétoire; la cour, où siegent MM. Gloxin, conseiller à la cour royale de Colmar, président; de Kentzinger et Mœrlen, juges; MM. Rossée, procureur-général, Devaux, avocat-général, Gérard, procureur du roi, et Carl, substitut, est élevée sur une estrade au pied de laquelle se trouvent les greffiers ; sur une table à gauche se groupent les pièces à conviction : une aigle aux ailes déployées, semblable à celles qui couronnaient le glorieux drapeau de l'empire, un uniforme de lieutenant-général ; des épaulettes de généraux, d'officiers supérieurs et d'aides-de camp, un chapeau bordé et plusieurs autres chapeaux à torsade en or, une plaque de grand officier de la Légion-d'Honneur, des épées, des sabres, des éperons, des bottes à l'écuyère et d'autres nombreux objets d'équipement militaire.

A neuf heures les accusés sont introduits, au milieu d'un vif mouvement de curiosité et d'intérêt, et prennent place dans l'ordre suivant :

M. le colonel Vaudrey, M. le lieutenant Laity, M. le commandant Parquin, M. de Querelles, M. de Gricourt, Mme Gordon et M. le chef d'escadron de Bruc.

Au banc inférieur, et à peu près sur le même plan, déjà, se trouvent MMrs Ferdinand Barrot, Thieriet, Parquin, Chauvin-Belliard, Martin et Liechtenberger, défenseurs des accusés.

M. le oolonel Vaudrey est revêtu de l'uniforme de l'artillerie et porte la croix d'officier de la Légion-d'Honneur; une moustache noire et touffue ajoute au caractère militaire et régulier de sa figure mâle et sévère.

M. Laity, lieutenant de pontonniers, porte également l'uniforme ; sa chevelure et sa moustache sont blondes ; l'ensemble de sa physionomie respire un profond caractère de douceur et de décision.

M. le commandant Parquin, colleté de noir, couvert d'un habit bleu boutonné de haut en bas, est décoré de la croix d'officier de la Légion-d'Honneur ; sa belle figure militaire est ombragée d'une moustache brune ; il a les cheveux plats; ses traits offrent une remarquable ressemblance avec ceux du célèbre avocat de Paris, son frère et son défenseur.

M. de Querelles, bien qu'en disponibilité, a revêtu son uniforme de lieutenant au 61e régiment d'infanterie de ligne.

M. de Gricourt dont la physionomie agréable et distinguée est remarquable surtout par un air de franchise et de jeunesse, porte avec une rare distinction un élégant costume bourgeois.

Mme Gordon, placée près de lui, est coiffée d'un frais chapeau blanc qui fait ressortir sa noire et brillante chevelure; une robe de satin noir, une collerette de Malines, des gants de filet de soie, un schall de cachemire noir, et quelques bijoux de jais complètent sa toilette simple et de bon goût.

M. de Bruc, placé le dernier au banc des accusés, est revêtu d'un habit bleu boutonné jusqu'au collet; il porte le ruban de la Légion-d'Honneur, négligemment attaché à la dernière boutonnière; sa pâleur et la contraction de ses traits semblent révéler une souffrance intérieure, que n'expliquent que trop les rigueurs et les ennuis d'une captivité prolongée, et qui pourrait avoir pour cause aussi, nous assure-t-on, les douleurs que lui causent les suites d'une terrible blessure reçue, par lui, il y a cinq ans, dans un combat où il a eu le malheur de se voir percé d'un coup d'épée de part en part.

Derrière les accusés sont ptacés sept à huit gendarmes.

On remarque parmi les personnes étrangères à la ville qui sont venues assister aux débats : MM. Reubell, conseiller à la cour royale de Colmar; Braun, procureur du roi, et Sandherr, avocat à Colmar; Dornès, avocat à Metz, et M. le général Excelmans, pair de France, qui a été appelé à Strasbourg comme témoin dans l'affaire.

Avant le tirage du jury, M. Thieriet se lève et demande que, vu la longueur présumée des débats, la cour veuille s'adjoindre un quatrième membre, pour que, au cas même où un de MM. les juges se trouverait empêché de siéger, l'affaire pût avoir son cours, et qu'il ne fût pas nécessaire de l'ajourner à une subséquente session.

M. le Président ne pense pas que la loi déterminant la composition des cours d'assises, et n'ayant pas prévu cette circonstance, il soit nécessaire d'accéder à cette demande de la défense.

M. Thieriet insiste, et établit que c'est un usage suivi à Paris dans des occasions semblables, et qu'un arrêt de la cour de cassation vient de consacrer.

La cour se retire pour délibérer, et rend un arrêt par lequel elle déclare qu'il n'y a pas lieu à prendre en considération la demande de la défense.

M. le Président annonce l'ouverture de l'audience, fait retirer le public et procède à l'opération du tirage du jury.

Bientôt l'audience est reprise. De nombreuses récusations ont été exercées, assure-t-on : le ministère public aurait récusé neuf jurés; la défense aurait exercé le même droit à l'égard de dix.

M. le Président demande, aux termes de la loi, les noms, prénoms, professions et domiciles des accusés :

Vaudrey (Claude-Nicolas), âgé de cinquante-deux ans, colonel au 4e régiment d'artillerie, officier de la Légion-d'Honneur, domicilié à Strasbourg;

Laity (Armand-François-Ruppert), âgé de vingt-sept ans, lieutenant au bataillon de pontonniers, en garnison à Strasbourg;

Parquin (Charles-Denis), âgé de quarante-neuf ans, ex-chef d'escadron de la garde municipale, domicilié à Paris;

De Querelles (Henri-Richard-Sigefroid), âgé de vingt-cinq ans, lieutenant en disponibilité, domicilié à Nancy;

De Gricourt (Charles-Emmanuel-Raphaël), âgé de vingt-trois ans, domicilié à Paris;

Eléonore Brault, veuve du sieur Gordon-Archer, âgée de vingt-huit ans, artiste, domiciliée à Paris;

Fréderic de Bruc, âgé de trente-huit ans, chef d'escadron en disponibilité, domicilié à Paris.

M. le Président : Je vais donner lecture à MM. les jurés de la formule du serment; à l'appel de leurs noms, ils auront à répondre : Je le jure.

L'huissier-audiencier procède à l'appel. — M. Weiss, cultivateur à Truchtersheim.

M. Weiss : Je le jure.

L'huissier : M. Rœhring, adjoint au maire à Schleithal.

M. Roehring ne répond pas à l'appel.

M. le président : Est-ce que le second juré n'entend pas le français?

L'interprète adresse en allemand la question au juré, qui répond ne pas entendre la langue française. (Sensation.)

L'interprète traduit la formule du serment, que M. Rœhring prête en allemand.

Cet incident inattendu paraît produire une vive impression sur l'auditoire et aura pour résultat de prolonger considérablement les débats, en obligeant le président à faire traduire par l'interprète toutes les particularités des débats

Le greffier donne lecture, au milieu d'un profond silence, de l'arrêt de renvoi et de l'acte d'accusation.

ARRÊT DE RENVOI

de la cour royale de Colmar dans l'affaire du 30 octobre, rendu sous la présidence de M. Millet de Chevers, premier président.

« Sur le rapport fait par M. le chevalier Rossée, procureur-général du roi près la cour ; les pièces du procès ayant été lues et déposées sur le bureau ; M. le procureur-général du roi a également déposé sur le bureau ses réquisitions écrites et signées de lui ; après avoir ouï le rapport du ministère public, et après en avoir délibéré séance tenante ;

« Attendu qu'il n'existe point de charges suffisantes contre Thélin, valet de chambre de Napoléon-Louis Bonaparte (détenu) ; Couard, lieutenant en premier au 3e régiment d'artillerie à Strasbourg ; Poggi, id. (fugitifs) ; qu'il n'en existe point non plus contre la femme Caroline-Valentine de Querecque, épouse de Fréderic de Bruc (détenue à Paris), et les nommés Lafond, employé au ministère des affaires étrangères ; Cavel, propriétaire à Paris, et de Geslin, ancien militaire, demeurant à Paris, impliqués dans cette procédure, mais non détenus ;

« Attendu que le fait reproché à Ballard, capitaine du génie attaché à la place de Strasbourg, n'a aucune connexité avec ceux que révèle la procédure, et que c'est avec raison qu'il a été abandonné à la justice militaire ;

« Attendu, quant à l'inculpé Boisson, maréchal-des-logis au 4e régiment d'artillerie, en garnison à Strasbourg, que la procédure ne produit également à son égard aucun fait qui soit susceptible d'être incriminé, et que des motifs graves militaient en faveur de sa mise en liberté ;

« Attendu que de ladite procédure résultent charges suffisantes :

« 1° Contre Vaudrey, colonel du 4e régiment d'artillerie à Strasbourg ; Laity, lieutenant au bataillon de pontonniers à Strasbourg ; Parquin, chef de bataillon à la garde municipale de Paris ; de Querelles, lieutenant en disponibilité, demeurant à Nancy ; de Gricourt, sans profession, domicilié à Paris ; de Persigny, sans profession, domicilié à Paris ; Lombard, ex-chirurgien-sous-aide à l'hôpital militaire de Strasbourg ; Gros, lieutenant en second au bataillon de pontonniers à Strasbourg ; Petry, idem ; Dupenhouat, idem ; et de Schaller, lieutenant au 3e régiment d'artillerie à Strasbourg : d'avoir, dans la matinée du 30 octobre dernier, commis un attentat dont le but était, soit de détruire, soit de changer le gouvernement ou l'ordre de successibilité au trône, soit d'exciter les citoyens ou habitants à s'armer contre l'autorité royale ;

« Et dans tous les cas, d'avoir pris part, par une résolution d'agir, concertée et arrêtée entre eux, au complot dont cet attentat a été l'exécution ;

« 2° Contre Vaudrey, Laity, Parquin, Persigny, Lombard, Gros et Schaller, d'avoir pris, ledit jour, le commandement d'une troupe, sans droit ou motif légitime, et uniquement dans le but d'arriver à l'accomplissement de leur coupable dessein ;

« 3° Contre Parquin, d'avoir, ledit jour, arrêté et détenu M. le lieutenant-général commandant la division militaire ;

« Persigny, d'avoir arrêté et détenu et séquestré M. le préfet du département du Bas-Rhin ;

« De Schaller, d'avoir fait arrêter et détenir le colonel Leboul ;

« Et Vaudrey, de s'être rendu coauteur de ces faits, en mettant à la disposition de leurs auteurs une partie des soldats placés sous ses ordres ;

« 4° Contre Eléonore Brault, veuve Gordon, de s'être rendue coupable du premier fait, en y provoquant par des machinations ou artifices coupables, et en assistant les auteurs dans les faits qui l'ont préparé ou facilité ;

« 5° Contre ladite veuve Gordon et Fréderic de Bruc, chef d'escadron en disponibilité, domicilié à Paris, d'avoir, par une résolution d'agir, concertée et arrêtée entre plusieurs personnes, pris part au complot dont les attentats du 30 octobre ont été l'exécution ;

« 6° Contre ledit Fréderic de Bruc, d'avoir fait au général Excelmans une proposition non agréée, de prendre part audit complot ;

« 7° Contre Parquin, de Querelles, de Gricourt, de Persigny et Lombard, d'avoir, ledit jour, porté publiquement un uniforme qui ne leur appartenait point ;

« Attendu que ces derniers faits sont évidemment connexes avec ceux qui précèdent ;

« Que les 1er, 2e, 3e, 4e et 5e faits constituent des crimes prévus par les art. 87, 88, 93, 341, 59, 60 et 89 du code pénal ;

« Attendu qne les 6e et 7e faits sont passibles de peines correctionnelles aux termes du 4e paragraphe de l'art. 89 et de l'art. 259 du même code ;

« Vu l'arrêt d'évocation de la cour, qui comprend parmi les inculpés Napoléon-Louis Bonaparte ;

« Attendu que la procédure dirigée contre ce dernier n'a pas été continuée ; qu'il n'a pas même subi d'interrogatoire devant M. le commissaire délégué par la cour ; qu'ainsi en fait il ne peut être statué à son égard sur la mise en prévention ;

« *Attendu, en droit, que les magistrats ne peuvent s'écarter du principe fondamental de l'égalité devant la loi, ni s'abstenir d'y rendre hommage ; mais que l'extraction de Napoléon-Louis Bonaparte de la maison d'arrêt de Strasbourg est un acte exceptionnel de haute politiqne gouvernementale, sur lequel la cour ne saurait être appelée à se prononcer en présence des pouvoirs politiques de l'Etat ;*

« Par ces motifs,

« La cour renvoie de toutes poursuites Thélin, Couard, Poggi, la femme de Bruc, Cavel, Lafond et de Geslin, ordonne que ceux d'entre eux qui sont présentement détenus seront sur-le-champ mis en liberté, s'ils ne sont pas détenus pour autre cause ;

« Ce fait a mis et met en accusation :

« 1° Claude-Nicolas Vaudrey ; 2° François-Armand-Ruppert Laity ; 3° Denis-Charles-Parquin ; 4° Henri-Richard Siegfroi de Querelles ; 5° Charles-Emmanuel-Raphaël de Gricourt ; 6° Eléonore Brault, veuve Gordon ; 7° Fréderic comte de Bruc ; les sept détenus en la maison d'arrêt de Strasbourg ;

« 8° Louis Dupenhouat ; 9° Charles-Philippe-François Petry ; 10° Michel-Jean-François-Regis Gros ; 11° André-Nicolas de Schaller ; 12° de Persigny ; et 13° Jules-Barthélemy Lombard ; les six derniers fugitifs ;

« En conséquence ordonne que les sept premiers accusés ci-dessus, dans ce moment détenus en la maison d'arrêt de Strasbourg, en seront extraits et conduits en la maison de justice, etc. ; que les six derniers accusés, qui sont fugitifs, seront pris au corps, etc.... ; que tous seront traduits devant ladite cour d'assises du Bas-Rhin, pour y être jugés suivant la loi....

« Fait et jugé à Colmar en cour royale par les chambres réunies de mise en accusation et de police correctionnelle, le lundi 5 décembre 1836. »

ACTE D'ACCUSATION.

FAITS GÉNÉRAUX.

Le procureur-général du roi de la cour royale de Colmar, chevalier de l'ordre royal de la Légion-d'Honneur, expose que, par arrêt rendu par cette cour, chambre d'accusation, le 5 décembre 1836, il y a été déclaré qu'il y a lieu d'accuser :

1° Vaudrey (Claude-Nicolas), âgé de cinquante-deux ans, colonel du 4e régiment d'artillerie, officier de la Légion-d'Honneur, domicilié à Strasbourg; 2° Laity (Armand-François-Ruppert), âgé de vingt-sept ans, lieutenant au bataillon de pontonniers, en garnison à Strasbourg; 3° Parquin (Charles-Denis), âgé de quarante-neuf ans, chef d'escadron de la garde municipale, domicilié à Paris; 4° de Querelles (Henri-Richard-Siegefroid), âgé de vingt-cinq ans, lieutenant en disponibilité, domicilié à Nancy; 5° de Gricourt (Charles-Emmanuël-Raphaël), âgé de vingt-trois ans, sans profession, domicilié à Paris; 6° Eléonore Brault, veuve du sieur Gordon-Archer, âgée de vingt-huit ans, artiste, domiciliée à Paris; 7° Fréderic de Bruc, âgé de trente-huit ans, chef d'escadron en disponibilité, chevalier de la Légion-d'Honneur, domicilié à Paris, détenus;

8° de Persigny (Joseph-Gilbert-Victor), âgé de vingt-cinq ans, sans profession, domicilié à Paris; 9° Lombard (Jules-Barthélemy), ancien chirurgien des hôpitaux militaires, âgé de vingt-sept ans, domicilié à Strasbourg; 10° Gros (Michel-Jean-François-Regis), âgé de vingt-six ans, lieutenant en second à la 12e compagnie des pontonniers, en garnison à Strasbourg; 11° Pétry (Charles-Philippe-François), âgé de vtngt-cinq ans, lieutenant en second à la 6e compagnie du même bataillon; 12° Dupenhouat (Louis), âgé de vingt-quatre ans, lieutenant en second à la 4e compagnie du même corps; 13° de Schaller (André-Joseph-Nicolas), lieutenant au 3e régiment d'artillerie, en garnison à Strasbourg, âgé de vingt-six ans, fugitifs;

Déclare le procureur-général qu'en exécution du susdit arrêt, ayant fait un nouvel examen de la procédure, il en résulte ce qui suit :

Des divers membres de la famille Bonaparte bannis à la suite des événements de 1814 et 1815, les deux fils de l'ancien roi de Hollande semblent avoir été ceux qui ont nourri avec le plus de force l'espoir chimérique de reprendre en France la place de l'homme qui a jeté tant de gloire sur leur nom.

Fixés à peu de distance de nos frontières, à proximité de l'Italie, ils semblaient avoir choisi pour demeure le point qui les mettait le plus à la portée de suivre et d'apprécier les événements qui pourraient leur offrir quelques chances de réaliser leurs desseins.

Ces espérances dont le calme dans lequel s'écoulèrent les dernières années de la restauration avait attiédi la chaleur, se réveillèrent avec une intensité nouvelle au moment de la révolution de juillet, et au bruit des commotions qui semblaient devoir ébranler le sol de la vieille Europe.

Les mouvements qui éclatèrent à cette époque en Italie, paraissent avoir appelé surtout leur attention. Ce pays avait fait partie de l'ancien empire français; c'était le théâtre duquel leur oncle s'était annoncé pour la première fois au monde, leur origine, leur nom étaient italiens, puis l'Italie c'était pour eux le chemin de la France. C'était aussi celui du pouvoir. Aussi les vit-on dès les premiers symptômes des troubles qui se manifestèrent dans cette contrée, s'y jeter tous les deux avec la ferme volonté de leur donner de la consistance. Ce premier essai fut malheureux : l'un mourut à la peine, l'autre, accablé par la maladie, épuisé par la souffrance, dut pour la seconde fois la vie à sa mère.

L'expérience et le souvenir du malheur ne lui furent point toutefois d'assez grands maîtres. La générosité dont dès lors et dans des circonstances difficiles le gouvernement français fit preuve à son égard, n'eut point davantage de fruits. Une deuxième fois il devait être l'objet d'un acte de clémence appelé à prendre place dans les plus belles pages de l'histoire comtemporaine.

Dès le mois de mai 1832, il cherche de nouveau à s'emparer de la scène; le jeune soldat dont l'épée venait d'être brisée en Italie, se saisit de la plume; aux tentatives du guerrier succèdent celles du législateur. Louis Bonaparte publie ses *Rêveries politiques;* il les fait suivre d'un projet de constitution.

Les *Rêveries* contiennent la pensée que la France ne saurait être régénérée que par des hommes du sang de Napoléon, et qu'à eux seuls il pouvait appartenir de concilier les exigences des idées républicaines avec celles de l'esprit guerrier. La constitution répond aux promesses du préambule: elle est démocratique, plusieurs de ses dispositions semblent écrites sous des inspirations saint-simoniennes; en même temps elle porte dans son premier article que la république aura un empereur, et dans son dernier, comme pour empêcher que l'on ne prît de nouveau le change sur l'acception du mot, que la garde impériale sera rétablie.

Des lames de sabre saisies à Strasbourg avant l'événement du 30 octobre et sur lesquelles se trouvent l'aigle et les mots : *Garde impériale*, prouvent que Louis Bonaparte n'a point cessé de songer sérieusement à l'accomplissement de la disposition finale du pacte qu'il voulait octroyer.

Il est à remarquer qu'à l'époque de cette publication le jeune duc de Reichstædt vivait encore, mais on ne saurait oublier en même temps qu'il était atteint d'une maladie mortelle, et qui laissait, sans doute, à ses héritiers moins qu'à tout autre l'espoir d'une guérison. Tout donne lieu de croire que, sous le voile de l'esprit de famille, Louis Bonaparte cherchait à faire valoir un intérêt plus intime encore et qui lui était entièrement personnel.

Les faits qui ont suivi viennent entièrement à l'appui de ces assertions. Depuis 1832 tous les efforts de Louis Bonaparte tendent à appeler sur lui l'attention. Il publie de nouvelles brochures; l'une contient des considérations sur l'état politique et militaire de la Suisse; l'autre s'adresse à l'artillerie, à l'arme dans laquelle Napoléon avait servi; de nombreux envois en sont faits en France; plus tard une main trace son histoire dans la biographie des hommes du jour. On en tire de nombreux exemplaires.

D'un autre côté, il cherche à nouer des liaisons avec les mécontents, toujours si nombreux dans un pays profondément sillonné par de grandes révolutions et à la suite du déclassement opéré par elles. Il recrute des adhérents dans toutes les classes de la société.

Les militaires surtout sont l'objet de ses prévenances en tous lieux; il les recherche; il court au devant d'eux; il les réunit dans des banquets: il parle avec enthousiasme du temps de l'empire; il utilise, en un mot, autant qu'il est en son pouvoir, le prestige qui s'attache toujours, quel que soit d'ailleurs le caractère de la personne, à un nom illustre ou à une grandeur déchue.

Du reste, pendant longtemps ses projets n'ont rien de fixe

et de déterminé. Il saisit avec activité tous les bruits prochains ; il pense qu'au milieu du désordre, il pourra se créer la place qu'il ambitionne.

Un horrible crime doit se commettre ; de sourdes rumeurs que l'on entend toujours à l'approche des grandes catastrophes l'annoncent longtemps d'avance : il attend le moment ; près de lui se trouvent les accusés Persigny et Gricourt, que l'on verra plus tard prendre une part si active à l'attentat du 30 octobre.

Plus tard viennent aussi à se troubler les relations de paix qui existent depuis longtemps entre la France et un pays voisin ; exploité par toutes les passions haineuses, le conflit semble acquérir un caractère sérieux. Louis Bonaparte veut profiter de la circonstance : c'est la Suisse qui doit être le point de départ du mouvement qu'il cherche à organiser.

Mais la providence veille sur les jours du roi, et la raison reprend sa place dans les conseils d'une nation si souvent renommée par sa sagesse ; il faut tourner d'un autre côté ses espérances ; et c'est ce que fait Louis Bonaparte. C'est vers l'armée que se portent ses regards, c'est à une révolution militaire qu'il songe ; il se rappelle les gardes prétoriennes ; les souvenirs du 18 brumaire et du 20 mars appartiennent à sa famille ; une révolution militaire vient d'éclater en Espagne, une autre en Portugal. Il espère que celle qu'il veut diriger sera aussi heureuse ; il se nourrit d'ailleurs de l'espoir commun aux conspirateurs de toutes les époques ; il aime à penser que ce que le petit nombre aurait osé tenter serait approuvé par beaucoup et souffert partout.

Toutefois un point d'appui lui manque encore ; il lui faut le concours d'un chef de corps. L'homme nécessaire lui apparaît dans la personne d'un colonel d'artillerie en garnison à Strasbourg, et connu par l'influence qu'il exerce sur son régiment : tous les moyens de séduction qui sont en son pouvoir, Louis Bonaparte les met en usage ; il triomphe bientôt de la molle résistance qui lui est opposée. Il acquiert la confirmation de ce triomphe, le 26 octobre au matin, dans une auberge du Val-d'Enfer.

Dans la soirée du 28, il arrive à Strasbourg ; les divers conjurés qui n'habitaient point la ville y étaient accourus de toutes parts ; c'est le 30 octobre qu'éclatent les attentats sur lesquels il appartient à la justice de prononcer.

Dans la matinée de ce jour, avant six heures, Louis Bonaparte, revêtu d'un costume qui rappelle celui du grand homme, latête couverte du chapeau historique, quitte son logement et se rend, suivi de la plupart des conjurés, à la caserne occupée par le régiment d'artillerie commandé par le colonel Vaudrey; celui-ci l'attendait à la tête de la troupe en armes; dès qu'il l'aperçoit il se porte au devant de lui, et abordant le front de son régiment, il le présente au corps auquel il s'adresse en ces termes :

« Soldats du 4e régiment d'artillerie, une révolution vient d'éclater en France; Louis-Philippe n'est plus sur le trône: Napoléon II, empereur des Français, vient prendre les rênes du gouvernement. Criez: vive l'empereur ! »; et il poussa ce cri qui fut répété par les soldats. Louis Bonaparte harangue ensuite la troupe; il l'appelle à le seconder. Son allocution est suivie des cris répétés de: vive l'empereur !

Les moments étaient précieux. Plus était grande l'audace du projet, plus il importait d'en hâter l'exécution. Louis Bonaparte se met immédiatement à la tête du régiment; cependant il demande quatre détachements au colonel Vaudrey qui les lui fournit et prescrit aux soldats l'obéissance envers les chefs improvisés qui vont les diriger.

L'accusé Persigny, à la tête du premier détachement se rend à la préfecture, s'en fait ouvrir les portes et parvient à se saisir de la personne du premier magistrat du département.

L'accusé de Schaller, lieutenant au 3e régiment d'artillerie, prend le commandement du deuxième détachement. Il se porte devant la maison habitée par son colonel et donne la consigne de ne laisser entrer ni sortir personne.

L'accusé Lombard gagne à la tête du 3e détachement les ateliers du sieur Silbermann, et se hâte de faire imprimer les proclamations par lesquelles Louis Bonaparte voulait annoncer à tous son avènement.

Un 4e détachement, sous la conduite d'un chef dont le nom est resté inconnu, avait pour mission de s'emparer des avenues de la maison du général Lalande, commandant le département du Bas-Rhin.

Pendant que s'effectuent ces mouvements partiels, le gros de la troupe se dirige vers le quartier-général: arrivée au but, elle fait une halte: Louis Bonaparte s'en détache suivi des principaux conjurés; il pénètre jusqu'à l'appartement occupé par le général Voirol ; il s'avance vers lui en lui disant : « Brave général, venez que je vous embrasse, reconnaissez en moi Napoléon II. » Mais la réception qu'on lui fait, ne répond pas à ses avances ; vivement apostrophé par ce chef fidèle, il comprend bientôt que toute espérance doit être bannie de ce côté. Aussi se hâte-t-il de quitter l'hôtel, en y laissant toutefois le général sous la garde de l'accusé Parquin et de douze artilleurs que Vaudrey détache de la troupe.

De là, il se rend à la caserne de la Finckmatt, occupée par le 46e régiment de ligne. La résistance qu'il avait trouvée dans l'hôtel du général Voirol, il la rencontra dans les derniers rangs de l'armée : soldats et sous-officiers repoussent avec énergie les offres, les promesses qui leur sont faites : les allocutions de Louis Bonaparte, les exhortations du colonel Vaudrey, les paroles de Querelles et de Laity, ne parviennent à émouvoir personne ; bientôt les conjurés sont tous arrêtés par les soldats encouragés par l'arrivée successive des chefs. Louis Bonaparte après avoir essuyé quelques violences, l'uniforme déchirée, ses insignes arrachés, est renfermé dans une chambre de la caserne, et le lieu où il croyait rencontrer un triomphe assuré, voit l'anéantissement de son audacieuse et coupable entreprise. Cinq des autres conjurés subissent le même sort.

FAITS PARTICULIERS. — VAUDREY.

D'après les détails qui précèdent, le concours actif de Vaudrey aux attentats du 30 octobre ne saurait déjà plus être mis en doute. On l'a déjà vu, recevant Louis Bonaparte à la tête de son régiment et le présentant comme celui qui, par suite du renversement du gouvernement du roi, venait prendre les rênes de l'Etat.

On l'a vu aussi fournir les détachements qui, en arrêtant les principales autorités, devaient paralyser toute résistance sérieuse.

Mais ces faits qui rentraient dans le cadre des faits généraux, et qui seraient déjà suffisants pour établir la culpabilité de Vaudrey relativement aux divers chefs d'accusation qui lui sont imputés, reçoivent une force nouvelle des actes particuliers dont il s'est rendu l'auteur.

En effet, le jour de l'attentat, dès cinq heures du matin, il se rend à la caserne de son régiment et prend toutes les mesures quil juge nécessaires pour la réussite du plan concerté.

Il y distribue de l'argent, il promet des grades, il interdit expressément d'avertir les officiers; après, il suit Louis Bonaparte et partout le seconde d'efforts soutenus.

Il n'est nullement ému des vifs reproches que le lieutenant-général Voirol lui adresse sur son parjure et sa trahison, lorsqu'il ose se montrer à lui à côté de Louis Bonaparte, il persiste dans sa défection.

Arrivé à la Finckmatt, c'est lui qui, comptant sur l'ascendant que lui donne son grade élevé, s'adresse aux soldats et les exhorte de se joindre à l'artillerie, à crier vive l'empereur! et à se rallier à la bonne cause.

C'est lui encore qui donne au sous-lieutenant Pleignier l'ordre de faire prendre les armes au 46e, et de le faire descendre dans la cour.

C'est lui aussi qui ne craint point de s'adresser au major Sallaix, et de l'engager à se joindre à lui, à proclamer Napoléon II, et à faire crier: vive l'empereur!

C'est lui enfin que l'on voit dans la même caserne ordonner l'arrestation du lieutenant Hornet, et le sabre nu au milieu des soldats de son régiment, également sur l'offensive, chercher à obtenir par la force une adhésion qui avait été refusée à des moyens moins violents. Il finit par se rendre, il est vrai, mais c'est sur les représentations vives et énergiques du colonel Tallandier, et il ne remet son épée qu'alors que la résistance lui paraît dangereuse ou impossible devant les forces supérieures aux siennes; devant l'ensemble de ces faits divers constatés par de nombreux témoignages, toute dénégation de la part du colonel Vaudrey était impossible: aussi n'a-t-il point recours à ce moyen.

Il cherche à atténuer ses torts en se représentant tantôt comme ayant agi sous l'influence d'humiliations répétées qu'il aurait reçues des inspecteurs généraux de son arme, tantôt comme emporté par les souvenirs de l'empire, si vifs pour tout soldat qui a pris part aux glorieux combats de cette époque; toute réflexion, ajoute-t-il, lui a manqué. Il n'a pas eu le temps d'en faire. C'est la veille au soir et dans une courte entrevue qu'il aurait promis son concours.

Quand il s'agit d'un crime de haute trahison, alors qu'un homme revêtu d'un grade élevé a foulé aux pieds ses serments et les devoirs qu'impose avec tant de force l'honneur militaire; quand il s'agit d'un fait inouï dans nos annales, qui, au milieu d'événements si nombreux et si variés, n'offrent point l'exemple d'un chef de corps, prenant l'initiative d'un mouvement révolutionnaire, et tournant contre le gouvernement la force mise en ses mains pour le défendre, on ne sait si l'on doit plus s'étonner du fait en lui-même que des motifs allégués pour en atténuer la gravité.

Mais il n'est pas même établi que ces motifs, quelque faibles qu'ils soient, Vaudrey les ait eus. Rien ne prouve qu'il ait reçu les humiliations dont il se plaint; puis, il aurait trouvé dans la sollicitude bienveillante et de tous les jours dont il était l'objet de la part du général Voirol, une compensation, sans doute, plus que suffisante aux petits chagrins d'amour-propre auxquels doit s'attendre tout homme qui sert, quelle que soit sa position.

Rien non plus ne révèle chez Vaudrey le culte qu'il aurait voué aux souvenirs de l'empire. Au milieu du mouvement rapide qui aujourd'hui emporte toute chose, la religion des souvenirs devient chaque jour plus rare; puis, quand une croyance a pris place dans le cœur d'un homme, elle domine sa vie, elle se montre dans chacun de ses actes; le caractère, les habitudes, la manière d'être de Vaudrey, sa conduite aux différentes époques de son existence, s'accordent pour prouver que de tous les hommes il était le moins capable de nourrir une croyance.

La dernière circonstance qu'allègue Vaudrey, n'offre pas davantage de poids, quand on l'apprécie à sa juste valeur

D'abord, quand Vaudrey n'aurait promis son concours que la veille, il resterait toujours qu'il aurait eu une nuit toute entière devant lui, et que c'est inutilement qu'elle lui aurait porté conseil; il resterait encore qu'il aurait rempli sa coupable promesse avec calcul, sang-froid et résolution.

Mais ce moyen de défense ne reste pas même à Vaudrey.

C'est au mois de juillet qu'il a reçu à Bade les premières ouvertures de Louis Bonaparte. Cela résulte de ses propres dires, et il est entièrement à penser que, loin de les repousser avec l'énergie que lui recommandaient ses serments, il les a favorablement accueillies. Il est à remarquer qu'interrogé à cet égard par le général Voirol, il lui a répondu par une dénégation formelle.

Du reste, plusieurs autres circonstances encore viennent prouver que les relations, dès lors établies entre Louis Bonaparte et lui, n'ont jamais été entièrement interrompues. En effet, une première lettre est adressée à Vaudrey par l'intermédiaire de Persigny ; elle est écrite de Lindau, sur le lac de Constance ; elle porte la signature de Louise Wernert, mais elle est bien réellement de Louis Bonaparte, c'est son écriture, c'est aussi son style ; elle est ainsi conçue :

« Monsieur,

« Je ne vous ai pas écrit *depuis que je vous ai quitté*, parce « qu'au commencement j'attendais une lettre où vous m'a- « viez donné votre adresse, et que depuis le retour de M. P., « j'ai trouvé inutile de multiplier les écritures ; cependant « aujourd'hui que vous vous occupez encore de mon ma- « riage, je ne puis m'empêcher de vous adresser personnel- « lement une phrase d'amitié. Vous devez assez me con- « naître pour savoir à quoi vous en tenir sur les sentiments « que je vous porte ; mais pour moi, j'éprouve trop de plai- « sir à vous les exprimer pour que je garde le silence plus « longtemps, car vous réunissez, Monsieur, à vous seul, « tout ce qui peut faire vibrer mon cœur, passé, présent, « avenir. Avant de vous connaître, j'errais sans guide cer- « tain ; semblable au hardi navigateur qui cherchait un autre « monde ; je n'avais, comme lui, que dans ma conscience et « dans mon courage, la persuasion de la réussite ; j'avais « beaucoup d'espoir et peu de certitude ; *mais lorsque je vous « ai vu*, Monsieur, l'horizon m'a paru s'éclaircir, et je me « suis écrié : Terre ! terre !

« Je crois de mon devoir, dans les circonstances actuelles, « où mon mariage dépend de vous, de vous renouveler l'ex- « pression de mon amitié et de vous dire que quelle que soit « votre décision, cela ne peut influer en rien sur les senti- « ments que je vous porte. Je désire que vous agissiez en- « tièrement d'après vos convictions, et que vous soyez sûr « que, tant que je vivrai, je me rappelerai avec attendrisse- « ment vos procédés à mon égard. — Heureux si je puis un « jour vous donner des preuves de ma reconnaissance.

« En attendant que je sache si je me marierai où si je res- « terai vieille fille, je vous prie de compter toujours sur ma « sincère affection. Signé Louise Wernert «.

Quand on s'arrête à cette lettre, que l'on en pèse les termes, que l'on en suit la pensée, il est impossible de ne point admettre qu'elle s'adresse à un complice, à un homme entièrement initié au complot, et sur le concours duquel on a de justes motifs de compter. Ce n'est pas à l'homme qui aurait repoussé avec indignation les projets, à celui même qui n'eût fait que montrer de l'hésitation, que l'on eût confié une arme qui, entre ses mains, pouvait devenir si funeste aux projets des conspirateurs. On y trouve du reste tout ce qui peut prouver l'intimité, une continuité de relations pour l'entreprise projetée; on y voit que Louis Bonaparte savait que Vaudrey s'en occupait toujours, qu'il attendait son adresse de lui; et que s'il n'a pas écrit plus souvent, c'est qu'il a jugé prudent de ne pas multiplier les écritures depuis le retour de Persigny, autre accusé.

Cette lettre, il est vrai, n'est point parvenue à Vaudrey; mais c'est par suite de circonstances indépendantes de la volonté de celui qui l'a écrite, et toutes les inductions qui se présentent si naturellement à l'esprit, conservent ainsi leur force.

Mais cette lettre n'est point seule : il en existe une autre; elle émane de Vaudrey. Il l'adresse à la femme Gordon; on ne la transcrira point par des motifs qu'il est facile d'apprécier.

Si des doutes pouvaient rester, cette dernière pièce viendrait les dissiper. Partout on y trouve le langage de l'homme lié par des engagements formels et positifs, et qui, si parfois il hésite encore, ne le fait que par la crainte des obstacles qui peuvent s'opposer au succès de l'entreprise.

Vaudrey sent d'ailleurs combien cette lettre est destructive du système de défense qu'il a embrassé; c'est en vain qu'il cherche à l'expliquer; pressé de questions, accablé par l'évidence, il se borne à dire que tout fait est susceptible de diverses interprétations.

Mais à ces documents vient s'en joindre un troisième qui donne la clef des démarches ultérieures de Vaudrey et de la femme Gordon. Il s'agit d'une lettre de Persigny dont le nom se présente si souvent dans le cours de la procédure et qui s'offre partout comme l'agent le plus actif du complot : elle est adressée à la femme Gordon à Dijon : elle parle d'un rendez-vous à donner par le directeur à l'ami de la femme Gordon. Ce rendez-vous a été accepté.

En effet, Vaudrey et la femme Gordon quittent Dijon le 23 ou 24 octobre. Ils arrivent à Colmar le 25, entre midi et une heure, à l'hôtel de l'Ange. Ils y déposent leurs effets : après avoir dîné, ils partent le même jour pour Fribourg où ils sont rendus entre huit et neuf heures du soir. Ils reviennent le lendemain à Colmar, et se remettent en route le soir pour Strasbourg.

Ce voyage à Fribourg dans une mauvaise saison, alors

que Vaudrey était souffrant et la femme Gordon malade, qu'il s'agissait de faire un détour de huit lieues, a eu évidemment pour but le rendez-vous donné par le directeur (Louis Bonaparte) à l'ami de la femme Gordon (le colonel Vaudrey).

Les preuves ici viennent s'accumuler. Il est établi que Persigny est arrivé à Fribourg dans la matinée du 25 octobre, jour où Vaudrey et sa compagne s'y sont rendus; il est certain que tous trois ont logé dans le même hôtel, il est certain que dès leur arrivée, Vaudrey et la femme Gordon se sont fait conduire dans l'appartement occupé par Persigny, et qu'ils ont eu avec lui une conférence; il est acquis enfin que le lendemain matin Persigny s'est rendu en voiture depuis Fribourg dans la vallée de Himmelreich, que de là il a pris à pied la direction de l'auberge de la Steig, dans laquelle Louis-Napoléon était arrivé la veille; que celui-ci, vers la même heure, quittait cette auberge et se dirigeait à pied vers la vallée de Himmelreich : tout se réunit pour donner la conviction qu'ils se sont rencontrés. Le fait est d'autant plus probable que Louis Bonaparte avait envoyé le 26, de très-grand matin, son domestique à Fribourg, où il est descendu à l'hôtel du Sauvage; mais à peine entré dans la salle, il en est reparti immédiatement pour aller en ville. Dans cette entrevue, Persigny aura fait connaître à Louis Bonaparte que Vaudrey continuait d'appartenir au complot et qu'il ne pouvait plus y avoir de doute sur son concours.

La preuve de la culpabilité de la femme Gordon se rattache, comme on vient de le voir, d'une manière intime à celle de la culpabilité de Vaudrey. Malgré les promesses de Vaudrey, on craignait qu'il hésitât; son enjeu était énorme: il s'agissait pour lui de perdre une position brillante, l'honneur assurément, la vie peut-être, et il n'y avait rien qui pût, même dans l'avenir, lui offrir des compensations. Il pouvait réfléchir et se rappeler cette grande vérité morale, que la trahison est toujours chose odieuse, que le succès même ne saurait l'ennoblir, et qu'on ne se sert d'un soldat qui foule aux pieds ses serments que comme d'un instrument que l'on brise dès qu'il a cessé d'être utile.

Mais le colonel Vaudrey était vain et ambitieux, de plus, homme de plaisir.

Quoique marié à une femme digne de l'estime de tous et père d'une famille intéressante, il trouvait encore place pour d'autres penchants. Ses mœurs n'étaient surtout ni de son âge, ni de sa position. On ne viole jamais impunément les lois de la morale ; le mal est prompt à envahir la voie qui lui est faite dans l'âme humaine ; le mépris de la décence publique aboutit souvent au crime.

Pendant toute sa vie, livré à ses passions, le colonel Vaudrey offrait, plus qu'un autre, prise à la séduction.

C'était chose connue de tous.

Louis Bonaparte le savait.

Persigny ne l'ignorait pas.

Il ne s'agissait donc que de trouver une femme qui pût et voulût compléter l'œuvre qu'avaient commencée la vanité et une insatiable ambition.

ÉLÉONORE BRAULT, VEUVE GORDON.

Éléonore Brault, veuve du sieur Gordon-Archer, appela l'attention de Louis Bonaparte et de Persigny. Elle était remarquable par les charmes de sa personne ; son esprit était en rapport avec sa beauté : active, intrigante, de mœurs équivoques et sans argent, elle offrait l'assemblage de toutes les conditions qui, d'un être doué de raison, font souvent un instrument docile : elle ne reste pas au-dessous de la tâche qui lui est donnée. Une lettre qui lui a été écrite par Vaudrey, et dont on a déjà parlé, prouve, qu'elle a essayé sur cet homme tous les moyens qui étaient de nature à agir sur sa volonté ; qu'à l'homme essentiellement vain, elle a prodigué la flatterie ; qu'au vieux soldat et à l'homme qui l'aimait, elle a fait entendre, tantôt, que reculer après une promesse donnée serait lâcheté, tantôt qu'elle ne pouvait appartenir qu'à l'homme qui se dévouerait entièrement au succès de l'entreprise. On sait d'ailleurs son arrivée à Dijon ; son itinéraire était connu de Persigny, qui lui adressa dans cette ville, poste restante, deux lettres uniquement relatives au complot. L'une de ces lettres renfermait celle que Louis Bonaparte, sous le nom de Louise Wernert, a écrite à Vaudrey, et dont il a déjà été question. On se rappelle aussi que cette femme a suivi Vaudrey à Fribourg, qu'elle l'a conduit au rendez-vous donné par le directeur. Ce que l'on ne sait pas encore, c'est que, secouant toute pudeur, elle a partagé le logement de Vaudrey dans ces derniers jours, et que, s'attachant plus que jamais à sa personne, elle ne s'est séparée de lui qu'au moment où il était irrésistiblement entraîné vers l'abîme, et où il ne s'agissait plus pour elle que de s'applaudir d'avoir conduit à la fin l'œuvre qu'on lui avait confiée. Dans cet état de choses, la participation de la femme Gordon ne saurait être l'objet d'un doute : elle se présente avec les caractères les plus graves ; c'est la femme froide, réfléchie, qui, usant de tous ses moyens d'influence, spéculant sur l'affection qui lui est portée, entraîne à sa ruine l'homme qui l'aimait et le fait un conspirateur sans qu'il soit possible d'assigner à sa conduite d'autre mobile qu'un bas et vulgaire intérêt. D'autres circonstances viennent établir d'ailleurs encore que depuis plusieurs mois la femme Gordon était initiée aux projets des conspirateurs, et qu'elle leur avait promis son concours.

A Bade, au mois d'août, elle voit, à diverses reprises, Louis Bonaparte ; elle le reçoit chez elle ; elle fait des courses avec lui. D'un autre côté, ses rapports avec Persigny sont fort intimes ; elle part ensuite pour Paris ; elle y reçoit des lettres de celui-ci ; il cherche à la mettre en rapport avec de Bruc. Elle est loin d'ailleurs de rester inactive ; elle reçoit des remerciments au sujet du zèle qu'elle déploie pour le succès de l'entreprise. La lettre que lui écrit Vaudrey, et dont mention a déjà été faite, prouverait, au surplus, que les éloges que Persigny lui donne étaient mérités. Puis, le jour même de l'attentat, à dix heures du matin, on la retrouve dans le domicile de Persigny ; elle l'aide à faire disparaître les papiers qui pouvaient servir à dévoiler la nature et la portée des projets ourdis et les noms des personnes qui y avaient pris part. Quelques instants auparavant, elle avait été chargée par Persigny de lui apporter une ceinture garnie d'or et un passeport déposés dans l'un des meubles de l'appartement de Louis Bonaparte.

A toutes ces charges la femme Gordon ne répond que par des dénégations ou des explications qui n'ont rien de plausible. Elle connaîtrait à peine Louis Bonaparte ; elle n'aurait fait qu'entrevoir Persigny ; quand on l'interpelle, elle dit que les apparences sont contre elle, mais qu'elle est innocente.

LAITY.

Les faits mis à la charge de Laity, lieutenant au bataillon de pontonniers, ont une parfaite analogie avec ceux qui sont reprochés à Vaudrey ; outre les caractères prévus par les lois pénales, on y rencontre, comme chez celui-ci, la trahison, la félonie.

Le 30 octobre, il accompagne Louis Bonaparte à la caserne du 4e régiment d'artillerie ; de là il se rend à la caserne des pontonniers, quai des Pêcheurs. Il rencontre le jeune Finck, clairon ; il lui enjoint de sonner vite et fort, et, pour stimuler son zèle, il lui remet une pièce de 5 fr. Il rassemble la troupe ; il annonce qu'il vient, d'après les ordres du colonel Vaudrey, prendre le commandement du bataillon ; que Napoléon II vient d'être proclamé par le 4e régiment d'artillerie, et se dirige avec ce corps vers la Finckmatt, où il doit se faire reconnaître par le 46e régiment de ligne ; qu'il s'agit de ne point rester en arrière et d'imiter l'artillerie. Il termine son allocutiou en disant : Criez : vive l'empereur !

Il demande si on a des cartouches, et il annonce que l'on allait en distribuer sur les ordres du colonel commandant l'école.

Il donne 60 fr. pour être distribués aux soldats. Il se dirige ensuite, à la tête de six compagnies stationnées dans cette caserne, vers la Finckmatt ; sur son chemin il rencontre l'adjudant Gilliard, qui lui représente les torts de sa conduite et lui fait connaître les ordres du colonel Admyrault : il le congédie grossièrement. Il avait le sabre nu à la main, il le brandissait violemment ; le geste répondait aux paroles.

Abandonné entre la place Saint-Etienne et la rue de l'Arc-en-Ciel par quatre compagnies qui le suivaient, il n'en continue pas moins sa marche jusqu'au quartier-général. Là, il voit que le poste n'a pas été déplacé. Il pense que la tentative a échoué, et il se décide à renvoyer les deux compagnies qui le suivaient encore.

Cependant il n'a pas perdu tout espoir. Il accourt à la Finckmatt ; il cherche à forcer la grille qui l'empêche d'y pénétrer ; il aperçoit le capitaine Morand, il l'interpelle en lui disant : « Comment ! vous, ancien soldat de Napoléon, vous le reniez ! peut-être que la croix que vous portez, vous a-t-elle été donnée par lui. » Il ne cesse ses efforts, il ne cherche à fuir que quand tout est terminé. Il ne tarda pas à être arrêté.

Laity a reconnu dans ses interrogatoires qu'il était initié depuis trois mois au complot, et qu'à partir de cette époque il avait promis son concours.

Il a ajouté qu'il a vu Louis Bonaparte à Strasbourg, il y a deux mois, et dans la matinée du 29 octobre il a été averti de se tenir prêt pour le lendemain. Il avoue connaître Persigny. Laity n'a point cherché à se disculper des faits que l'instruction a mis à sa charge.

PARQUIN.

Le concours de Parquin est également établi par des preuves irrécusables.

Il faisait partie du cortége de Louis Bonaparte; il occupait après lui le premier rang, il était revêtu du costume d'officier-général. Il a porté, pendant quelques instants et au sortir de la caserne du 4e d'artillerie, l'aigle impériale dont on espérait une action si puissante sur les troupes.

Jusqu'à l'arrivée au quartier général, on ne le voit chargé d'aucun rôle particulier. Ce n'est que là, et à la suite de la courageuse résistance du général Voirol, qu'il reçoit la mission de veiller à ce que ce chef ne puisse sortir de son hôtel. Cette mission, Parquin la remplit avec zèle; il reste debout, le sabre à la main, devant la porte de l'appartement. Plusieurs officiers, fidèles à leurs devoirs, s'y présentent; il les repousse avec force; une lutte corps à corps s'engage entre lui et le capitaine Petitgrand; l'un d'eux parvient à lui faire lâcher prise.

Parquin annonçait à ces officiers que le général Voirol n'était plus rien, que lui seul avait le droit de donner des ordres. Il veut les renvoyer à leurs quartiers pour y attendre des instructions. Ceux-ci restèrent d'abord, mais bientôt, pénétrant par une autre issue, ils veulent arriver jusqu'au général Voirol; Parquin alors commande aux soldats, mis par Vaudrey sous ses ordres, de s'y opposer; il est obéi: une lutte s'engage, les sabres sont tirés; Parquin donne l'exemple; des violences sont exercées sur les officiers. Parquin ne quitte son poste qu'au moment où le général, profitant du généreux secours qui lui est apporté et aussi de l'ascendant que lui donnent sa position et son caractère, parvient, l'épée à la main, à sortir et à gagner l'Hôtel-de-Ville.

Parquin cependant n'est point découragé: il se rend à la Finckmatt; il joint ses efforts à ceux des autres conjurés pour ébranler la fidélité des soldats du 46e. Ce n'est qu'après que tout espoir est interdit, qu'il cherche à assurer son salut par la fuite. Le sergent Delabarre le saisit par le pied, au moment où il enjambait le seuil de la porte de la caserne, et où il croyait pouvoir se sauver à l'aide des cris répétés: arrêtez-les, arrêtez-les! qu'il proférait à l'instar des soldats restés fidèles.

Parquin ne nie point son concours; seulement il cherche à atténuer ses torts, en alléguant que les actes qui lui sont reprochés ont été spontanés. Il dit encore qu'il a été entraîné par les souvenirs de l'empire et par l'estime particulière qu'il professait pour celui qui s'en offrait comme le représentant.

Mais ces excuses n'ont rien de plausible. Il est acquis d'abord que Parquin, depuis longtemps, était le commensal du château d'Arenenberg; qu'il vivait dans l'intimité de ses habitants; et il est difficile de penser que le secret dont Louis Bonaparte était si prodigue, il l'ait caché précisément à l'homme avec lequel il avait depuis longtemps des relations, et qui, plus que d'autres, lui promettait, par ses antécédents, un ferme appui. Il est à remarquer ensuite que Parquin, depuis un temps assez long, était en rapport avec Persigny, et qu'une correspondance suivie existait entre eux. Il a même servi d'intermédiaire à Louis Bonaparte dans ses relations avec Persigny.

Il est acquis d'ailleurs que Parquin, ancien militaire, et qui avait de nombreuses liaisons dans l'armée, était chargé d'y recruter des adhérents.

Des démarches, des voyages auxquels Parquin ne peut assigner de cause que l'on puisse admettre, son absence de Paris où l'appelaient les fonctions dont il était revêtu, donnent à ce fait un degré de certitude de plus. Parquin n'en était point d'ailleurs à son coup d'essai en fait de tentative sur la fidélité des troupes.

Quant à l'action qu'auraient exercée sur lui les souvenirs de l'empire et l'homme qui s'en est fait le représentant, elle est aussi peu démontrée que le mouvement spontané. Rien ne saurait se soustraire à l'influence du temps, et c'est sur les souvenirs surtout que son action est puissante. On ne peut admettre facilement qu'à vingt ans de distance, la mémoire des temps passés ait eu assez d'énergie chez un homme de cinquante ans, chez le militaire revêtu d'un grade supérieur, pour lui ôter le sentiment de ses devoirs et le respect de ses serments. On n'admet plus d'ailleurs, on n'a jamais admis, que le génie fût un héritage transmissible, même en ligne collatérale.

DE QUERELLES.

C'est aussi dans la caserne de la Finckmatt que de Querelles a été arrêté. Venu à Strasbourg pour la seconde fois, le 27 octobre seulement, il cède son logement à Louis Bonaparte, le jour où celui-ci arrive. Il l'installe, le lendemain, dans l'appartement qu'il avait été chargé de retenir pour lui. Dans la soirée du 29, il prend part à un souper donné par Persigny à Louis Bonaparte. Il passe la nuit du 29 au 30 avec Louis Bonaparte et les principaux conjurés. Le lendemain, il fait partie du cortége jusqu'au moment de son arrestation. Lieutenant d'un régiment d'infanterie légère, il avait revêtu les insignes de chef d'escadron. Il portait, alternativement avec de Gricourt, l'aigle impériale. Il semble avoir eu pour mission spéciale d'exciter l'enthousiasme. On le voit dans la caserne de la Finckmatt embrasser l'aigle à diverses reprises; la montrant au sergent Kübler et au tambour-major Kern, il leur dit : *Voici notre patrie! voici notre sauveur!!...*

Plus tard il présente l'aigle au lieutenant Hornel. *Embrassez-la*, lui dit-il, *vous êtes un brave! Faites prendre les armes à votre régiment, et vous êtes commandant demain.*

Un carnet, saisi dans son domicile, prouve que ces actes étaient l'exécution d'un plan arrêté par lui. Il comptait sur l'entraînement du grand nombre : 300 gueulards aux poumons vigoureux et chargés de crier : vive l'empereur! lui semblaient un moyen infaillible de succès.

Le même carnet, auquel il confiait ses pensées les plus intimes, prouve que depuis plus de trois mois il était initié au complot. Il est acquis également qu'il a été chargé de l'acquisition de l'aigle impériale, dont le port lui a été confié.

Renvoyé de son régiment pour dettes, dans une position gênée, de Querelles a accueilli avec transport les ouvertures qui lui ont été faites par Persigny et Gricourt. On mettait d'ailleurs sous ses yeux la croix d'officier de la Légion d'honneur et le grade de lieutenant-colonel, chef de bataillon des grenadiers à pied de la garde impériale.

DE GRICOURT.

De Gricourt avoue tous les faits mis à sa charge. Ses sympathies pour la gloire de l'empire qu'il espérait voir revivre, son attachement pour Louis Bonaparte dont on lui avait fait le plus grand éloge, l'ont entraîné. C'est aussi dans la caserne de la Finckmatt que Gricourt a été arrêté. Sans avoir jamais été militaire, il était revêtu d'un uniforme d'officier d'état-major. On a déjà vu qu'il portait l'aigle, alternativement avec de Querelles. Averti de l'arrivée de Louis Bonaparte, il est allé au devant de lui jusqu'à Illkirch. Il a pris place dans sa voiture ; il est revenu avec lui à Strasbourg ; il se trouvait au souper donné par Persigny à Louis Bonaparte. Il était au nombre des conjurés qui ont passé chez celui-ci la nuit du 29 au 30. Gricourt appartient au parti légitimiste. Depuis longtemps il manifestait sa haine pour le gouvernement du roi ; très-jeune encore, il y a cinq ans, il a été momentanément arrêté à Quimper, sur le soupçon d'avoir excité les soldats d'un régiment, en garnison dans cette ville, à se soulever contre l'autorité royale.

Allié à la famille Beauharnais, des rapports fort intimes existaient entre lui et Louis Bonaparte. Il se trouvait à Arenenberg, au moment de l'attentat de Fieschi. Depuis cette époque, on le voit initié à tous les complots qui se trament successivement. Il fait, de concert avec Persigny, des propositions au vicomte de Geslin. Plus tard, il fait à de Querelles les premières ouvertures.

Né avec de grands goûts de dépense, perdu de mœurs, souvent gêné, quoique appartenant à une famille riche et qui se montrait généreuse à son égard, on le voit embrasser avec joie des projets qui lui offraient en perspective, d'un côté, tous les moyens de satisfaire ses passions ; de l'autre, le renversement du gouvernement qu'il détestait.

De Gricourt n'a point cherché à démentir, ni même à atténuer les faits qui lui sont imputés.

DE BRUC.

De sept individus actuellement sous la main de la justice, de Bruc est le dernier dont elle se soit emparé. Parti de Strasbourg, où il était arrivé le 31 octobre, il est arrêté à Saint-Louis, le 1er novembre, au moment où il allait franchir la frontière, et sur les doutes que faisait naître une altération dans son passeport. Transféré à Colmar, son attitude embarrassée, l'hésitation qui se fait remarquer dans ses réponses, donnent l'éveil au magistrat aussi zélé qu'éclairé qui avait à l'interroger. Il est dirigé sur Strasbourg; les soupçons se confirment; de Bruc, sans avoir pris part à l'attentat du 30 octobre, était initié au complot. Il était l'un des agents sur lesquels les conjurés avaient fait reposer le plus d'espérances.

Dans le domicile de Persigny on a trouvé, soit que celui-ci n'ait pas eu le temps de faire disparaître la pièce, soit qu'il ait voulu la conserver dans l'intérêt de sa comptabilité, soit enfin qu'il ait voulu faire punir l'agent dont peut-être il croyait avoir à se plaindre, on a trouvé un écrit de la main de de Bruc. Il est ainsi conçu : « J'ai reçu de M. le « vicomte de Persigny la somme de 4,500 fr. que je tiens à « sa disposition pour la fin de notre affaire. »

Quand on met cette pièce sous les yeux de de Bruc, il nie tout d'abord qu'elle soit de sa main; puis, convaincu par l'évidence, il annonce qu'il est troublé, qu'il désirerait que son interrogatoire fût remis au lendemain. On obtempère à son désir. Il paraît au jour dit; il reconnaît alors son écriture, et il cherche à expliquer le contenu du billet par cette circonstance qu'il aurait médité la conquête de Tripoli, et que de Persigny aurait versé entre ses mains une somme de 10,000 fr., comme garantie de son concours à l'opération; les 4,500 fr., mentionnés au billet, formaient le restant dû de cette somme.

Mais il arrive à de Bruc ce qui arrive à tout homme qui nie d'abord un fait évident et ensuite lui donne une explication dont l'invraisemblance frappe tous les regards, c'est que les indications premières prennent une force nouvelle.

Ces indications, la conduite de de Bruc pendant les trois mois qui ont précédé l'attentat, les change bientôt en certitude; on le rencontre partout: tantôt il est à Bade, à Strasbourg, tantôt il se dirige avec Persigny vers Schaffhouse, tantôt on le retrouve à Aarau où il voit Louis Bonaparte. Il lui est impossible d'assigner un but à ces voyages, qui ne s'expliquent d'ailleurs ni par sa position de fortune, ni par ses anciennes habitudes.

Puis, on le rencontre à Paris le 20 octobre. Il ne se rend point à son domicile, il habite un hôtel garni; il est entouré de mystère; il se cache sous le nom de Bayard; il est porteur de deux lettres, la première est de Persigny à la femme Gordon; elle parle dans les termes les plus formels du complot et prouve l'initiation de de Bruc, puisque Persigny l'avait chargé de dire bien des choses verbalement à cette femme sur les affaires de la fabrique; la seconde est de

Louis Bonaparte : elle est adressée au général Excelmans.

De Bruc voit en effet le général Excelmans. Il s'acquitte de son message, il joint ses instances à celles de Louis Bonaparte pour entraîner le général daus la conspiration ; il lui offre de le conduire dans sa voiture à Arenenberg.

Ce n'est qu'alors qu'il est convaincu de l'inutilité de ses efforts, qu'il se décide à quitter Paris. Il part de cette ville le 23 octobre, toujours sous le nom de Bayard; puis, on le rencontre le 27 et le 28 à Brisach. On l'entend dans un café parler avec enthousiasme de l'empire. Il se plaint aussi de la conduite du gouvernement à l'égard des sous-officiers, dont il voudrait voir le sort amélioré.

Le 29 octobre on le trouve à Fribourg ; il y arrive trois jours après celui du rendez-vous que lui avait donné Persigny. C'est de cette ville qu'il écrit à celui-ci une lettre qui arrive à Strasbourg le 31 octobre, et qui vient ajouter encore un poids considérable aux charges qui pèsent sur lui.

Enfin, le 31 octobre il revient à Strasbourg, descend à l'hôtel de la Fleur et se rend au domicile de Persigny ; mais apprenant chez ce dernier qu'il est en fuite, que la police est à sa recherche, de Bruc se hâte de quitter l'hôtel de la Fleur ; il fait transporter ses effets chez un ami. Il part dans l'après-midi du même jour pour Bâle. On sait qu'il a été arrêté à Saint-Louis.

Tous les antécédents de de Bruc, ancien gentilhomme de la chambre de Charles X, le signalent comme appartenant au parti légitimiste. Il a été commandant d'un corps de cavalerie en 1815 dans la Vendée ; chef d'escadron lors des événements de 1830, il a été mis en disponibilité sur sa demande. Toutefois, on ne saurait donner aux divers actes dont sort sa participation au complot, d'autre mobile qu'un intérêt d'argent. Sa position de fortune était embarrassée, et il cherchait à pressurer la conspiration. Il était d'ailleurs d une prudence qui se concilie rarement avec les habitudes de la vie militaire, et il voulait atteindre son but en évitant, autant qu'il était en son pouvoir, les chances que pouvait avoir à courir sa personne.

Ainsi, tantôt il met un haut prix à des démarches qu'il n'a point faites, ou au concours de personnes qu'il n'a point vues ; tantôt, pour excuser son défaut d'activité ou son absence à un rendez-vous donné, et cependant recevoir sa récompense, le cas échéant, il annonce qu'il s'est cassé le bras ; il le porte en écharpe, lorsqu'il est notoire, qu'il n'y a jamais eu qu'une écorchure; ainsi, enfin, la veille du jour fixé pour la mise à exécution, lorsque le danger allait commencer, et la source du lucre se tarir, il écrit qu'il est d'avis de tout remettre au mois de mars, qu'il a écrit au prince pour cela et qu'il s'occupe de la confection d'un nouveau plan, qui offre plus de chances de succès. Du reste, cet accusé soutient n'avoir eu aucune connaissance du projet d'attentat, ni de la tentative d'exécution qu'il a reçue. Il prétend aussi être demeuré entièrement étranger au complot qui l'a précédé. Quant au reçu du 15 août 1836, qu'il a délivré à Persigny, et à la lettre qu'il a écrite au même, le 29 octobre dernier, il cherche à les expliquer par son projet de descente et de conquête à Tripoli; selon lui encore, il ignorait le contenu du billet qu'à son départ pour Paris, il devait remettre à la dame Gordon de la part de Persigny; et celui-ci ne l'aurait chargé de dire verbalement autre chose à cette femme, sinon qu'elle devait répondre à plusieurs lettres qu'il lui avait écrites. Enfin, il soutient que la lettre qu'il a remise au général Excelmans de la part de Louis Bonaparte, n'avait rien de politique et était uniquement relative à des affaires de famille.

PERSIGNY.

Des six accusés qui avec Persigny sont parvenus jusqu'à ce jour à se soustraire aux recherches de la justice, Persigny est celui dont la fuite est le plus à regretter.

Dévoué depuis longtemps aux intérêts de Louis Bonaparte, actif, intelligent, homme de tête et de résolution, il possédait, mieux que tous, le secret des ressorts sur lesquels reposait la conspiration.

Présent dans tous les lieux où il s'agissait, soit d'activer le complot, soit de gagner des adhérents, la preuve de son concours sort de tous les documents; elle se rattache à la preuve de la culpabilité de chacun des conjurés, et il arrive que la tâche que l'accusation a, dans ce moment, à remplir à son égard, est en quelque sorte déjà terminée.

On a déjà signalé la part active que Persigny a prise aux événements du 30 octobre, par l'arrestation de M. le préfet du département, de la personne duquel il s'est emparé à la tête d'un détachement d'artilleurs dont le commandement lui avait été remis par Vaudrey.

On a signalé aussi son séjour à Arenenberg au moment

de l'attentat Fieschi; les rapports qu'il a eus successivement avec Parquin, Gricourt, Querelles, de Bruc et la femme Gordon, et les missions diverses, mais toutes ayant pour objet l'accomplissement de ses plans, qu'il leur a confiés. On a parlé aussi des propositions faites par lui au vicomte de Geslin.

On a également fait connaître que le 28 octobre il se trouvait à Fribourg au rendez-vous donné par Vaudrey à la femme Gordon, et que le lendemain il se dirigeait vers l'auberge du Val-d'Enfer où était descendu Louis Bonaparte.

L'on a dit qu'il avait donné un souper à Louis Bonaparte et à plusieurs conjurés; qu'il a passé avec eux la nuit du 29 au 30, et que dans la matinée de ce jour il a suivi le cortége jusqu'à la caserne du 4e régiment d'artillerie où il a reçu une mission spéciale. Sans avoir été militaire, il portait un uniforme d'officier d'état-major.

Enfin l'on a dit que, dans les courts instants qui ont séparé la fin des événements de la visite faite dans son domicile, il est parvenu à faire disparaître des papiers qui se trouvaient chez lui, et qu'il a eu le temps de se procurer une ceinture garnie d'or et un passeport déposés dans la chambre occupée par Louis Bonaparte.

Parmi les pièces qui ont échappé au feu, se trouvait une certaine quantité d'exemplaires de la Biographie de Louis Bonaparte, une feuille de parchemin, destinée à une correspondance en chiffres, et un cachet armorié dont l'empreinte se trouve sur l'enveloppe d'une lettre adressée par Persigny à la femme Gordon; c'est dans cette lettre qu'était incluse celle que Louis-Napoléon écrivit à Vaudrey sous le nom de Louise Wernert.

Plus tard, la justice a été saisie d'une pièce trouvée dans un habit de Persigny et écrite de sa main; elle renferme le plan que l'on aurait suivi dans le cas où le mouvement aurait réussi. L'organisation est toute militaire; elle est mise sous la protection d'un grand prévôt.

LOMBARD.

Le concours actif de Lombard est également acquis.

Le 30 octobre, au matin, il faisait partie du cortége qui accompagna Louis Bonaparte au régiment de Vaudrey; il était couvert d'un uniforme d'aide-de-camp, qu'il avait assurément revêtu, à l'instar de plusieurs de ses coaccusés chez Louis Bonaparte, rue des Orphelins.

On a déjà dit qu'il avait pris le commandement de l'un des détachements fournis par le colonel Vaudrey, et qu'à la tête de ce détachement il s'était rendu dans les ateliers du sieur Silbermann. Il hâtait, de toutes ses forces, l'impression des proclamations, quand il apprit que le mouvement venait de trouver sa fin dans la caserne de la Finckmatt, et qu'il s'agissait pour lui de chercher son salut dans la fuite.

GROS.

Les faits qui sont à la charge de Gros sont entièrement identiques à ceux qui sont reprochés à Laity. Lieutenant au bataillon des pontonniers, il s'est rendu avec Laity à la caserne occupée par les six dernières compagnies de son corps. Il a secondé tous les efforts de Laity; il a ordonné au poste de prendre les armes; il a distribué de l'argent; il a cherché à ébranler la fidélité de la troupe; il s'est mis en marche avec elle, il en occupait le centre. Il n'a disparu que quand il s'est trouvé seul.

PÉTRY ET DUPENHOUAT.

Le mouvement que Laity et Gros effectuèrent dans la caserne occupée par les dernières compagnies, les lieutenants Pétry et Dupenhouat le tentèrent dans la caserne occupée par les six premières; tous deux ont proclamé Napoléon II; tous deux ont excité les soldats à prendre les armes et à suivre l'exemple du 4e régiment d'artillerie. Aujourd'hui vous êtes adjudant, disait Dupenhouat à l'adjudant Gilliard, qui lui faisait des observations, demain vous pourriez être lieutenant; les sous-officiers ont tout à gagner à une révolution.

SCHALLER.

La participation active de Schaller est également établie. Chargé par Vaudrey d'arrêter le colonel Leboul dans le régiment duquel il servait, il a rempli la tâche qui lui était confiée. Il s'est rendu ensuite à la Finckmatt. Il n'a quitté la scène qu'alors que tout était terminé.

Peu de détails ont pu être recueillis sur les circonstances dans lesquelles Lombard et les quatre derniers accusés ont promis leur coopération ; toutefois il est établi que, gênés d'argent pour la plupart et en proie tous à une ambition effrénée, ils ont saisi avec avidité un projet qui, quelque coupable qu'il fût, leur offrait en perspective le moyen de satisfaire leurs passions et d'acquérir une position meilleure. C'est mus par des motifs de ce genre qu'ils se sont déterminés à prendre part avec les autres accusés, à un attentat qui pouvait compromettre l'existence politique de la France et troubler la tranquillité de l'Europe entière.

Ici suivent les conclusions sur chacun des prévenus, conclusions que nous ne reproduisons pas ici, les ayant déjà publiées dans l'arrêt de renvoi.

Durant cette lecture qui n'occupe pas moins de deux heures, la contenance des accusés est impassible. Mme Gordon semble seule entendre avec quelques mouvements d'impatience les qualifications peu flatteuses que lui prodigue la pièce officielle; elle porte plusieurs fois un flacons de sel à son visage; son calme toutefois ne se dément pas, et c'est avec une sorte de sentiment de douloureuse fierté, qu'elle essuie à la dérobée les larmes qui viennent un instant briller dans ses yeux.

La lecture de l'arrêt de renvoi et de l'acte d'accusation terminée, M. le président fait avancer l'interprète au pied de la cour et lui donne ordre de traduire les deux pièces en langue allemande. Une grande partie de l'auditoire quitte la salle, et l'interprète procède à cette opération.

Après cette traduction, M. le président invite les accusés à se lever et énumère à chacun les faits, les charges et délits qui lui sont reprochés par l'accusation.

La parole est donnée au ministère public pour compléter par quelques explications le système de l'accusation.

M. Rossée, procureur-général. Messieurs les jurés, l'acte d'accusation dont vous venez d'entendre la lecture vous a donné une idée assez exacte de l'importance et de la gravité des faits soumis à votre appréciation. Cette lecture a dû vous convaincre qu'il ne s'agit pas ici d'un de ces crimes vulgaires, s'attaquant seulement à des intérêts privés. L'attentat qui vous est déféré est d'une bien plus haute portée : pour but il avait la destruction de l'ordre établi, le renversement des institutions, l'appel au trône d'un étranger ; car, quelque illustre que soit le nom qu'il porte, le prince, dans l'intérêt de qui se développait la conspiration, n'est pour la France qu'un étranger.

C'est une révolution militaire qu'on voulait faire, c'est-à-dire substituer l'anarchie à l'ordre. La précaution qu'avaient prise les conjurés de séquestrer les magistrats de cette commune, indique assez quelle perturbation devait suivre le succès. La fréquence de pareils attentats signale à votre sagesse la nécessité d'une répression sévère et juste.

Dépositaires des intérêts de la société, vous sentirez, Messieurs les jurés, le besoin d'opposer une digue à ce torrent désastreux; vous saurez, nous n'en doutons pas, vous montrer à la hauteur de la mission qui vous est confiée.

On essaiera d'établir près de vous, Messieurs, que cette entreprise était folle, et que les projets des accusés n'étaient susceptibles d'aucun succès: nous le savons, il n'est pas facile de renverser un trône qui a pour appui la confiance et l'affection des citoyens, un trône qui a pour appui le besoin de stabilité et d'ordre que cinquante années de révolution nous ont fait sentir.

Il est vrai, qu'en considérant l'élévation du but, la faiblesse des moyens et l'insuffisance des conspirateurs, on doit être surpris de la hardiesse d'une telle entreprise; mais pour être folle elle n'en serait pas moins coupable. Il ne faut pas l'oublier, Messieurs, l'homme qui ouvre son cœur à de criminelles pensées, marche vite dans la voie du crime.

Vous apprendrez d'ailleurs que les accusés agissaient avec l'intime conviction du succès, que de longue main ils avaient préparé leur entreprise, qu'ils étaient résolus dans le crime, et n'ont mis bas les armes que lorsqu'ils ont vu le danger environner leurs personnes. Vous ne l'oublierez pas, Messieurs, car si la rage des factieux est impuissante contre le trône, elle ne l'est pas contre la sûreté de l'État et le repos de la société.

Voilà, MM. les jurés, des maux qu'il faut prévenir, et ce sont là les moindres que nous réservaient les accusés si le succès eût répondu à leur espoir.

Ici M. le procureur-général entre dans la définition des mots d'attentat et de complot. Ces mots, dit-il, ont retenti à vos oreilles, MM. les jurés; cette partie de notre vocabulaire pénal vous est sans doute peu connue; car avant la funeste journée du 30 octobre, de pareils méfaits ne s'étaient jamais produits dans le département du Bas-Rhin et n'en avaient point troublé la tranquillité.

Le complot, d'après la loi, se forme lorsque deux ou plusieurs personnes se réunissent et se concertent. C'est, pour vous rendre la chose encore plus claire, une espèce d'association illicite qui a pour objet un de ces crimes que la loi qualifie d'attentat.

Il ne faut pas en conclure cependant que le complot n'est punissable que lorsque l'attentat a été consommé ou qu'il a reçu un commencement d'exécution. Sans doute les pensées échappent à la loi, et elle ne reconnaît le crime, dans les cas ordinaires, que lorsque l'exécution a suivi. Mais il n'en est pas de même dans les crimes contre l'État; ici la répression doit être plus prompte, elle ne doit pas attendre la tentative, car une tentative heureuse aurait pour résultat d'empêcher toute répression. Ainsi le complot est crime dès qu'il a été arrêté entre deux personnes, avant l'exécution, avant l'attentat.

Quelles sont maintenant les règles d'incrimination?

Avant la loi de 1832, le complot et l'attentat étaient placés sur la même ligne ; ils étaient punissables des mêmes peines. Il y avait là quelque chose d'immoral; sous le rapport politique cette assimilation était même dangereuse; car, menacés de mort pour le seul fait d'avoir formé un complot, les conspirateurs devaient se hâter d'arriver à l'exécution, de consommer l'attentat; placés entre la peine capitale et le succès, ce n'est que par le succès qu'ils pouvaient échapper à la peine.

La loi nouvelle ne frappe plus des mêmes peines la formation du complot et l'accomplissement de l'attentat; elle distingue différents degrés dans le crime, gradue et diversifie la pénalité.

Si une proposition de complot est faite, et si celui à qui elle est faite la repousse, l'auteur de la proposition n'est passible que de peines correctionnelles, c'est même l'hypothèse dans laquelle se trouve subsidiairement l'un des accusés. (Tous les regards se portent sur M. de Bruc.)

Si la proposition est agréée, le complot est formé; c'est alors le second degré du crime; la peine change; elle est plus grave.

Enfin, s'il y a eu des actes pour préparer l'exécution du complot et en assurer le succès, c'est le troisième, c'est le plus fort degré; et remarquez ici les paroles du législateur: il ne faut pas même que l'exécution ait eu lieu, qu'elle ait été commencée, il suffit qu'elle ait été *préparée*.

Ce sont là des observations nécessaires, et que le jury n'oubliera pas.

Le système de l'accusation vous est connu, Messieurs, vous en suivrez facilement le fil dans les débats qui vont se développer devant vous; la loi ne veut que des peines justes et nécessaires : elle punit et ne se venge pas. Organes de cette loi, vous saurez vous montrer à la hauteur des devoirs qu'elle vous impose ; c'est dans les inspirations d'une conscience éclairée que vous puiserez les éléments de votre conviction. Vous n'oublierez pas que vous avez promis de ne trahir ni les intérêts de la société, ni ceux de la justice. Inflexibles pour le crime, indulgents pour la faiblesse, vous saurez faire la part de chacun, et vous sortirez de cette enceinte emportant l'estime de vos concitoyens, et ce qui est plus cher encore à tout homme d'honneur, votre propre estime et le sentiment d'une conscience pure et irréprochable.

Après cette simple allocution de M. le procureur-général, le greffier fait l'appel des témoins qui sont au nombre de 87. On remarque l'absence de M. Choppin-d'Arnouville, préfet du Bas-Rhin, de M. le lieutenant-général Voirol, d'autres fonctionnaires publics et de quelques employés de la préfecture.

On procède à l'audition des témoins.

M. Raindre, capitaine au 16e régiment d'infanterie légère, âgé de trente-deux ans, est introduit et dépose en ces mots : Mes rapports avec le prince Louis datent du mois de juillet ; vers le 15 juillet je fus dans la famille du professeur Masuyer où je suis reçu avec beaucoup d'amitié, et je puis le dire, sur un pied d'intimité filiale. J'y fus instruit que M. de Franqueville, qui a épousé une des demoiselles Masuyer, devait aller avec cette famille à la rencontre du prince Louis, qui devait passer sur la frontière à Offenbourg. Je dois ajouter qu'une autre des filles de M. Masuyer se trouve à Arenenberg auprès de la reine Hortense. On me proposa de faire cette petite excursion, et comme c'était pour moi une partie de plaisir, je demandai et j'obtins la permission de la faire. On arriva à onze heures à Offenbourg ; le prince y était déjà, et nous accueillit avec beaucoup d'affabilité. Nous passâmes avec lui une partie de la journée ; il ne fut nullement question de politique ; on parla de l'empereur Napoléon avec cette admiration que professe pour sa mémoire la France entière, de sujets militaires, de l'armée, et surtout de l'artillerie, arme que le prince affectionne particulièrement. On se quitta ; le prince partit pour Baden où il se rendait ; nous revînmes à Strasbourg, et il ne me resta de cette excursion que d'agréables souvenirs.

A trois semaines de là, le 7 août, je reçus la visite d'un jeune homme que je ne reconnus pas d'abord ; il me remit une lettre signée du prince ; celui-ci me rappelait la visite que j'avais faite à Offenbourg ; il me parlait du plaisir qu'il aurait à me revoir, et m'engageait à me trouver le lendemain, à cinq heures, à Kehl, à l'auberge du Pied-de-Chevreuil. Cette lettre me surprit d'abord ; je ne m'en étonnai cependant pas trop, ayant gardé de mon excursion à Offenbourg un souvenir agréable ; je promis de me trouver à Kehl le lendemain, et je m'y rendis en effet.

J'y étais à trois heures du soir ; vers cinq heures, je vis arriver, dans une mauvaise carriole de louage, un jeune homme, un Suisse, que j'avais vu avec le prince. Il me dit que le prince attendait à l'entrée du village et qu'il allait le chercher ; il me pria de monter dans une chambre qu'il avait retenue. Le prince arriva bientôt d'un air mystérieux et se cachant le visage de son mouchoir ; il était fatigué ; son costume était en désordre ; je fus étonné, car je croyais qu'il ne s'agissait que d'une invitation à dîner. Il ferma la porte, laissant dehors le jeune homme qui l'avait amené, et me dit : « Capitaine, je vous connais peu, mais je crois avoir lu dans votre âme tout ce que j'y cherchais : courage, franchise et loyauté, et je sais d'avance que je peux me confier à vous. » Je le laissai dire, car j'étais à cent lieues de penser où il en voulait venir. « Je vous sais, continua-t-il, trop fidèle à la mémoire de l'empereur pour ne pas être porté en faveur de sa famille. Un mouvement militaire va éclater ; mes amis ont pensé à moi, et moi je compte sur vous. » Je fus tellement surpris, que je me dressai sur mes jambes et m'écriai : « Je ne croyais pas que personne au monde pût avoir une idée pareille. » — « C'est une idée nouvelle, me dit-il ; mais quand vous saurez mes moyens, quand je vous aurai dit sur qui je compte, vous verrez qu'elle est réalisable. » — « Assez, assez, lui dis-je, si j'avais pu prévoir le motif de ce rendez-vous, je ne m'y serais certes pas rendu. »

Le prince demeura interdit : c'est un jeune homme timide, qu'on décontenance facilement ; il se remit cependant, et me dit qu'au moins il ne s'était pas trompé sur mon caractère ; il me remercia de la franchise avec laquelle je venais de m'exprimer. Une conversation s'établit ; je vis qu'il était aveuglé, j'aurais voulu lui rendre le service de le désabuser ; il me parut qu'il ne connaissait pas l'esprit de l'armée ; il la croyait agitée de passions ; il la croyait disposée à se rallier à lui au nom des souvenirs de l'empire ; j'essayai de le faire revenir de ces idées; je fus même presque dur dans ma manière de m'exprimer, en lui disant que les neveux de l'empereur étaient entièrement inconnus en France, et que pour lui, il était plus ignoré que les Bourbons lorsqu'ils se présentèrent en 1815. Je lui parlai de l'esprit des régiments de la garnison de Strasbourg, et surtout de l'infanterie que je connaissais plus particulièrement, et je vis que c'était surtout sur cette garnison que portaient ses espérances. Il me parut qu'alors le prince n'avait rien d'arrêté dans ses projets; qu'il n'avait que des intentions vagues et, au moment où je le quittai, il me sembla même avoir renoncé à son entreprise, car il me remercia de lui avoir parlé si franchement.

Tout ce que j'avais entendu me parut si fou, que je ne crus pas qu'il y eût du danger à garder ce secret pour moi. Je jugeais cependant le prince capable de se jeter dans la première entreprise où quelqu'un voudrait le seconder. Je crus donc de mon devoir de mettre l'autorité à même d'agir en cas de besoin. Pour ménager le prince je ne voulais pas en parler au général et je pris la résolution de m'adresser au commandant Franqueville, mon ami, et l'aide de camp du général Voirol. C'est le 12 que je lui en fis la confidence, et le 13 je fus obligé de partir pour Neuf-Brisach où m'appelaient mes fonctions de capitaine-rapporteur au conseil de guerre.

Le 17, à mon retour, le commandant Franqueville me dit qu'il n'y avait pas eu moyen de ménager plus longtemps le prince; que ses agents s'étaient présentés chez le général Voirol le 14, et que dès lors M. de Franqueville n'avait pu lui cacher davantage les propositions dont je lui avais fait confidence.

M. de Gricourt : Le prince m'honorait de sa confiance et de son amitié, et je crois devoir répondre en son nom à la déposition du capitaine Raindre. Le prince, en me rendant compte de son entrevue avec le capitaine Raindre, me dit : Il m'a témoigné un grand enthousiasme pour l'empire et un profond attachement pour ma personne, et j'ai cru pouvoir m'ouvrir à lui.

M. Raindre : Si le prince était ici, je ne crois pas qu'il aurait à répondre un mot à ma déposition.

Me Parquin : C'est le malheur de l'affaire que le prince ne soit pas ici!

M. le Président croit toute discussion à ce sujet parfaitement inutile, puisqu'aucun des accusés ne se trouve compromis par la déposition du capitaine Raindre.

Me CHAUVIN-BELLIARD : La cour a entendu avec attention et complaisance cette déposition qui me paraît entièrement étrangère au procès ou du moins aux accusés présents ; il me semble dès lors que la cour doit entendre également M. de Gricourt, mon client, à qui le prince a rapporté cette conversation.

M. LE PRÉSIDENT répète que cette discussion lui paraît porter sur des points étrangers aux accusés qui n'y sont pas personnellement intéressés. La déposition du capitaine Raindre, ajoute-t-il, est celle d'un loyal militaire qui a fait son devoir et auquel la cour s'empresse de donner ce témoignage public d'approbation.

Me F. BARROT : M. le capitaine Raindre a déclaré qu'au moment où il quittait le prince, il avait pensé que la résolution de ce dernier n'était pas formellement arrêtée ; que celui-ci n'avait encore qu'une idée très-vague, des projets très-confus ; je désire que le témoin s'explique sur ce point.

M. RAINDRE : J'étais convaincu que le prince ne connaissait nullement les dispositions de l'armée et qu'il s'aveuglait sur les chances de succès qu'il pouvait avoir. Je suis certain que le prince n'avait alors aucun projet arrêté, car sans cela, au lieu de lui prendre la main en le quittant, je lui aurais dit que je devais, en loyal militaire, faire ma confidence au général. Le prince m'a paru un jeune homme très-exalté, et ce n'est qu'après y avoir réfléchi deux jours, pendant lesquels j'étais malade d'anxiété, que j'ai cru devoir faire ma confidence, dans la crainte du danger que pouvait avoir l'exaltation du prince pour le repos du pays.

Me MARTIN. Il peut arriver que des dépositions de témoins ne concernent que le prince Louis. Dans le sens de la défense, le prince Louis doit être ici, l'accusé principal; les autres accusés ne peuvent être regardés que comme ses complices. Il leur importe donc que les dépositions qui se rapportent au prince Louis, soient également discutées, malgré son absence. Je ne demande point à la cour de prendre une décision à cet égard ; je me contente de faire une observation, et j'espère que nous n'aurons pas besoin de la renouveler, et que le fait qui s'est passé tout à l'heure ne servira pas de précédent dans cette affaire.

M. DE FRANQUEVILLE, lieutenant-colonel d'état-major, âgé de quarante-huit ans.

Le 14 août dernier, dit ce témoin, je rentrais de la promenade vers neuf heures du soir, lorsque M. le général Voirol me fit appeler. Il me montra une lettre qu'il venait de recevoir du prince Napoléon-Louis Bonaparte. Le général me chargea de dire à l'émissaire qui avait apporté cette lettre et devait en attendre la réponse, qu'il honorait la mémoire de l'empereur, qu'il déplorait les malheurs de sa famille, mais qu'il respectait avant tout les lois de son pays, et qu'une d'elles interdisant à la famille Bonaparte son retour en France, il ne pouvait se rendre aux vœux du prince Louis. Je descendis pour remplir les instructions du général, mais je ne trouvai plus l'émissaire; bientôt il revint dans la cour de l'hôtel, où je me promenais: je lui fis connaître la réponse verbale du général qui m'avait aussi chargé de dire à cet envoyé que, dans le cas où ce serait le prince lui-même qui aurait été porteur de sa dépêche, le général lui donnait une demi-heure pour regagner le pont du Rhin.

M. LE PRÉSIDENT : Connaissiez-vous cet émissaire? avez-vous appris depuis que ce pût être M. Persigny?

M. DE FRANQUEVILLE : Non, Monsieur, celui qui m'a remis la lettre était, autant que j'en ai pu juger à la faible clarté du réverbère, un jeune homme de vingt à vingt-cinq ans, blond et portant moustache.

Je rendis compte au général, continu le témoin, de l'exécution de ses ordres, et aussitôt il se dirigea vers l'hôtel de M. le préfet, pour lui faire part de la nécessité de faire redoubler la surveillance de la police relativement aux voyageurs, et notamment à ceux venant de Bade.

Me BARROT : De la déposition du témoin il résulte que M. le préfet était averti dès le 14 août. Je demanderai à M. de Franqueville si c'est lui-même qui lui a donné cet utile avis?

M. DE FRANQUEVILLE : C'est le général et non pas moi.

M. LE PRÉSIDENT : M. le préfet sera entendu lui-même, et donnera à cet égard toutes les explications que peut désirer la défense.

M. DE FRANQUEVILLE reprend sa déposition et répète, dans les mêmes termes à peu près, les circonstances rapportées déjà par M. le capitaine Raindre qui vint, dit-il, tout éploré, le 17 août, s'ouvrir à lui et lui faire part des confidences qu'il avait reçues du prince Louis dans leur entrevue de Kehl.

Il est trois heures et demie. M. le président annonce qu'une nouvelle série de témoins devant succéder à MM. Raindre et de Franqueville, l'audience est renvoyée à demain à neuf heures.

AUDIENCE DU 7 JANVIER.

Une affluence plus considérable encore encombre les abords de la cour d'assises; l'audience d'hier est le sujet de toutes les conversations. Ainsi qu'on avait pu le prévoir, la marche et la lucidité des débats se sont trouvées, dès le premier jour, entravées par l'absence du prince Napoléon-Louis, et la défense a pu se plaindre avec sagesse et raison de l'impossibilité d'établir une controverse sur des dépositions spécialement applicables à un accusé absent.

A neuf heures les accusés sont introduits. Ils prennent place dans le même ordre qu'à la précédente audience. Les accusés portent le même costume, à l'exception de M. de Querelles, qui a revêtu une redingote d'uniforme de fantaisie, à boutons bombés, et de M. de Gricourt, dont un habit brun, une cravate de cachemire bleu et un gilet blanc ont remplacé le costume.

M. le Président : Huissier, appelez le témoin Geslin.

L'audiencier appelle inutilement ce témoin.

M. Rossée, procureur-général, prend des conclusions tendant, vu l'assignation donnée au témoin Geslin, à la date du 15 décembre dernier, à le faire condamner à l'amende et à ce que lecture soit donnée de sa déposition.

La cour, faisant droit à ces conclusions, condamne M. le comte de Geslin, âgé de quarante-cinq ans, demeurant à Paris, rue de l'Echiquier, n° 3, à 100 fr. d'amende.

Le greffier donne lecture de l'interrogatoire subi par le témoin, en vertu de commission rogatoire, par devant M. Lejoindre, juge d'instruction du département de la Seine.

Voici le texte de cet interrogatoire :

Enquis de ses nom, prénoms, âge, lieu de naissance et demeure, a répondu : de Geslin (Edouard-Emile-Fréderic-Paul), âgé de quarante-cinq ans, ancien militaire, propriétaire, né à Saint-Brieux (Côtes-du-Nord), demeurant à Paris, rue de l'Echiquier, 3.

D. Vous connaissez un sieur de Persigny ? — R. Oui, monsieur.

D. Où se trouve-t-il en ce moment? — R. Je ne pourrais vous le dire.

D. Quelles relations avez-vous eues avec lui ? — R. Persigny et un nommé de Gricourt m'ont fait venir, il y a quinze mois environ, avenue de Neuilly, pour leur procurer de l'argent, 20,000 fr. de traites ; ils m'ont donné l'adresse d'un sieur Gosselin, pour avoir des renseignements sur leur compte, mais l'affaire en est restée là.

D. Quel est le motif de l'emprunt qu'ils vous demandaient ? — R. Je l'ignore.

D. Quelle est la date de la dernière entrevue que vous avez eue avec de Bruc ? — R. Elle remonte à trois mois ou trois mois et demi; mais il y a dix jours que j'ai reçu une lettre de lui, lettre que j'ai remise à un sieur Lemaire, dont j'ignore l'adresse, pour qu'il lui fît réponse.

D. Que vous dit-il dans cette lettre? — R. Par cette lettre, qui est datée de Bade, il me dit de ne parler de lui à personne, qu'il a brûlé Paris pendant trois ou quatre jours, qu'il n'a pas pu me voir, mais qu'il espère d'ici à peu être à Paris avec ses camarades. Je n'ai pas compris le sens de cette phrase.

D. Pouvez-vous expliquer le sens de celle dans laquelle il est question d'arrêter une maison rue de Vaugirard, et une autre, rue de la Villelévêque? — R. J'ai dû arrêter pour lui, mais il y a un an, une maison très-petite, rue de Vaugirard, et une autre, rue de la Villelévêque: c'était, me disait-il, pour y demeurer lui et sa femme, car vous savez qu'ils ne vivent pas ensemble.

D. Vous a-t-il expliqué l'annotation mise au dos de cette lettre? — R. Non, Monsieur.

D. Quel est le marquis d'Hermosa? — R. Cet homme s'appelle Villermosa; il a, je crois, des intrigues avec l'Espagne. Cet homme a des relations intimes avec la dame de Bruc, à laquelle il doit une somme de 1200 fr. qu'il lui a pris sur sa cheminée.

D. Quel est l'individu avec lequel il a eu, sous le nom de la dame de Bruc, une correspondance particulière? — R. C'est un monsieur de Caen que la dame de Bruc connaît, je ne le connais pas.

D. Quel est le motif de cette correspondance? — R. Je l'ignore.

D. Quelle est la cause des intrigues qui ont existé entre vous et ladite dame de Bruc? — R. Il était défendu à la dame de Bruc de venir à Paris; elle avait failli un jour y être assommée par son mari d'un coup de pelle à la suite d'une discussion conjugale; comme elle craignait fort son mari, elle me donnait rendez-vous dans un lieu déterminé, je prenais ses commissions, dont je lui rendis compte.

D. Quelles sont vos relations avec un sieur Humbert?—Je n'en ai aucune.

D. Que savez-vous du complot qui a récemment éclaté à Strasbourg? — R. Il y a quinze mois environ, de Persigny et Gricourt me proposèrent d'entrer dans une conspiration qui avait pour but de constituer un nouveau gouvernement. Je refusai ma participation à cette conspiration, qui compte parmi ses chefs un nommé Regnault, avocat à Paris. Je sais que dans ce complot se trouvaient deux autres officiers à demi-solde, dont je ne sais ni les noms, ni les demeures.

D. Quel gouvernement s'agissait-il de fonder? — R. Celui de Louis-Napoléon.

D. Dans quels termes vous a-t-on parlé de cette conspiration?— R. On m'a proposé de me rendre à Strasbourg en me promettant le grade de général: car il faut vous dire que cette conspiration a déjà manqué deux fois.

D. A quelle époque cette conspiration a-t-elle dû éclater? — R. Elle a manqué une première fois il y a seize ou dix-sept mois à Strasbourg, et deux mois après en Suisse. A cette époque Gricourt est venu à Paris avec des fonds dont j'ignore la destination et l'emploi.

D. Est-il à votre connaissance que de Bruc ait trempé dans cette conspiration? — R. Non, Monsieur, je n'en ai jamais entendu parler.

D. Connaissez-vous un nommé Charles Cavel? — R. Non, Monsieur.

D. Avez-vous connu une femme au nom de Gordon-Archer? — R. Non, Monsieur.

D. Vous êtes inculpé d'avoir pris part à un complot, dont le but était de renverser le gouvernement du roi? — R. J'affirme que je suis complétement étranger à ce complot.

D. Avez-vous déjà été arrêté? — R. Jamais.

Me Chauvin : J'ai besoin dès ce moment de dire que si je ne proteste pas contre la déposition de M. de Geslin, c'est que j'espère encore le voir arriver et que je me réserve de lui appliquer en face les qualifications qui lui appartiennent. Nous prierons du reste, dès ce moment, M. le procureur-général de s'enquérir, auprès du parquet de Paris, de la moralité du témoin.

M. le Procureur-général : Nous ne voyons pas l'utilité d'une telle enquête; le témoin a été interrogé; la défense fera telle appréciation qu'elle voudra de sa déposition. Nous déclarons ne pas avoir de leçon à recevoir à cet égard.

Me Chauvin : La défense n'a assurément nulle intention de donner ici des leçons ; elle n'en accepte pas davantage; mais puisque le ministère public a jugé convenable de faire lire la déposition, c'est une pièce acquise au procès sur la moralité de laquelle nous désirerions que l'on fût éclairci.

M. de Gricourt : J'ai connu M. de Geslin comme un de ces hommes qui procurent de l'argent aux jeunes gens. Il y aurait eu folie de ma part à faire part d'aucun projet sérieux à un homme comme M. de Geslin.

M. le Président : Comment, si vous ne lui en avez pas fait part, a-t-il pu donner des détails si précis à la justice? — R. M. de Geslin a-t-il donné des preuves de ce qu'il a avancé?

D. Il y a une lettre au dossier émanant de M. de Bruc, écrite le 29 octobre sous le nom de Manuel, qui parle dans le sens de la déposition de Geslin. — R. Si j'avais été chargé par le prince de lui recruter des complices, j'aurais été bien indigne de sa confiance dans le cas où je l'aurais compromis avec des gens tels que celui dont vous venez de lire l'interrogatoire mensonger.

D. Cependant, vous étiez chargé de recruter des partisans pour le prince, c'est vous qui avez parlé de ses projets à de Querelles? — R. Oui, Monsieur, c'est moi.

D. Où lui avez-vous fait votre proposition? — R. A Nancy, Monsieur.

D. N'est-ce pas le 9 octobre? — R. Je n'ai pas la mémoire des dates. M. le procureur-général doit savoir cela mieux que moi.

Me CHAUVIN : Il n'y a pas de débat possible à cet égard. M. de Gricourt convient de tout ce qui concerne M. de Querelles et d'autres.

M. LE PRÉSIDENT : Vous n'avez pas eu, par là, la prétention, Monsieur, de diriger les débats? j'apporterai toute l'impartialité possible dans la tâche qui m'est confiée; mais je ne suivrai assurément aucun conseil à cet égard.

Me CHAUVIN : M. le président saisit mal les intentions de la défense; les faits sont avoués, et il n'y a pas de débat possible sur ce point.

M. LE PRÉSIDENT : Huissier, faites retirer les accusés, hormis le colonel Vaudrey. (Les accusés se retirent.) — A M. Vaudrey : Veuillez vous lever.

D. A quelle époque avez-vous connu la totalité ou une partie de vos coaccusés? — R. Je n'ai connu qu'une seule personne parmi les accusés : c'était Mme Gordon.

D. A quelle époque et dans quel lieu avez-vous reçu les premières confidences? — R. A la fin de juin dernier, le 29 ou le 30, à Bade même, de la bouche du prince.

D. Avec qui avez-vous fait le voyage? — R. Avec Mme Gordon.

D. Comment avez-vous connu le prince? — R. J'étais dans la salle du bal. J'aperçus un de mes amis, le colonel Eggerle, qui causait avec un jeune homme que j'ai su depuis être le prince. Le colonel me présenta : je fis plusieurs tours de bal avec le prince; il me parla de mon arme, enfin il m'engagea à le venir visiter le lendemain. J'y fus; il m'entretint de la grandeur de l'empire, de sa gloire, et finit par me dire qu'il était dans l'intention de revendiquer les droits de sa famille. Il m'assura qu'il était rappelé par le vœu d'un grand nombre de Français; qu'il avait des intelligences dans les garnisons, qu'il pouvait compter sur plusieurs régiments.

D. Vous a-t-il parlé des officiers sur lesquels il comptait? — R. Il ne m'a signalé personne. Il m'a dit qu'il comptait sur la coopération de plusieurs généraux.

D. Il vous a alors proposé d'entrer dans ses projets? — R. J'ai cherché à combattre sa résolution. Je lui ai dit que mes serments, ma position dans l'armée ne me permettaient pas d'entrer dans ses vues. Si le prince était ici, il vous le dirait lui-même.

D. Comment n'avez-vous pas persévéré dans ce sentiment? — R. Il est des circonstances où on ne se rend pas bien compte de ce qu'on fait. J'ai persisté d'abord, puis j'ai revu le prince seulement la veille de l'entreprise et je me suis laissé entraîner.

D. Comment croire que le prince se soit ainsi ouvert à vous, officier supérieur, dont il devait redouter la révélation? — R. Je crois que le prince s'est facilement aperçu de mes profondes et vives sympathies pour la mémoire de l'empire ; il s'est décidé à se confier à moi sans réserve. Avant de me voir à Bade, il m'avait fait, comme à tous les colonels d'artillerie, l'envoi de son ouvrage, le *Manuel de l'artillerie* : une lettre accompagnait son envoi. Je le remerciai en termes vifs; c'est peut-être ce qui l'a décidé : je ne le pense pas cependant.

D. Ainsi, antérieurement au 30 octobre vous n'avez connu de vos coprévenus que Mme Gordon? A quelle époque l'avez-vous connue? — R. Au mois de juin, je crois.

M. GÉRARD, procureur du roi : C'est une erreur, le 30 juillet seulement vous avez été à Bade, Mme Gordon était arrivée le 15 juillet seulement à l'hôtel de Paris. Où l'avez-vous connue? — R. Je l'ai vue chez Mme Franqueville, chez M. le général Voirol.... C'était au moment où elle se disposait à donner un concert.

D. Dès lors il s'était donc établi une sorte d'intimité entre vous? — R. Mme Gordon était veuve, elle me demanda de l'accompagner à Bade; j'acceptai, en annonçant cependant que je reviendrais le lendemain.

D. Votre intimité a été toujours croissante? On a saisi une lettre de vous à Mme Gordon du 17 octobre, où vous la rendez confidente de vos plus intimes secrets. — R. Je n'ai rien à dire des relations qui avaient pu exister entre Mme Gordon et moi. Quant à la lettre, elle n'a aucun but, aucun sens politique.

D. Je vais vous en rappeler les termes. — R. (Avec vivacité) Je me la rappelle.

M. LE PRÉSIDENT lit quelques passages de cette lettre où le colonel Vaudrey parle à Mme Gordon de son amitié, lui adresse quelques reproches, et termine en ces mots : « Ma volonté se montrera supérieure à celle des autres et je ne resterai pas en arrière quand il faudra agir. » — R. Je persiste à déclarer que cette lettre n'a aucun rapport avec le complot du 30 octobre. Si j'avais été du complot, je n'aurais pu être absent de Strasbourg durant le mois d'octobre tout entier.

D. A votre retour de Bade, le général Voirol ne vous a-t-il pas demandé si vous aviez vu le prince? — R. Oui, monsieur.

D. Pourquoi ne lui avez-vous pas révélé ce que vous saviez? l'honneur fait au militaire un devoir de révéler les complots contre la patrie. — R. Je ne crois pas que l'honneur fasse un devoir d'une pareille révélation.

D. Votre lettre prouve votre intimité avec Mme Gordon, qui se trouvait en relation avec Persigny, Gricourt et de Bruc. N'alla-t-elle pas vous trouver à Dijon? — R. M. de Gricourt m'avait prévenu de son voyage à Dijon, j'ai été l'y rejoindre.

D. Elle est arrivée à Dijon le 21, vous êtes-vous empressé de la venir trouver? — R. Elle m'a écrit et je suis parti aussitôt.

D. A-t-elle reçu des lettres à Dijon? — R. Je l'ignore.

D. Vous avez quitté Dijon le 24; est-ce elle ou vous qui avez voulu quitter Dijon? — R. J'étais parti le 27 septembre, je devais rentrer le 27 octobre, c'était l'expiration de mon congé.

D. Vous êtes-vous arrêté dans le trajet de Dijon à Strasbourg? — R. Je me suis arrêté à Colmar, j'étais indisposé légèrement.

D. Vous êtes ainsi arrivé à Colmar le 25, entre une et deux heures de l'après-midi; vous êtes descendu à l'hôtel de l'Ange; y êtes-vous resté? — R. J'ai fait une excursion dans le grand-duché de Bade à Fribourg; je ne connaissais pas cette ville, et j'avais le projet de revenir par la rive droite du Rhin.

D. A Fribourg n'avez-vous pas été faire visite à Persigny, qui s'y trouvait sous le nom de Manuel? — R. Je ne connaissais pas M. Persigny et je ne l'ai pas vu à Fribourg.

D. Il est établi cependant au procès que Persigny a passé cette nuit à Fribourg et qu'il logeait dans le même hôtel que vous. Mme Gordon avait reçu une lettre de Manuel (Persigny), qui lui disait qu'il l'attendait *avec son ami*. — R. Je l'ignore, je crois même que Mme Gordon n'a pas reçu la lettre, qui a été saisie à la poste.

D. Cela est vrai ; mais la lettre a été écrite, on attendait Mme Gordon avec *son ami*, tout porte à croire que c'est vous qui êtes ainsi désigné. — R. Il y a des doutes.

D. L'accusation le suppose. — R. C'est une supposition, mais qui garantit que M. de Persigny se soit trouvé à Fribourg ?

D. L'accusation prétend que vous n'avez fait ce voyage que pour prendre le dernier mot contre la France, pour fixer le grand jour de l'exécution du complot. — R. Je n'ai pas vu le prince. J'étais le lendemain à Strasbourg et j'ai repris dans la journée le commandement de mon régiment.

D. Le jour même, le 28, le prince arrivait à Strasbourg. Le 29 au soir vous avez eu une entrevue avec lui ?—R. Le 29, j'avais dîné chez M. Tortel, le lieutenant-colonel de mon régiment ; je rentrai à neuf heures ; à ma porte m'attendait un homme enveloppé d'un manteau ; il me dit que le prince était à Strasbourg et avait besoin de me parler ; il était tard, mais il insista et je le suivis ; il me conduisit au bout de la ville sur le quai, et là je trouvai le prince Louis que je reconnus. Il me dit qu'il était arrivé avec la volonté de couronner son entreprise et qu'il comptait sur moi. Il me dit les moyens qu'il avait à sa disposition et me pria de le présenter à mon régiment.

D. Et vous avez accédé ? — R. L'entretien a duré deux heures. Il me dit que si je refusais, il se présenterait seul ; il ajouta qu'il comptait sur la coopération de beaucoup d'officiers-généraux. Il me nomma même le général Voirol, à ce que je crois.

D. Comment votre sang ne s'est-il pas en ce moment refoulé vers votre cœur, vous qui alliez compromettre votre nom, votre arme et peut-être votre régiment ? Et cela aurait eu lieu dans la rue, sous le ciel, par l'intermédiaire d'un inconnu ? Votre dire n'est pas marqué au sceau de la vraisemblance ! Il faut, pour que le prince ait pu vous décider, vous, homme de cœur et de capacité, qu'il vous ait présenté des moyens d'exécution. — R. J'ai déjà dit que, dans notre première entrevue, le prince m'avait dit qu'il comptait sur un grand nombre de régiments.

D. Vous a-t-il nommé des chefs de corps ? — R. Aucun.

D. Vous nommiez à l'instant le général Voirol ? — R. J'ai pensé que le prince comptait sur lui.

D. La nuit ne vous a pas porté conseil ? — R. J'avais pris mon parti, monsieur le président.

D. Parti bien malheureux, non-seulement pour vous, pour votre régiment, pour l'artillerie tout entière; mais le prince, après vous avoir dit ses projets, vous a-t-il fait part de son plan ultérieur? — R. Le prince voulait faire un appel au peuple. (Sensation.)

D. Que voulait-il faire de Strasbourg? quelle était l'organisation provisoire qu'il voulait donner à la cité de Strasbourg? est-ce les prévôtés militaires, comme l'indique une note de Persigny? — R. Je crois que vous vous trompez, monsieur; tel n'aurait pas été le sort de Strasbourg.

D. Vous vous êtes rendu le 30 à la caserne; vous avez distribué de l'argent à votre régiment. Était-ce de l'argent du prince? — R. Cet argent était ma propriété; c'était au reste une bagatelle, 6 ou 700 fr.

D. C'est une somme pour un père de famille, même dans votre position élevée. Que vous avait promis le prince? — R. Le prince ne m'avait rien promis, monsieur; je ne suis pas de ces hommes qui se vendent. (Sensation profonde.)

D. Quand le régiment fut assemblé, n'avez-vous pas fait avertir le prince? — R. Il était six heures et quelques minutes : un officier vint me dire que le prince était prêt; je répondis que le régiment l'était aussi.

D. Pourquoi avez-vous distribué des cartouches à votre régiment? — R. C'était un moyen de défense. Il était à craindre que le mouvement ne fût pas unanime; une fois que le prince a été reconnu par mon régiment, c'est lui qui en a eu le commandement.

D. N'avez-vous pas dit qu'une révolution avait éclaté et que le trône de Louis-Philippe était renversé? — R. J'ai dit qu'une révolution *allait* éclater. Je n'ai pas prononcé le nom du roi des Français.

D. N'avez-vous pas crié *vive l'empereur*? — R. Oui, monsieur.

D. N'était-ce pas proclamer la mort ou la déchéance de Louis-Philippe? — (Pas de réponse.)

D. Le prince n'a-t-il pas harangué le régiment? — R. Oui, Monsieur, le prince a dit qu'il avait choisi de préférence le 4e régiment comme le régiment où avait servi l'empereur, et qui plus tard lui ouvrit les portes de Grenoble; puis, il a présenté une aigle.

D. N'avez-vous pas commandé le régiment? — R. Le prince a formé des détachements et les a mis sous le commandement d'officiers.

D. En arrivant au logement du colonel Leboul, n'avez-vous pas donné ordre de l'arrêter? — R. Je n'ai jamais donné semblable ordre; j'étais occupé près du prince; le factionnaire qui y montait était accouru et avait étreint le prince de ses deux bras; je craignis qu'il l'assassinât et je courus auprès de lui.

D. De là vous avez marché sur l'hôtel du général Voirol? — R. Quand nous sommes arrivés chez le général, le prince a fait arrêter la colonne, il est monté chez le général et l'a serré dans ses bras.

D. Qu'a dit le général? — R. Le général l'a repoussé.

D. Il vous a vu; que vous a-t-il dit? — R. Il a été étonné de me voir; il m'a dit qu'il me rendrait responsable de ce qui pourrait arriver.

D. Et cela ne vous a pas arrêté? — R. Ç'aurait été une lâcheté: j'ai persisté. (Sensation.) Quand le prince a vu qu'il ne pouvait pas entraîner le général, il a donné ordre à un officier de l'arrêter, c'était le commandant Parquin, je crois.

D. Vous avez marché alors sur la caserne de la Finckmatt? — R. Nous nous sommes dirigés vers ce quartier. C'est là qu'une lutte s'est engagée, lutte assez longue; un sous-lieutenant du 46e voulut faire arrêter le prince. Je donnai ordre moi-même d'arrêter le sous-lieutenant; une collision eut lieu ensuite.

D. Vous avez été arrêté alors? — R. Je n'ai pas été arrêté; les artilleurs qui m'entouraient ont voulu m'enlever, me sauver. Je me suis rendu, après avoir ordonné à mes artilleurs de se retirer.

D. Il y a eu des soldats blessés? — R. Je l'ignore, Monsieur; ce doit être bien peu de chose.

D. Un soldat a été blessé à la joue. N'avez-vous pas fait prévenir Mme Gordon du mésuccès? — R. Un sous-officier était près de moi; je l'ai envoyé la prévenir de mon arrestation.

D. Au moment où vous sortiez le matin, Mme Gordon qui, depuis le 27, logeait à votre domicile, ne vous a-t-elle pas dit: Dieu vous bénisse? — R. Il est possible qu'elle ait dit cela, mais elle n'a rien connu par moi de mes projets.

D. Il est bien étonnant que, vivant dans une intimité si grande, vous lui ayez fait un secret de votre entreprise. — R. Cela est ainsi, cependant.

M. le Président, au colonel Vaudrey : Vous pouvez vous asseoir ; à l'interprète : Traduisez.

Cet interrogatoire, constamment soutenu par l'accusé avec un calme et une dignité parfaite, semble produire sur l'auditoire une impression qui se manifeste par une sorte de murmure approbateur.

M. le Président : Huissier, faites retirer le colonel, et introduisez l'accusé Laity.

Quand le jeune officier a pris la place du colonel, M. le président lui adresse les questions suivantes :

D. Quels sont ceux de vos coaccusés que vous avez connus? — R. Le colonel, de Gricourt et Persigny, avec qui j'avais des relations d'amitié.

D. A quelle époque avez-vous connu ce dernier? — R. Au mois de juillet. Il était recommandé à un de mes amis ; je l'ai vu dès le jour de son arrivée.

D. Le 8 juillet? avez-vous été initié dès lors aux projets du prince ? — R. C'est le 25 que j'ai été averti.

D. Dans l'intérêt de l'honneur, dans celui du pays, dans le vôtre, voulez-vous dire par qui vous avez été initié au complot? — R. Dans l'intérêt de l'honneur je refuse de répondre.

D. Dites comment vous fûtes initié? — R. Le 25, on me dit que le prince avait résolu de tenter une révolution démocratique-républicaine ; qu'il pouvait compter sur douze officiers. Je suis démocratique-républicain, j'ai dit que je serais le treizième.

D. Vous avait-on dit les moyens d'exécution, les plans du prince? — R. On m'a dit qu'il pouvait compter sur la France et sur l'armée ; je l'ai cru, je le crois encore.

D. L'échec que vous avez éprouvé aurait dû vous détromper à cet égard. — R. On s'est trompé seulement. (Sensation.)

D. Avez-vous su qu'un colonel d'artillerie dût prendre part au mouvement? — R. Je savais qu'un régiment de la garnison était décidé ; je ne savais pas lequel ; le 27 octobre seulement, j'ai su que le colonel Vaudrey appuierait le mouvement.

D. N'avez-vous pas eu une entrevue avec le prince? — R. Je l'ai vu au mois d'août à Strasbourg.

D. Dans quelle maison? — R. Je refuse de répondre à cet égard.

D. Quel entretien avez-vous eu avec lui? — R. Le prince

nous a lu sa proclamation; il avait des larmes dans les yeux et nous dit que, depuis vingt ans, on lui avait refusé une patrie; il nous a demandé de lui en rendre une. Ses intentions étaient pures et nobles. Je lui ai dit qu'il pouvait compter sur ma vie.

D. Vous parlez d'intentions pures et nobles : le succès du prince eût amené la guerre civile, la guerre étrangère peut-être; sont-ce là des moyens purs et nobles? — R. Qu'on lise ses proclamations! Notre entrevue a duré un quart-d'heure. Nous étions quinze officiers.

D. Quinze? — R. Oui, quinze officiers de l'artillerie et de la ligne.

D. Vous refusez de les nommer; vous ne voulez pas donner cette satisfaction à la patrie? — R. Je le refuse.

D. Persigny vous a-t-il fait part des projets d'organisation du prince? — R. La France aurait choisi elle-même son gouvernement.

D. Et Strasbourg, qu'en voulait-on faire? — R. On comptait sur le peuple de la ville; on eût armé la garde nationale, on se fût emparé des arsenaux et on eût marché avec confiance sur Paris.

D. Vous n'avez pas de renseignements plus étendus sur l'organisation spéciale qui eût été donnée à Strasbourg? — R. Je n'étais pas à la tête du complot.

D. Ne devait-il pas y avoir un grand trésorier, un grand prévôt? — R. C'est une erreur de M. le procureur-général : on devait marcher sur Paris, et chaque armée en marche a un grand prévôt. Cela regardait l'organisation militaire et nullement la ville de Strasbourg.

D. Vous avez su l'arrivée du prince? — R. Je l'ai su le 29; mais je n'ai vu le prince que le 30, à cinq heures du matin.

D. Nous n'avez pas assisté au souper donné par Persigny? — R. Il n'y a pas eu de souper donné. Persigny a couché chez moi et n'est sorti qu'à quatre heures.

D. Vous avez été chez le prince avec votre uniforme qui devait vous rappeler votre serment, la fidélité que vous deviez au roi. — R. J'avais juré fidélité à la patrie, mais non pas au prince qui la mésert. (Sensation.)

D. Accusé, je ne puis vous laisser vous égarer dans de telles réponses; je ne veux pas aggraver votre position; ne m'obligez pas à user du pouvoir sévère que la loi remet en mes mains pour assurer la dignité de cette audience. — Vous avez été au quartier d'Austerlitz? — R. Non, Monsieur, j'ai été au quartier des pontonniers; j'ai reçu mes sous-officiers.

D. Etait-ce le colonel Vaudrey qui vous envoyait? — R. J'agissais de mon propre mouvement; je me suis servi du nom du colonel, certain de n'être pas démenti par lui.

D. N'avez-vous pas donné 5 fr. à un trompette, 60 fr. à des sous-officiers? — R. Oui.

D. Cet argent était-il à vous? — R. En partie; le reste m'avait été remis par le prince.

D. Vous avez proclamé l'empereur? — R. J'ai crié *vive l'empereur!* Les six compagnies m'ont répondu, et nous nous sommes mis en marche. La moitié de mes hommes, à ce qu'il paraît, m'ont quitté à la place Saint-Etienne. La colonne était épaisse, je ne m'en suis pas aperçu.

D. Ainsi, vous avouez la complicité que vous avez prise au complot? — R. Certes oui.

M. le Président à l'audiencier : Introduisez l'accusé Parquin. (Profond silence.)

D. A quelle époque remontent vos rapports avec le prince Louis-Napoléon? — R. A 1822, époque où j'ai épousé Mlle Cochelet, lectrice de la princesse.

D. Vous avez une propriété dans le voisinage du château de Mme de Saint-Leu? — R. Le Wolfsberg.

D. Quelle est la distance entre les deux résidences? — R. A vol d'oiseau cinq minutes, à pied il faut un quart-d'heure pour s'y rendre.

D. Quand habitiez-vous cette propriété? — R. De 1824 à 1830. En 1830, on m'offrait de rentrer dans l'armée active. Je demandai de préférence le grade de chef-d'escadron de gendarmerie à Strasbourg, la place était vacante, je ne voulais déplacer personne. Ma propriété était dans le voisinage, et il me convenait d'avoir l'œil dessus. J'ai occupé ce poste jusqu'en 1831; où je demandai ma mise en disponibilité.

D. Vous avez été employé activement depuis? — R. Oui, je suis entré en 1836 dans la garde municipale de Paris. Au mois de septembre, j'ai demandé un congé pour aller à ma propriété que je voulais vendre depuis le décès de ma femme.

D. Comment, employé activement dans l'armée française, avez-vous pu méconnaître et trahir votre serment? — R. Il y a trente-trois ans, comme soldat j'ai prêté serment à l'empereur et à sa dynastie. Ce serment est resté gravé dans mon cœur, je tiens au serment, moi; je ne suis pas comme un grand diplomate qui en a prêté treize. Les serments que j'ai prêtés depuis, je les ai prêtés comme serments de fait; mais le jour où l'aigle impériale a reparu, le jour où le neveu de l'empereur est venu me sommer de tenir mon serment, je me suis regardé comme lié par le serment de 1804.

D. A quelle occasion vous a-t-on fait l'ouverture du dessein que le prince avait sur la France? — R. La veille de l'exécution.

D. D'autres qui avaient moins de droit à la confiance, ont reçu bien antérieurement des confidences, le capitaine Raindre que vous avez entendu hier, entre autres. — R. Je vais vous dire pourquoi: lorsque le prince a formé son projet, j'étais à Paris pour mon service; ce n'est qu'accidentellement que je me suis trouvé à mon château.

D. On vous a vu du 10 au 14 juin à Strasbourg. Vous avez logé à la Ville-de-Paris. — R. Je passais avec mon congé en poche et je me rendais au Wolfsberg. J'y suis resté jusqu'au 14 octobre; j'avais demandé une prolongation, par l'intermédiaire du colonel de gendarmerie Morin; elle n'arrivait pas; je vins le 14 à la gendarmerie pour savoir si ma prolongation arrivait; je la reçus en effet. Le 24 octobre je suis venu une troisième fois pour m'entendre avec M. Marx Picard, qui m'offrait de mettre en loterie ma propriété avec une grande maison d'Allemagne.

D. N'avez-vous pas eu des relations avec M. de Querelles? — R. Je ne le connais pas.

D. Avec Persigny? — R. J'ai été chargé par le prince de lui remettre une lettre en octobre.

D. Vous ne savez pas ce qu'elle contenait? — R. Non. Le samedi à midi je vis le prince.

«Parquin, me dit-il, j'ai rompu mon ban, j'apporte ici ma tête; demain j'arbore l'aigle impériale, puis-je compter sur vous? — Prince, lui dis-je, partout où vous courez les dangers, vous pouvez compter sur moi.»

D. Ainsi vous vous êtes prêté à cette félonie? — R. Je vous l'ai dit, je me croyais toujours lié par mon serment; je l'ai prêté en 1804; je ne crois pas que les étrangers et les traitres aient pu en imposer un autre, je n'ai jamais vu surtout que quatre millions de votes en aient sanctionné un autre.

D. Le prince vous dit-il sur qui il comptait? — R. Il me dit que le colonel Vaudrey le secondait; cela me suffit.

D. Depuis le 29, à midi, n'avez-vous pas vu le prince?

— R. Je me suis rendu à neuf heures du soir au domicile de Persigny; le prince y était; je l'ai accompagné chez lui, et j'y suis resté jusqu'au lendemain, au moment où on a monté à cheval, et où j'ai eu l'honneur de l'accompagner au quartier d'Austerlitz.

D. Dans quelles occupations s'est passée cette nuit? — R. Le prince, son valet de chambre, M. de Gricourt, M. Lombard, M. de Querelles, s'y sont trouvés réunis. Il n'y avait pas de feu, et le froid se faisait vivement sentir.

D. A quoi a-t-on employé la nuit qui a précédé cette entreprise hasardée? — R. Je conçois que les personnes qui ne se sont pas trouvées dans cette position, la jugent hasardeuse; quant à nous, nous eussions donné 1,000 fr. par heure pour arriver plutôt au moment. Le prince dictait ses proclamations; je ne sais si elles sont ici; elles sont admirables! Le prince me dit: voici un habit de général, vous le mettrez pour m'accompagner comme aide de camp. Il n'y avait pas à hésiter.

D. Vous aviez commandé à un tailleur de Strasbourg pour le 30 deux pantalons, dont un de casimir blanc, ainsi qu'en portent les généraux? — R. Si M. le président connaissait l'uniforme de la garde municipale, il saurait que l'on y porte le pantalon bleu en petit et le pantalon blanc, en grand uniforme.

D. Consentez-vous à dire quel a été l'emploi de la nuit? — R. Je n'étais pas dans le complot avant la veille. Il y avait là M. de Persigny qui était l'agent actif du prince, qui était en relation avec les corps; mon rôle à moi était de mourir à côté du prince.

D. Quel rôle avez-vous joué dans l'attentat du 30 octobre? Vous a-t-on fait avertir avant votre sortie à quatre heures, que le 4e régiment d'artillerie était prêt, et vous attendait? — R. Oui, quelqu'un est venu donner un semblable ordre.

D. Avez-vous entendu le colonel Vaudrey haranguer son régiment? — R. Il lui a annoncé qu'une révolution s'opérait, et le régiment a crié *vive l'empereur!* comme jamais je ne l'ai entendu crier dans la garde impériale.

D. Vous avez été chez le général Voirol? — R. Le prince, à tort ou à raison, nous avait dit que le général ne voulait pas se mettre à la tête du mouvement, mais qu'il se laisserait enlever. Nous nous dirigeâmes vers son hôtel; le général était en train de s'habiller. Le prince lui dit: « Je suis le neveu de l'empereur, reconnaissez-moi. » — « Jamais, » répondit le général. Le prince me dit alors : « Parquin, il faut vous assurer du général. » — « Suffit, prince ! » — Je restai avec cinq ou six artilleurs. Le général se revêtit de son uniforme ; il parut à la porte, et dit : « On vous trompe ! » — Je criai : *Vive l'empereur !* et il fut forcé de se retirer ; peu après, cependant, il parvint à s'échapper par une porte particulière. Je me dirigeai alors vers le quartier de la Finckmatt ; le prince ne voulait pas que l'on répandît une goutte de sang : c'était par la magie de son nom, par la vue de l'aigle impériale, qu'il voulait réussir ou succomber. On sait le conflit de la caserne ; mais je n'ai pas été arrêté, comme on l'a dit, en fuyant. Je n'ai pas crié : *Arrêtez !* comme dit l'acte d'accusation ; j'ai crié : *Arrêtez-moi, mais ne m'assassinez pas !* J'ai paré les coups de baïonnettes avec une main. Voilà le sang qui a coulé de ma main. (L'accusé qui a mis à sa main le gant qu'il portait en ce moment, étend le bras vers la cour et montre les traces sanglantes qui le souillent encore.)

(Cette partie de l'interrogatoire du commandant Parquin, l'énergique accent de conviction qui y domine, paraissent reproduire sur l'auditoire et le jury une profonde impression.)

M. DE QUERELLES est introduit.

D. C'est au mois de mai que vous avez été initié aux projets du prince Louis-Napoléon ? — R. J'habitais Nancy ; M. de Gricourt, que je connaissais, étant aussi à Nancy, vint me voir et me dit, que lui, de sa personne, il était engagé dans un complot. Il ne me proposa pas d'y entrer ; mais il me connaissait trop bien pour me soupçonner capable de le trahir. Je lui demandai à m'associer à l'entreprise ; et quelques jours plus tard, M. de Persigny, que je connaissais, étant venu, je lui réitérai ma proposition.

D. On vous a fait part des projets du prince. Quels étaient les éléments de succès sur lesquels on pouvait compter ? — R. On comptait sur le mécontentement qui existe dans tous les corps de l'armée. On ne m'a désigné aucun corps, aucun lieu particulièrement.

D. Comment a-t-on pu vous décider à jouer votre honneur sans vous présenter une sorte d'assurance de succès ? Vous a-t-on nommé quelques corps, l'artillerie ? les pontonniers ? la ligne ? — R. On m'a désigné l'armée entière.

D. On a donc cherché à vous tromper? — R. Non, Monsieur.

D. Vous êtes trop jeune pour avoir servi sous l'empire : ce ne sont pas des souvenirs et des sympathies qui ont pu vous entraîner. — R. Il n'y a pas besoin d'avoir servi l'empereur pour admirer sa mémoire. La vie entière du jeune prince, pleine de belles actions, de bons sentiments, m'a inspiré une franche sympathie pour ce noble jeune homme.

D. C'est vous qui avez procuré au prince l'aigle dont vous avez été porteur? — R. Oui, Monsieur. Je connaissais un sculpteur en bois; je lui proposai de me faire une aigle, dont je lui donnai le dessin sur le papier. Cet ouvrier avait travaillé chez un fondeur. Il me dit que ce fondeur avait en sa possession une aigle qui avait appartenu à un régiment de l'empire (le 7e de ligne, je crois, le régiment de Labédoyère); je la demandai au fondeur; il ne se pressa pas de me répondre; mais un jour, enfin, il me l'adressa de la manière la plus aimable, en m'en faisant cadeau, sans se douter du motif qui m'y faisait attacher du prix.

D. Vous êtes venu joindre Persigny à Strasbourg, où il était arrivé le 8 juillet? Vous êtes arrivé le 20 avec Gricourt? Savez-vous quel motif les décidait tous deux à quitter Nancy pour Strasbourg? — R. Je m'occupais fort peu de tout cela; le jour n'était pas arrêté, et semblait fort éloigné encore.

D. Vous n'êtes resté que dix jours à l'Hôtel-de-Paris : vous y avez fait une dépense de 290 fr.; cela ferait supposer que vous avez eu des séides, dont vous avez payé les dépenses? — R. Je connais beaucoup d'officiers; je les ai reçus avec empressement et de mon mieux.

D. N'était-ce pas pour vous concilier leur bienveillance? — R. Ce serait mal juger les officiers, je crois, que de penser pouvoir en faire des conspirateurs en leur payant du champagne.

D. Est-ce votre famille qui vous a donné les sommes que vous avez dépensées pour le voyage et à l'hôtel? — R. Oui, monsieur.

D. Le 20 juillet, en quittant Strasbourg, où avez-vous été? — R. A Nancy; j'y suis resté jusqu'au 26; je suis arrivé à Strasbourg le 27.

D. Vous veniez sur une lettre écrite par Persigny, sous le nom de Desrousseux? Qu'y disait-il? — R. Il savait pouvoir compter sur moi.

D. Vous n'êtes venu à Strasbourg que pour vous associer au complot ? — R. Pas autre chose (sensation).

D. Persigny, à votre arrivée, vous a-t-il dit que le 4e régiment d'artillerie et son colonel seraient des vôtres? — R. Il m'a dit y compter, car, le 29 au soir, nous ne comptions pas encore sur le colonel Vaudrey.

D. Vous avez vu le prince le 29 au soir? — R. Oui, monsieur, il m'a donné la main ; il m'a dit qu'il était flatté de me compter parmi ses adhérents. Il m'a même fait l'honneur de m'embrasser.

D. Le 29, a-t-on fait un souper chez Persigny avec le prince? — R. Nous avons dîné fort tard avec M. de Gricourt à la Maison-Rouge. Il n'y a eu rien de semblable, et je ne sais, ce qu'on veut dire avec ce souper. Le prince a dîné avec un morceau de pain et une parcelle de volaille froide.

D. Vous avez arrêté chez le sieur Braun le logement du prince? — R. Oui, Monsieur, j'ai dit qu'on fasse du feu pour pouvoir y passer la nuit sur pied.

D. Que s'est-il passé durant cette nuit? — R. Tout était convenu ; nous nous sommes trouvés là, Gricourt, le commandant Parquin, Persigny et moi.

D. Qu'avait-on promis, arrêté? — R. Ni à moi, ni à personne, on n'avait rien promis; certainement nous n'avions pas vendu notre épée.

D. Vous avez porté l'épaulette de chef de bataillon ? — R. Cela est vrai, mais j'étais lieutenant d'infanterie, comme je le suis encore; j'ai pu penser qu'en me mettant en avant, j'obtiendrais, de préférence à un autre, l'occasion de me faire tuer ou d'avancer ; mais on ne m'avait rien promis.

D. L'accusation pense que c'est la séduction du grade qui vous a décidé. — R. Non, Monsieur, lieutenant, capitaine ou général, j'aurais agi de même.

D. A la caserne de la Finckmatt n'avez-vous pas cherché à entraîner des soldats? — R. Oui, je ne me rappelle pas les paroles que j'ai prononcées, mais la vérité est que j'ai fait tout ce que j'ai pu pour entraîner le plus de monde possible.

M. le Procureur-général : Sur un carnet de votre main on a trouvé une note où se trouve détaillé à peu près le plan qui a été suivi dans l'exécution ; il y est question d'aller sommer le colonel Vaudrey de tenir sa promesse. Cette note a été écrite en septembre, il en semblerait résulter que le colonel Vaudrey fut dès lors engagé dans ce complot. — R. On m'avait parlé de plusieurs officiers généraux ; on avait nommé le colonel Vaudrey, comme beaucoup d'autres, comme le général Voirol ; mais je n'ai aucun motif de croire qu'il ait été en aucune manière instruit dès lors du complot.

M. LE PRÉSIDENT fait retirer l'accusé de Querelles et entrer M. de Gricourt.

D. Quand avez-vous fait la connaissance du prince Louis? — R. L'été dernier, je rencontrai un ami de ma famille qui me proposa de me présenter au château d'Arenenberg. J'en avais le plus grand désir et je m'estimai heureux d'y être introduit.

D. N'avez-vous pas quelques rapports de parenté avec la famille du prince Louis-Bonaparte ? — R. Il y a parenté d'alliance ; ma famille a toujours été amie de la sienne. La terre de Saint-Leu a été vendue à la reine Hortense par ma grand'mère.

D. Le prince Louis-Napoléon vous a-t-il fait part de ses projets de renverser le gouvernement et de s'asseoir sur le trône de la France ? — R. Le prince Louis n'a jamais pensé à s'asseoir sur le trône ; l'amour du pays est le premier sentiment qui l'anime.

D. A quelle époque le prince vous a-t-il ouvert pour la première fois sa confidence ? — R. Je n'en ai aucune souvenance.

D. Etait-ce durant votre séjour au Wolfsberg ? — R. Je ne puis répondre à cette question ; je ne suis pas seul intéressé dans la réponse et il ne m'appartient pas de dévoiler les projets du prince.

D. Vous avez dit ce matin que vous aviez cherché à initier Querelles. — R. Cela est vrai, j'avais beaucoup entendu parler de lui comme d'un homme plein d'honneur ; je n'ai pas hésité, j'étais sûr que, digne de porter l'uniforme français, il ne trahirait pas une confidence.

D. Pourriez-vous dire en quels termes vous vous êtes ouvert à M. de Querelles pour le complot? — R. Je ne lui ai parlé que d'une manière fort générale ; il n'y avait rien de décidé. Je ne me suis pas permis de lui révéler les noms des officiers qui s'étaient déjà engagés ; ce secret ne m'appartenait pas.

D. Avez-vous connu M. de Bruc? — R. Depuis quatre ans au moins je le connais ; je ne lui ai jamais parlé du projet ; son opinion même éloignait toute idée de participation de sa part.

D. Avez-vous su qu'il avait des rapports avec Persigny, votre ami? — R. Oui, monsieur; j'ai su qu'au moment où M. de Bruc dut tenter une expédition sur Tripoli, Persigny se trouva avec lui en rapport. M. de Bruc avait réalisé 8 ou 9 cent mille francs.

D. La position en justice de M. de Bruc semble rendre un fait pareil peu vraisemblable. — R. M. de Bruc jouit d'une position brillante; sa famille est une des plus riches de la France, son frère dont il héritera, avait deux cent mille livres de rentes en fonds de terre, et l'acte d'accusation se trompe lorsqu'il suppose qu'un intérêt d'argent ait pu le faire agir.

D. En quittant Nancy, n'avez-vous pas prié M. de Querelles, de vous procurer une aigle? — R. J'ai l'honneur de vous déclarer que pour toute question personnelle je répondrai catégoriquement; pour toutes celles où un autre nom se trouvera mêlé, je m'abstiendrai de vous répondre. (Marques d'approbation dans l'auditoire.)

D. Vous êtes arrivé le 10 avec M. de Querelles à l'hôtel de la Ville-de-Paris. Persigny vous y avait précédé. De Querelles avoue y être venu pour recruter des partisans: vous avez reçu des officiers à l'hôtel? — R. J'ai eu l'honneur de voir quelques officiers, mais je ne leur ai jamais parlé de rien.

D. Avez-vous vu Mme Gordon à Strasbourg? — R. Oui, Monsieur; une fois à table d'hôte, j'ai eu l'avantage de me trouver à côté d'elle par un pur hasard.

D. Savez-vous que le prince Louis fut à Bade pendant votre séjour à Strasbourg? — R. J'ai appris qu'il y passerait la saison, j'y ai été moi-même, et j'y ai trouvé le prince.

D. Avez-vous vu Mme Gordon avec lui? — R. Mme Gordon y était; je l'ai vue dans le même salon, je crois.

D. Avez-vous annoncé au prince que vous lui avez fait un nouvel adhérent en la personne de M. de Querelles? — R. Je ne répondrai pas à cette question.

D. Vous êtes venu souvent de Bade à Strasbourg, aviez-vous des chevaux? — R. J'en avais acheté deux à Nancy.

D. Est-ce le prince qui vous a prévenu de son arrivée? — R. J'ai été au devant de lui, et je suis monté dans sa voiture; nous sommes entrés ensemble en ville.

D. Vous convenez d'avoir passé la nuit dans la chambre du prince, d'avoir marché avec lui au quartier d'Austerlitz? — R. Je n'ai pas quitté le prince d'un moment, et je conviens de tout (mouvement).

Après avoir fait retirer M. de Gricourt, M. le président fait entrer Mme Gordon, et s'adresse à elle en ces termes :

D. Vous êtes accusée, Madame, de participation de complot. A quelle époque avez-vous connu Gricourt? — R. A Bade.

D. Il s'est cependant rencontré avec vous à Strasbourg dans le courant de juillet? —

D. Et M. Persigny? — R. Jamais.

D. M. de Querelles? — R. M. de Gricourt était seul.

D. N'avez-vous pas retrouvé M. de Persigny à Bade? — R. Oui, Monsieur, je l'ai vu assez souvent au salon; il est venu une fois ou deux chez moi.

D. Vous avez vu le prince Louis à Bade? — R. Oui, Monsieur.

D. En quittant Bade, où vous êtes-vous rendue? — R. A Paris.

D. Avez-vous laissé à M. de Persigny votre adresse? — R. M. de Persigny savait que je demeurais rue Basse des remparts; je ne m'en suis pas cachée; mais je ne lui ai pas donné positivement mon adresse, de manière à avoir avec lui une correspondance.

D. Il est incroyable que de Persigny, si vos relations étaient si vagues, vous ait écrit, sous le nom de Géant, une lettre que devait vous remettre M. de Bruc, et que vous n'avez pas reçue. Connaissez-vous M. de Bruc? — R. Je l'ai vu hier pour la première fois.

M. le Procureur-général donne lecture de la lettre dans laquelle M. de Persigny dit que M. de Bruc donnera verbalement des nouvelles de la *fabrique*.

D. Ce n'est pas la seule lettre de relation et probablement d'intimité qui vous ait été adressée par Persigny sous le même nom de Géant. Il vous a écrit à Dijon (19 octobre) et vous envoie une lettre pour *votre ami*, dans laquelle le prince Louis remercie celui-ci de son concours qui doit assurer le succès de l'entreprise. Pourquoi surtout Persigny vous appelle-t-il une chère amie et accuse-t-il réception d'une lettre de vous? — R. J'ignore entièrement ce que tout ceci veut dire; je n'ai jamais reçu de lettre de M. Persigny.

D. Comment se fait-il que le jour où le complot échoue, alors que vous venez de fuir le domicile du colonel Vaudrey, vous vous retrouvez dans celui de ce même Persigny, où vous êtes occupée à détruire des papiers qui assurément se rattachaient au complot? — R. Rien n'est plus naturel, Monsieur; j'avais vu passer le cortége, je sortis pour apprendre ce qu'il y avait, je rencontrai M. de Persigny au désespoir, je lui donnai le bras, je l'accompagnai chez lui, et là, je l'avoue, je l'aidai à brûler des papiers, mais les gens de la maison déclareront que jamais je n'étais entrée dans son domicile.

D. Vous avez été rue des Orphelins, n° 4, où, au milieu du trouble, vous avez pu prendre une ceinture et un passeport? — R. Jamais.

M. le Président : Je puis me tromper, mais je croyais l'avoir vu dans vos interrogatoires.

M. le Procureur-général rétablit le fait, d'où il résulte que, sur un carnet saisi sur Mme Gordon, se trouvaient ces mots : « Allez rue des Orphelins, n° 4 (domicile du prince), et prenez dans la commode une ceinture et un passe port. » Le tout, lorsque la police y descendit, avait disparu.

D. Quand avez-vous fait la connaissance du colonel Vaudrey? — R. A Strasbourg; je n'y suis restée que douze jours. J'ai vu le colonel chez le général Voirol, chez d'autres personnes.

D. Le colonel a dit dans son interrogatoire, que vous l'aviez vous-même engagé en quelque sorte à vous accompagner à Bade. — R. Cela peut être.

D. Le colonel a-t-il vu le prince Louis à Bade?—R. Je l'ignore entièrement. Je suis arrivée au salon; j'ai trouvé une dame de ma connaissance, et j'ai passé la soirée avec elle.

D. Vous a-t-il dit qu'il avait été présenté au prince? — R. Non, Monsieur; il a quitté Bade le lendemain.

D. A partir de cette époque, il s'est établi entre vous et le colonel une correspondance? — R. Oui, Monsieur; et je suis fâchée de n'avoir pas conservé les quelques lettres qu'il m'a écrites.

D. D'où vient que vous avez retrouvé au mois d'octobre le colonel à Dijon? — R. Il avait continué de m'écrire; il m'engagea à prendre le chemin par Dijon; cela ne devait pas allonger ma route.

D. Il a dit que c'était vous qui lui aviez écrit à Paris. — R. Il se sera trompé; je lui avais demandé en effet, s'il pensait que je pusse donner un concert à Dijon, en me rendant à Francfort: il aura vu là une invitation de m'y rencontrer.

D. Avez-vous reçu des lettres à Dijon? — R. Une seule, d'un de mes amis.

D. Vous êtes partie le 24 avec le colonel, ne vous êtes-vous pas arrêtée en route? — R. A Colmar; je me trouvai indisposée, et bien que j'aye l'habitude de voyager, je désirais m'arrêter.

Ici M. le président presse Mme Gordon des mêmes questions qu'il a adressées déjà à M. le colonel Vaudrey, au sujet de l'excursion à Fribourg, sans parvenir à obtenir une autre réponse, sinon que la curiosité a déterminé ce petit voyage.

D. A votre retour à Strasbourg, vous êtes restée au domicile du colonel? — R. Oui.

D. Le 30 au matin, au moment de l'exécution, vous avez dit au colonel Vaudrey, qui partait: Dieu vous bénisse?— R. Je suis arrivée le 27; j'avais des caisses chez le colonel, je m'y rendis; au moment où je voulais partir, je me démis l'épaule droite. On fut obligé de chercher deux chirurgiens qui recommandèrent, après l'opération, le plus grand calme. C'est parce que j'y étais forcée, et non parce que j'avais déposé toute pudeur, que j'ai été dans le logement du colonel Vaudrey.

D. Persistez-vous à dire que vous ne connaissiez pas M. de Bruc avant l'audience d'hier? — R. Oui.

D. Vous n'avez jamais entendu parler du complot à Bade? — R. Non, j'y ai vu des républicains, de bons patriotes, des légitimistes, mais je n'ai pas entendu parler de complot.

D. Qui vous a annoncé le 29 que le prince était à Strasbourg? — R. Le colonel Vaudrey.

D. Vous avez appris alors le projet du colonel?—R. Non, il ne m'avait pas fait part de ses projets.

On introduit l'accusé de Bruc.

D. Connaissiez-vous le prince Louis Bonaparte? — R. Je dois dire d'abord qu'en ce qui me concerne l'acte d'accusation est faux: je jure devant Dieu et devant les hommes que je n'ai jamais eu de relation avec le prince. Je l'ai vu une seule fois, à Aarau, quelques minutes.

D. Vous connaissez particulièrement Persigny?—R. Oui.

D. Quelles étaient vos relations? — R. Des relations d'intérêt.

D. Quels étaient ces intérêts? Vous avez signé, en 1836,

au mois d'avril, un reçu de Persigny. — R. C'est relatif à mes affaires d'intérêt avec Persigny.

D. Vous avez parlé d'une expédition sur Tripoli. Comment avez-vous dénié que le reçu fût de votre main? — R. Je croyais d'abord que je n'étais arrêté que pour un passe-port suranné. Comme officier à demi-solde, il ne m'était pas permis de voyager avec un passe-port. C'est pour cela que je l'avais raturé. Quand j'ai appris que c'était pour une affaire plus grave, j'ai nié, parce que je ne voulais pas me trouver compromis.

D. Avez-vous vu le prince pour cette affaire de Tripoli? — R. Oui, à Aarau, mais rien n'a été décidé.

D. Comment se fait-il que Persigny n'a pas fixé de délai pour le remboursement de cette somme? — R. Je répète que tout cela n'avait aucun rapport avec l'affaire de Strasbourg.

D. Avez-vous été à Strasbourg au mois de septembre? — R. Oui.

D. N'êtes-vous pas parti, muni de deux lettres de Persigny, l'une pour le comte Excelmans, l'autre pour Mme Gordon? — R. Oui, Monsieur. La lettre à Mme Gordon a été trouvée cachetée dans un de mes habits à Paris; j'ignorais donc ce que contenait cette lettre, et je ne sais ce que veut dire le mot *fabrique* qui se trouve dans la lettre.

D. Ainsi, malgré l'énonciation de Persigny, vous ne savez ce que Persigny voulait dire? — R. Non.

D. Qui vous a donné la lettre pour le général Excelmans? — R. Le prince, à Aarau.

D. Mais c'est le 10 septembre que vous étiez à Aarau, et ce n'est que le 30 octobre que vous l'avez remise? — R. Oui.

D. Vous l'avez remise vous-même au général? — R. Oui, le prince m'avait recommandé de la remettre moi-même.

D. Que s'est-il passé entre vous et le général? — R. Le général m'a demandé: Que me veut le prince? — Je n'en sais rien, ai-je répondu. — Le général m'a dit: Si c'est pour une affaire politique, je ne bouge pas. — J'ai écouté le général, je l'ai salué, et je suis parti.

D. Vous avez écrit à Manuel une lettre le 29 octobre. M. le président examine les différents paragraphes de cette lettre, d'où il essaie de tirer diverses conclusions qui tendent à mettre l'accusé en contradiction avec lui-même, et à rendre évidente sa participation au complot. — L'accusé explique différents passages de cette lettre, et nie avoir participé au complot, et en avoir eu aucune connaissance. Tous les détails dans lesquels entre la lettre, se rapportent, suivant l'accusé, à l'affaire de Tripoli.

M. LE PRÉSIDENT : Faites rentrer les autres accusés.

(Il est trois heures, la séance est levée et renvoyée à lundi.)

AUDIENCE DU 9 JANVIER.

L'affluence est toujours aussi considérable, et la curiosité semble croître avec l'intérêt des débats. A huit heures les portes sont ouvertes; les membres du barreau et quelques jurés entourent la table des pièces à convictions et les examinent. La plaque de la Légion-d'Honneur qui y figure, attire surtout plus vivement l'attention. C'est celle que l'empereur portait à la bataille d'Austerlitz: la grande croix de l'ordre, qui l'accompagne, est celle dont il se décorait lui-même dans les cérémonies d'apparat; l'épée brisée du colonel Talandier, l'aigle dont le lieutenant de Querelles expliquait à l'audience d'avant-hier la glorieuse origine, sont tour à tour l'objet d'un curieux et différent examen.

La tribune réservée est encombrée de dames élégantes.

A neuf heures les accusés sont amenés à l'audience. Les défenseurs les entretiennent quelques instants.

Le témoin de Geslin, condamné samedi à l'amende, et dont l'interrogatoire, lu à l'audience, a excité de si vives réclamations, est arrivé et va être appelé à la barre. Me Chauvin paraît annoncer cette nouvelle à son jeune client et l'engager à une modération toute dans l'intérêt de la dignité des débats et de la défense.

M. LE PRÉSIDENT annonce l'ouverture de l'audience, et, aux termes de la loi, rend compte aux accusés réunis des interrogatoires subis par eux séparément et en l'absence les uns des autres, à la précédente audience.

L'interprête traduit succinctement ce résumé, et M. le président donne ordre à l'huissier d'appeler les témoins.

M. LE PROCUREUR-GÉNÉRAL, à Mme Gordon : La procédure comprend une lettre du 17 octobre, à vous écrite par le colonel Vaudrey; vous n'avez pas reçu cette lettre, il est vrai, nous n'en donnons pas lecture; mais il y a des points culminants que je vais rappeler, et sur lesquels vous verrez si vous devez répondre. Le colonel Vaudrey y dit qu'il n'est pas homme à céder à des menaces; mais il dit que, d'après le malentendu ou les divergences qui se sont élevées entre vous, une entrevue devient plus que jamais nécessaire. Le colonel a dit que cette lettre n'était relative qu'à des affaires particulières entre lui et vous.

Mme GORDON : Il est vrai, Monsieur, j'ai fait des menaces au colonel Vaudrey. J'ai même pu lui dire qu'il manquait de courage ; mais cela n'avait rapport qu'à des affaires entièrement étrangères à ce débat.

D. Et quant aux intérêts communs ? — R. Oh! Monsieur, cela ne regardait nullement une conspiration.

M. de Geslin s'avance vers la cour.

M. LE PRÉSIDENT (s'adressant à lui) : Vous étiez assigné et ne vous êtes pas présenté à l'audience du 6. — R. J'étais assigné pour le 6; je suis parti de Paris le 2. La voiture est restée quatre jours et demi en route, au lieu d'y demeurer trois.

M. LE PRÉSIDENT : Vous demandez donc à être relevé de la condamnation prononcée contre vous ? — R. Oui, Monsieur.

M. LE PROCUREUR GÉNÉRAL appuie cette demande, et la cour prononce un arrêt en ce sens.

M. de Geslin prête serment, et dépose ainsi : J'ai connu M. de Bruc, M. de Gricourt et Persigny. Le 5 novembre on est venu chez moi saisir mes papiers ; j'avais des lettres insignifiantes de MM. de Bruc et Persigny; le lendemain on vint m'arrêter à cinq heures du matin. M. Legonidec, juge d'instruction, me demanda où étaient ces messieurs; je l'ignorais. J'avais seulement reçu le 3 octobre une lettre de M. de Bruc datée de Bade.

Il y a seize ou dix-sept mois, j'avais rencontré M. de Persigny et M. de Gricourt. M. Persigny me dit : Eh bien, comme ancien militaire, voudriez-vous vous mettre avec nous ? C'est M. de Persigny qui m'a adressé ces paroles. M. de Gricourt était bien réellement avec lui, mais il n'a pas dit ces mots. M. Persigny seul m'a fait cette ouverture.

L'interprète traduit.

D. Témoin Geslin, vous n'avez pas été aussi explicite dans cette déposition orale que dans votre interrogatoire à Paris. Vous ne dites pas au profit de qui était formé le complot dont Persigny vous révélait l'existence ? — R. Il était formé dans l'intérêt de Louis Bonaparte.

D. Quelle promesse vous fut faite ? — R. Persigny m'a dit : Tu seras général, et l'argent ne te manquera pas.

D. Quel grade aviez-vous occupé dans l'armée ? — R. Le grade de capitaine.

D. C'était là un bel avancement. (Hilarité dans l'auditoire.) — R. Je sers depuis l'an IX de la république, il n'y avait rien là d'étonnant.

D. Comment savez-vous que le projet avait échoué deux fois? — R. Je le supposais, parce que Persigny disait que l'on devait agir à Strasbourg ou en Suisse.

D. Dans une lettre de M. de Bruc à Persigny, il est dit que le projet a échoué deux fois, et qu'il faut mieux prendre ses mesures à l'avenir. — R. Je ne sais pas ce qu'a pu écrire M. de Bruc; ce sont des suppositions que j'ai faites d'après les dires de Persigny. Quant à M. de Gricourt, il ne m'a jamais parlé de rien. (Mouvement.)

D. A l'accusé de Gricourt: Qu'avez-vous à dire sur cette déposition? — R. Rien, Monsieur; comme je l'avais dit avant-hier, M. de Geslin ne m'avait point parlé. Il vient de rendre hommage à la vérité, ou de rectifier, du moins, ce qu'il y avait d'erroné dans l'interrogatoire dont on avait donné lecture.

M. LE PRÉSIDENT : Accusé de Gricourt, vous reconnaissez la vérité de la déposition du témoin. Vous convenez que vous étiez présent aux propositions faites par Persigny à de Geslin?

M. DE GESLIN, avec chaleur : Non! non! M. de Gricourt était avec Persigny quand je l'ai rencontré; mais il quitta lorsque Persigny me prit le bras pour me faire sa proposition à l'écart. (Sensation.)

M. LE PRÉSIDENT donne lecture de l'interrogatoire subi à Paris par le témoin, et dans lequel il dit que la proposition lui a été faite, il y a quinze mois, par MM. de Persigny et Gricourt : *l'un et l'autre me proposèrent.* — R. Je n'ai point dit que M. de Gricourt m'ait rien proposé. Je l'ai toujours nié, je le nie encore!

D. Vous avez entendu lecture de votre interrogatoire; vous l'avez signé, vous incriminiez M. de Gricourt; un homme d'honneur n'eût pas dû agir ainsi, si les faits sont tels que vous dites. — R. Je me suis mal exprimé peut-être, mais je n'ai pas dit à M. Legonidec que M. de Gricourt m'eût parlé. Si je l'ai dit, c'est une erreur que je rétracte aujourd'hui. Je suis venu ici pour dire la vérité. Je ne connais ni amis ni ennemis, je ne connais que la vérité et je la dis.

Cette déposition, si contraire à ce que le débat de samedi faisait attendre, produit une vive impression.

M. LE PRÉSIDENT : Appelez le témoin Bæhrlé. — Aux

jurés : Nous nous sommes jusqu'à présent occupés des faits généraux. Nous allons maintenant passer aux faits particuliers à chaque accusé.

Le témoin, qui dépose en allemand, et dont l'interprète transmet les paroles, déclare être âgé de vingt-deux ans, sommelier à l'hôtel de la Cour de Zæhringen, à Fribourg. Il connait M. de Gricourt et Mme Gordon. Il a connu également Persigny et croit avoir vu M. de Bruc.

Gricourt, sous le nom de Manuel, est venu, par la diligence, loger à l'hôtel. Le lendemain il a été au Val-d'Enfer. Le même jour Mme Gordon et un monsieur qui se fit nommer Saissey, descendirent à l'hôtel. Il avait vu Mme Gordon à Bade, et lui dit : M. Manuel est aussi à l'hôtel; mais il est déjà couché. Mme Gordon monta à la chambre de Manuel, et la conversation dura entre eux environ un quart-d'heure. Le témoin ne sait si ce monsieur est monté aussi. Le lendemain les deux voyageurs, inscrits sous le nom de Saissey, partirent.

D. Quelle est la date de leur arrivée ? — R. Elle est inscrite sur le livre.

D. Le livre porte la date du 25 octobre. Est-il certain que le témoin ait parlé le premier à Mme Gordon de Manuel, ou est-ce elle qui a demandé s'il se trouvait dans l'hôtel ? — R. C'est le témoin qui, de son propre mouvement, et sachant que Mme Gordon avait déjà eu des entrevues avec Manuel à Bade, l'a avertie de sa présence.

D. Au colonel : Qu'avez-vous à dire sur cette déposition? — R. Rien; je persiste dans ma précédente déclaration.

D. A Mme Gordon : Qu'avez-vous à dire sur cette déposition? — R. Le témoin se trompe. Il ne m'a pas parlé de M. Manuel, et je ne crois pas qu'il se fût permis de me dire de me rendre dans la chambre d'un homme qui était couché. Je suis arrivée, je suis restée dans ma chambre un quart-d'heure, M. le colonel était dans la sienne. Le témoin se trompe.

Le témoin Bæhrlé persiste dans sa déposition, et en affirme de nouveau les circonstances.

M. Moerlen : Puisque Mme Gordon repousse la supposition que le témoin ait pu lui proposer d'entrer dans la chambre d'un homme déjà au lit, je demanderai au témoin si Mme Gordon et le colonel, descendus à l'hôtel comme mari et femme, n'ont pas logé dans la même chambre? (Mouvement.)

Le témoin déclare que Mme Gordon occupait le n° 18 et le colonel le n° 19.

D. Y a-t-il une porte de communication entre les deux chambres? — R. Il n'y en a aucune.

M. LE PRÉSIDENT fait lever l'accusé de Gricourt, et demande en allemand au témoin s'il le reconnaît pour le voyageur qui se faisait appeler Manuel. — R. Oui, je reconnais parfaitement monsieur pour M. Manuel; je suis certain de ne pas me tromper.

M. DE GRICOURT : Jamais je n'ai porté le nom de Manuel. Le témoin me connaît parfaitement pour être M. de Gricourt; il a été garçon lui-même chez Chabert à Bade, où il m'a souvent servi; il m'a même remis des notes à mon nom, et sait parfaitement qui je suis.

BÆHRLÉ reconnaît avoir servi M. de Gricourt à Bade; mais il ne savait pas alors son nom. C'est bien lui qui, le 26 octobre, a pris la voiture de l'hôtel pour aller au Val-d'Enfer, et le lendemain est parti pour Kehl.

M. DE GRICOURT soutient n'avoir pas quitté Strasbourg dans la fin du mois d'octobre.

M. LAITY : Je puis certifier avoir vu M. de Gricourt le 26 octobre à Strasbourg.

M. LE PRÉSIDENT : Cela se conçoit; Manuel est parti de Fribourg à midi. (A M. de Bruc) : Avez-vous été le 29 octobre à l'hôtel de la Cour-de-Zæhringen, à Fribourg? — R. Oui, Monsieur, j'y suis resté deux jours. Je suis arrivé à Kehl le 30 au soir, et je suis rentré à Strasbourg le 31.

M. GÉRARD, procureur du roi : Lorsque Manuel est descendu à l'hôtel, n'a-t-il pas recommandé de conduire immédiatement dans sa chambre la personne qui demanderait après lui? — R. Oui, Monsieur.

D. Le témoin a-t-il connu Persigny à Bade? — R. Non, Monsieur.

Me F. BARROT : Voilà une déposition qui doit embarrasser l'accusation plus encore que la défense. L'accusation avait jusqu'à ce moment soutenu avec persistance que c'était M. de Persigny qui s'était trouvé le 25 octobre à l'hôtel de Fribourg. L'accusation avait raison, car de la déposition du témoin devant le bailli de son district, il résulte évidemment que ce n'est pas M. de Gricourt. Le signalement donné par lui indique des cheveux noirs, des moustaches noires; ce qui se rapporte à M. Persigny, et non à M. de Gricourt; maintenant ce n'est plus M. Persigny, et il nous sera facile de prouver que ce n'a jamais été M. de

Gricourt. Je prie M. le procureur général de donner lecture de cet interrogatoire.

M. le Procureur général procède à la lecture de cette pièce, où ne se trouve pas le signalement indiqué.

Me Barrot : Jai lu et je rechercherai la pièce. Ces débats seront malheureusement assez longs pour que j'aie le temps de la produire.

Gustave Rehfuss, maître de l'auberge de la Cour-de-Zæhringen, dépose en allemand que le 25 octobre, un monsieur et une dame, sous le nom de Saissey, descendirent à son hôtel, et ils partirent le lendemain. Avant M. et Mme Saissey, un étranger y était arrivé déjà sous le nom de Manuel. Le témoin n'a qu'entrevu ce voyageur, mais il ne peut dire si c'était M. Gricourt, qu'il ne reconnaît pas. Le 29, un monsieur arriva sous le nom de Bayard (M. de Bruc) ; ce voyageur alla le soir même au spectacle ; le lendemain il fit une excursion dans la montagne et au Val-d'Enfer.

M. le Président, à M. de Bruc : Comment, avec le bras luxé, cassé même, à ce que vous écriviez, avez-vous pu aller au spectacle ? — R. Je n'étais pas malade au point de m'aliter. J'étais souffrant, mais j'ai pu cependant aller au spectacle.

Philippe Schindler, sommelier à l'hôtel de la Steig, au Val-d'Enfer : Un monsieur, qu'il ne connaît pas, se présenta, à minuit, dans son auberge ; un domestique l'accompagnait, et lui dit de tenir une voiture prête pour quatre heures du matin. Il a conduit lui-même le voyageur à Fribourg, où ils ont dîné ; là, on l'envoya chercher trois chevaux de poste. Le maître monta dans la voiture, le domestique sur le siége, et ils partirent. Il ne sait qui était ce voyageur.

D. Quelle est la date de ce fait ? — R. C'est, je crois, dans la nuit du 15 au 16 octobre, mais je n'en suis pas certain.

M. Rossée, procureur général : A quel hôtel sont descendus les voyageurs, à Fribourg ? — R. A l'hôtel de l'Homme-Sauvage.

M. Eggerlé, colonel d'artillerie en retraite, connaît le colonel Vaudrey. Je le rencontrai, dit-il, le samedi 23, ou le samedi 30 juillet, à Bade. J'étais avec le prince Louis-Napoléon. J'ai présenté à celui-ci le colonel, en disant son nom et sa qualité, ainsi qu'il est d'usage quand on présente une personne à une autre qui ne la connaît pas.

Le colonel Vaudrey : La date précise est en effet le 30 juillet.

Me F. Barrot : Je demanderai si la rencontre était fortuite ? — R. Entièrement. Si le colonel m'avait demandé de le présenter au prince, je l'aurais fait avec empressement ; mais la rencontre fut des deux côtés entièrement fortuite.

M. Diemer, maître de l'hôtel de la Ville-de-Paris, à Strasbourg, a connu M. Parquin, le comte de Gricourt, Mme Gordon, M. de Bruc, M. Persigny et M. de Querelles, comme ayant logé à son hôtel. M. Parquin y est descendu le 15 juillet ; il y est revenu le 8 octobre et y est resté jusqu'au 30.

M. Persigny y est arrivé antérieurement, le 8 juillet. M. de Gricourt et M. de Querelles dont il avait annoncé la venue, sont en effet descendus également à la Ville-de-Paris le 10 du même mois. Mme Gordon est arrivée le 15 juillet.

Les accusés reconnaissent l'exactitude de ces deux dates.

D. Quelle a été la dépense de chacun des accusés ? — M. Diemer : Le compte de MM. de Gricourt et Persigny a monté à 460 fr. ; celui de M. de Querelles à 290.

D. Ces messieurs faisaient des invitations sans doute ? leur dépense ne se serait pas élevée si haut pour eux seuls. — R. Ils ont reçu trois ou quatre personnes au plus.

D. Quelles étaient ces personnes ? des militaires sans doute ? — R. Il me serait impossible de le dire ; je suis fort occupé ; mon sommelier peut-être pourra se rappeler cette circonstance.

Martin, sommelier à l'hôtel de la Ville-de-Paris, dépose des mêmes faits : ces messieurs ont très-rarement invité du monde, et il ne se rappelle pas quelles ont pu être les personnes qu'ils ont reçues.

Jacques Hoffacker, propriétaire à Strasbourg. Il dépose en allemand que dans le mois de septembre il a loué un logement à un sieur Manuel. Il a entrevu à peine ce locataire ; sa maison, rue de la Fontaine, nº 17, a deux issues : l'une sur le quai Türckheim et l'autre sur la rue de la Fontaine. Il n'a vu aucun des accusés venir chez Manuel ; il ignore s'il entretenait une active correspondance, et n'a vu que rarement venir le facteur.

Les accusés Parquin, de Querellès et de Gricourt reconnaissent avoir été une fois seulement dans la maison du témoin ; Mme Gordon y a été le 30 octobre, au matin ; c'est là qu'elle a été arrêtée.

M. le Président demande au témoin s'il ne s'est pas douté de la présence du prince Louis dans sa maison, dans la nuit du 29 au 30 octobre.

M. Hoffacker déclare n'en avoir rien su. M. Manuel occupait une chambre au rez-de-chaussée, donnant sur le quai; c'est ce qui a rendu son évasion facile. Quant à lui, il demeure sur le devant qui donne dans la rue de la Fontaine, et n'a rien vu des opérations de la perquisition.

M. Bohrer, restaurateur, rue Brûlée, ne connaît que M. le comte de Gricourt, qui a logé chez lui un mois environ.

Christine Rutschmann, couturière, connaît M. de Bruc. Elle a fait la chambre de M. Manuel (Persigny), et l'a soigné durant huit ou dix jours. M. Manuel était malade; il est parti avec M. de Bruc pour un petit voyage; il en est revenu sans que sa santé se fût améliorée; ayant besoin de soins constants qu'elle ne pouvait lui donner, il prit alors une bonne à son service.

D. à M. de Bruc : Vous avez fait un voyage avec Persigny? — R. Oui, Monsieur; nous avons été du côté de Schaffhouse. Persigny me quitta, en me laissant sa voiture que j'ai ramenée à Strasbourg, où je la laissai à l'hôtel du Poële-des-Vignerons, pour me rendre à Paris en malle-poste.

D. C'est dans ce voyage que vous avez porté une lettre au général Excelmans? — R. J'avais rencontré le prince Louis à la poste d'Aarau; c'est là, pendant que je changeais de chevaux, que le prince, qui avait sans doute entendu parler de moi par Persigny, me remit cette lettre cachetée de l'aigle impériale, sans me dire ce qu'elle contenait.

D. De la déposition du témoin il résulte que c'est dans les premiers jours d'octobre qu'a eu lieu cette rencontre d'Aarau, puisque Persigny et de Bruc sont partis le 30 septembre. Le témoin donne le signalement de M. de Persigny, qui était, dit-il, de petite taille, maigre, les cheveux noirs et bouclés, la moustache moins noire et le teint très-pâle. Le témoin croit qu'on ne pouvait le confondre avec M. de Gricourt.

M. de Gricourt : Le témoin se trompe assurément sur ce point; nous sommes exactement de même taille; nous pouvions mettre les vêtements l'un de l'autre, et nombre de fois on m'a pris pour lui et lui pour moi.

Léon Schlatter, sommelier à l'hôtel de l'Ange à Colmar :

Le colonel Vaudrey et Mme Gordon sont venus le 25 octobre, à une heure, à l'hôtel de l'Ange, où il sert; ils ont dîné et ont été le soir faire un petit voyage du côté de Neuf-Brisach. Le colonel n'a pas payé sa dépense; il a laissé une partie de ses effets à l'hôtel et est revenu le lendemain.

Gross, postillon, âgé de seize ans, a conduit le colonel Vaudrey et Mme Gordon au Rhin. En approchant de Brisach, le colonel lui demanda s'il n'y avait pas un chemin par lequel, en évitant de passer par cette place, on pouvait parvenir au Rhin par les glacis; le témoin a répondu qu'on le pouvait, mais qu'il ne connaissait pas bien cette route. C'était le soir, et la voiture traversa la ville.

Hochstætter, directeur des diligences à Colmar : Le 26 octobre je me trouvais dans la cour de l'hôtel de l'Ange; j'ai fait l'appel des voyageurs, au nombre desquels se trouvaient M. le colonel Vaudrey et une dame. Tous deux ont pris place dans la voiture.

A une heure l'audience est suspendue. Le beau-frère de M. le colonel Vaudrey, placé sur le banc voisin du barreau, lui serre la main avec affection et échange avec lui quelques paroles.

Après une suspension d'un quart-d'heure, l'audience est reprise, et l'interrogatoire des témoins continue.

Hermann Scholter, sommelier à Strasbourg, dépose que, dix ou quinze jours avant le 28 octobre, le prince Louis Bonaparte a passé trois fois par Fribourg, sous le nom de comte de Dietfurt de Munich.

Mlle Bischel, Anne-Marie, de Berne, connaît M. de Querelles pour lui avoir loué pour deux jours, les 28 et 29, une chambre dans la maison qu'elle habite à Strasbourg. Un de ses amis avait retenu le matin même la chambre, et en avait payé d'avance le prix de location.

Mlle Agathe Frey, d'Olden (canton de Soleure), domiciliée à Strasbourg, dépose du même fait.

M. Braun, de Strasbourg, propriétaire de la maison où le prince et ses partisans ont passé la nuit, a été prévenu le 29, par M. de Querelles, qu'une personne arriverait le soir dans sa maison, où il retint un logement. Le soir, en effet, cette personne arriva (le prince Louis). M. de Querelles était déjà dans l'appartement où il monta.

M. de Querelles convient de ces faits; on a passé la nuit dans l'appartement de la maison de M. Braun, où on se trouva au nombre de douze environ. C'est là qu'à quatre heures du matin quelqu'un vint prévenir que le régiment d'artillerie était prêt.

M. LE COMMANDANT PARQUIN est d'accord aujourd'hui, comme dans ses interrogatoires, avec M. de Querelles sur cette partie de sa déposition. Au moment où le témoin Braun va se retirer, et pendant que M. le propriétaire est ici, dit-il, veuillez, je vous prie, monsieur le président, lui demander si l'on n'a pu enlever du logement, après mon arrestation, un manteau que j'y avais déposé; c'est un manteau vert avec un collet de fourrure.

M. GÉRARD, procureur du roi : Déjà dans l'instruction il a été expliqué que deux manteaux avaient été changés, sans doute par ceux des prévenus qui ont pris la fuite. Dans la descente de justice deux manteaux ont été trouvés qui n'ont pas de propriétaires : il y a eu évidemment une erreur.

M. PARQUIN : On me donnera sans doute un de ces manteaux!

(Cette interpellation, faite d'un ton de brusque franchise, excite un mouvement d'hilarité prolongé dans l'auditoire et jusque sur les degrés de la cour.)

ANNE MAURER, servante chez M. Braun : Le jeudi, elle ne se rappelle pas la date, un monsieur de taille élevée, à cheveux blonds, vint demander à louer une chambre pour un officier qui devait arriver le soir. L'officier ne vint pas, et quelques jours plus tard, M. de Querelles loua lui-même. Il y avait deux chambres, l'une fermée à clef, l'autre ouverte. Dans la chambre de droite on déposa des manteaux et d'autres effets. Le témoin a su qu'une femme âgée était venue demander des manteaux, mais qu'on avait refusé de lui en remettre. A neuf heures, Anne Maurer a fait du feu; puis elle s'est couchée et n'a plus rien entendu. A quatre heures du matin, on sonna à la porte, et avant qu'elle ne pût ouvrir, plusieurs officiers étaient déjà entrés.

KIEFFER, domestique de place, a été retirer le passeport de M. de Gricourt à la mairie dans la matinée du 30. On l'a chargé de porter une lettre de l'hôtel de la Fleur à l'hôtel de la Ville-de-Paris. Il affirme avoir remis la lettre au commandant Parquin, qui lui a répondu : C'est bon, j'y serai à midi.

LE COMMANDANT PARQUIN : C'est une erreur; j'ai reçu une lettre, non pas de l'hôtel de la Fleur, mais de Persigny; ce n'est pas le témoin qui me l'a apportée, mais une femme que l'on entendra. J'ai répondu en effet : à midi.

REYMANN, courrier, a été chargé, le 30 au matin, de porter une lettre à la duchesse de Saint-Leu à Arenenberg ; on lui a remis 200 fr., il est parti et est arrivé au château à trois heures et n'a su qu'en route, à son retour, l'événement qui venait de se passer à Strasbourg.

LE COMMANDANT PARQUIN : C'est moi qui ai désigné cet homme au prince ; je le connaissais intelligent et l'ai indiqué pour ce message.

ISAAC DÜRR, maître de l'hôtel de la Fleur : Une voiture à quatre chevaux est arrivée le 29, à dix heures du soir. J'étais couché ; mon premier sommelier a reçu les voyageurs et leur a donné une chambre ; je ne les ai jamais vus.

LE GÉNÉRAL COMTE EXCELMANS, pair de France, prête serment. (Profond silence.)

M. LE PRÉSIDENT : Vous avez connu, M. le pair de France, quelqu'un des accusés ? — R. Je connais le commandant Parquin.

D. Et M. de Bruc ? — R. Je l'ai vu. Le 20 ou le 21 octobre, M. de Bruc s'est présenté chez moi. Il était porteur d'une lettre du prince Louis Napoléon. Je lus d'abord la première partie du billet. Le prince me faisait quelques compliments, et me priait de venir le voir en Suisse, pour m'occuper de ses intérêts ; je répondis que je ne pouvais, que je n'irais pas. M. de Bruc me dit : Le prince serait très-enchanté de vous voir partir pour la Suisse ; je m'estimerais heureux de vous pouvoir conduire près de lui. Je répondis de nouveau que je refusais, que si la demande du prince avait un but politique, il ne devait pas compter sur moi.

Si je voyais le prince, ajoutai-je, je tâcherais de le détourner de tout projet ; je l'engagerais à rester tranquille, pour son repos, pour celui de sa famille, car s'il croit qu'il y a un parti en France pour elle, il s'abuse. Il y a un profond respect, une admiration sentie pour la mémoire de l'empereur, mais rien de plus. Voilà, je crois, ce que j'ai dit à M. de Bruc. J'ajoutai cependant, je crois, que j'ai manqué de politesse envers le prince. Il m'a adressé son *Manuel de l'Artillerie*, et je ne lui ai pas accusé réception ; présentez-lui, si vous allez en Suisse, mes excuses : voilà tout, je crois.

M. LE PRÉSIDENT : Accusé de Bruc, qu'avez-vous à dire ?

— R. Rien, M. le président ; ce que vient de dire le général est parfaitement exact.

D. Que vouliez-vous dire alors par les hésitations du général Excelmans ? — R. Je me suis servi d'une mauvaise expression. Le général n'a pas hésité ; il a repoussé la proposition dès le premier moment, sans hésitation, sans délai ; je ne connaissais pas le contenu de la lettre. Je n'ai pas dit un mot de politique.

Le général Excelmans : C'est vrai.

M. le Président : M. le pair de France, auriez-vous conservé la lettre du prince ?

Le général : Oui, Monsieur. (M. Excelmans la tire de sa poche, et la fait passer à la cour.)

M. le Président en donne lecture :

»Général, Arenenberg, 11 octobre 1836.

»Je profite d'une occasion sûre, pour vous dire combien je serais heureux de pouvoir vous parler. Vos brillants antécédents, »votre réputation civile et militaire me font espérer, général, que »vous voudrez bien, dans une occasion si difficile, m'éclairer de »vos conseils. Le neveu de l'empereur s'adresse, avec confiance »et abandon, à un vieux militaire, comme à un vieil ami. Aussi »espère-t-il que le but qu'il se propose, excusera sa démarche qui »pourrait paraître intempestive à tout autre qu'à vous, général, »qui êtes digne de comprendre tout noble sentiment.

»Le lieutenant-colonel de Bruc, qui mérite toute ma confiance, »veut bien se charger de décider avec vous du lieu où je pourrai »vous voir. En attendant, je vous prie, général, de recevoir l'ex»pression de mes sentiments et de ma considération.

»Napoléon-Louis Bonaparte. «

M. le Président : Levez-vous, accusé de Bruc : pouvez-vous prétendre que c'est par hasard que la lettre vous a été remise dans une entrevue de dix minutes ? — R. Oui, elle m'a été remise à Aarau.

M. Gérard, procureur du roi : Comment alors est-elle datée d'Arenenberg ? — R. Je ne le comprends pas ; elle a été écrite à Aarau.

Me Liechtenberger : Ce n'est pas ici le moment d'établir une discussion sur le contenu de la lettre remise au général Excelmans ; je me bornerai à demander si M. de Bruc a fait à M. le comte Excelmans, comme le porte l'acte d'accusation, une proposition de complot.

Le général Excelmans : Il ne m'a été fait aucune proposition. S'il m'en avait été faite une, je n'aurais écouté que mon devoir, que mon serment. M. de Bruc m'a offert une place dans sa calèche, je l'ai refusée.

M. LE PRÉSIDENT : Il s'est borné à vous proposer de vous conduire en Suisse, sans vous faire une proposition de complot? — R. Probablement, s'il m'en eût fait une, je l'aurais fait arrêter, ou je l'aurais traité comme un fou. (Sensation.)

Pendant la déposition du général, M. le président a fait approcher un huissier et lui a donné ordre de disposer un fauteuil au devant des bancs réservés. M. le général Excelmans y prend place.

M. DUFORT, capitaine en retraite, à Neuf-Brisach : J'ai vu M. de Bruc au café. On parla de la guerre, et il exalta beaucoup la période de l'empire, vanta l'empereur, et dit qu'il était chef d'escadron, qu'il se nommait Bayard. Nous cherchâmes ce nom dans l'annuaire; il n'y était pas. Ce chef d'escadron, qui se disait du 5e chasseurs, parla de l'armée actuelle; les généraux de notre époque ne sont plus bons à grand chose, à ce qu'il disait, et il serait nécessaire de régénérer notre jeune armée.

D. Sous quel nom êtes-vous venu à Paris, lorsque vous avez apporté la lettre au général? — R. Sous le nom de Bayard; c'est le nom de mon domestique. Je voyage beaucoup pour mon plaisir et de préférence avec un passe-port que je lui fais prendre.

D. Vous n'êtes pas descendu à votre domicile; vous vous cachiez? — R. Je suis descendu dans un hôtel, et voici pourquoi : Je suis, depuis six ans, séparé de ma femme; elle m'avait écrit de Versailles, pour me demander la permission de venir chez moi voir sa mère; je l'avais permis.

D. Mais vous ne vous cachez pas pour votre femme seulement; vous écriviez à Geslin : Ne dites à personne ma venue, de peur des créanciers. — R. Cela est vrai, je ne paie que tous les ans, au mois de janvier, mes fournisseurs; je ne voulais pas être ennuyé chez moi par ces gens-là. (Hilarité au fond de l'auditoire.)

M. BOUTOUX, lieutenant au 46e, dépose des mêmes faits que le précédent témoin. M. de Bruc lui a dit qu'il était chef d'escadron en non-activité, et que Bayard était le nom de son domestique, qu'il disait venir de Suisse et aller à Strasbourg.

Les sieurs SCHUHER, postillon, et MÜLLER, aubergiste à Neuf-Brisach, déposent de l'arrivée du comte de Bruc, à l'hôtel de la Demi-Lune, le 28 octobre, et de son départ pour Fribourg, le 29.

WAGENMANN, sommelier de l'hôtel de la Fleur, a vu le

31 octobre arriver M. de Bruc à l'hôtel. Dans la journée, M. de Bruc fit transporter ses effets en ville chez une personne où il se rendit lui-même. Un monsieur sous le nom de Manuel, a chargé le témoin d'y aller trouver M. de Bruc et de lui faire ses compliments. Wagenmann s'y rendit; il y avait plusieurs personnes; il hésitait à faire sa commission; parlez, dit M. de Bruc. — Je viens vous faire des compliments de la part de M. Manuel, répondit le témoin. M. de Bruc parut étonné comme s'il ne connaissait pas ce Manuel.

M. de BRUC : Manuel est un nom fort connu; je ne savais ce qu'il voulait dire, je ne comprenais pas que Persigny, que l'on m'avait dit être en fuite, pût me faire faire des compliments.

D. Comment avez vous quitté Strasbourg? — R. A pied tout simplement. J'ai été jusqu'à une lieue sur la route de Colmar, puis j'ai pris des voitures de poste jusqu'à Saint-Louis, où j'ai été arrêté.

M. THOMAS, homme de lettres, a connu M. de Gricourt et M. de Bruc; jamais ce dernier ne lui a tenu aucun discours qui pût faire supposer qu'il fût engagé dans un complot. Il vint chez moi le 31 octobre; il arrivait de Kehl et paraissait fort tranquille, nous devions déjeuner ensemble; je lui dis de faire porter ses effets chez moi; il ne se cachait pas, puisqu'il fit porter ses effets par un garçon de l'hôtel. Dans la matinée on vint demander au rez-de-chaussée, si un militaire ne se cachait pas dans la maison. On répondit que non, que personne ne se cachait. Quelques moments plus tard, un garçon de l'hôtel de la Fleur se présenta à mon domicile et demanda M. de Bruc; il voulait lui parler en particulier. Parlez, dit M. de Bruc. — Je viens vous faire des compliments de la part de Manuel, dit le garçon. M. de Bruc répliqua qu'il ne connaissait personne du nom de Manuel, excepté un intendant militaire, Emmanuel de Romilly.

Il est trois heures et demie; l'audience est renvoyée à demain.

AUDIENCE DU 10 JANVIER.

L'affluence est toujours la même; elle est plus considérable peut-être, car on annonce pour cette audience l'audition de M. le préfet et de M. le lieutenant-général, commandant le département; des siéges même, préparés en avant des bancs réservés du prétoire, semblent indiquer que ces importants témoins vont être appelés. A neuf heures l'audience est ouverte.

Louis Hermann, commissaire de police à Strasbourg, dépose que lorsque, avec ses confrères, il s'est transporté dans la maison n° 17, rue de la Fontaine (domicile de Persigny), il y a trouvé Mme Gordon assise devant le poêle et occupée, avec M. Persigny, à brûler des papiers. Le témoin ne peut se rappeler s'il a pris les papiers des mains de Mme Gordon ou de celles de Persigny; ce qu'il sait, c'est qu'il s'en est emparé dans ce domicile.

M. le Président : Mme Gordon, qu'avez-vous à dire sur cette déposition? Est-il vrai que vous ayez été rencontrée dans le domicile de Persigny, occupée à brûler des papiers? — R. Oui, Monsieur.

D. Pourriez-vous dire quels étaient ces papiers? — R. Oui, Monsieur, des biographies du prince Louis.

D. Quel intérêt aviez-vous à brûler ces papiers? — R. C'est M. Persigny qui me l'a dit, et je l'ai fait.

D. N'étaient-ce pas plutôt des papiers d'une plus grande importance? — R. Non, Monsieur; ç'en eût été, que je ne les aurais pas moins brûlés, et je l'avouerais également.

M. le Président : Commandant de Bruc, c'est dans le domicile de Persigny qu'a été trouvé le reçu de 4,500 fr., souscrit par vous. Comment expliquez-vous cette circonstance? — R. Je l'ai déjà dit, ce reçu se rattache à un engagement pris, longtemps avant qu'il ait pu être question de complot, par M. de Persigny.

Bruder, facteur à la poste aux lettres, peut dire uniquement qu'il a porté plusieurs lettres, rue de la Fontaine, n° 17, à l'adresse d'un sieur Manuel.

M. le Président : N'a-t-on pas saisi le 31 octobre, entre vos mains, une lettre à l'adresse de Manuel? — R. Oui, Monsieur.

Le témoin reconnaît la lettre qu'on lui présente pour celle qui a été saisie en ses mains par le commissaire de police.

M. de Bruc, à qui cette lettre est représentée, la reconnaît pour celle écrite par lui à M. de Persigny, et soutient qu'elle n'a rapport qu'à des affaires particulières, et non au complot, dont il n'a eu aucune connaissance.

M. le Président donne lecture de la lettre.

» Fribourg, le 26 octobre 1836.

» Je suis arrivé ici le 27, vous cherchant et vous attendant; je

» suis arrivé avec le général Contréglise, mon parent, qui vient de » repartir très-mécontent. Quant à moi, je me suis cassé le bras » en route, et les hésitations du général Excelmans, qui a fini par » refuser net, m'ont retardé de deux jours. Je vais tâcher d'aller » vous voir à Strasbourg, si je le puis ; dans le cas contraire, j'irai » à Nancy rejoindre le général qui m'y attend avec sa voiture. Mon » bras cassé me fait beaucoup souffrir, et il faut absolument que je » me soigne. J'avais apporté des épaulettes ; écrivez-moi à Paris. » Je viens d'écrire au prince de tout remettre au mois de mars. «

M. LE PRÉSIDENT fait ressortir les erreurs accumulées dans cette lettre, l'absence du général Contréglise, la fracture supposée du bras, l'erreur volontaire de date.

M. DE BRUC convient de l'inexactitude de plusieurs points. Je suis parent de la famille Beauharnais, dit-il ; Mme la comtesse de Beauharnais est ma cousine ; je la vois beaucoup à Paris. Je n'ai pas parlé hier de ces circonstances qui me semblaient inutiles, mais qui expliquent la confidence du prince, qui avait nécessairement entendu parler de moi.

D. Que vouliez-vous dire par ces mots : « J'ai écrit au prince pour tout remettre? » — R. J'ignorais tellement l'existence du complot que j'écrivais à M. de Persigny à Strasbourg et en même temps au prince à Arenenberg, où je le croyais.

D. Voici le post-scriptum de cette lettre : « Tous ces voyages sans résultat sont ruineux ; il faudrait la troisième fois ne plus se tromper, pour cela j'ai un plan que je vous communiquerai. »

M. DE BRUC : Il n'est en ceci nullement question de complot, je me plains d'avoir inutilement été chercher Persigny à Fribourg. L'affaire à laquelle je fais allusion était d'une haute importance, et méritait bien que l'on en arrêtât le plan.

M. LE PRÉSIDENT, en vertu de son pouvoir discrétionnaire, fait donner lecture de l'interrogatoire de Thélin, valet de chambre du prince Louis.

CHARLES THÉLIN, âgé de trente-cinq ans, dépose : Je suis arrivé à Strasbourg avec mon maître, vendredi 28 octobre dernier, vers onze heures du soir. Nous venions de la Suisse, nous sommes entrés en France par Brisach. A Illkirch M. de Gricourt attendait mon maître ; ce jeune homme est monté dans notre voiture, qui est arrivée à Strasbourg et s'est arrêtée à la Fleur. Immédiatement après notre arrivée, et sans entrer à l'auberge, le prince et M. de Gricourt sont allés en ville, et j'ignore où ils se sont rendus.

» D. Donnez-nous l'itinéraire de votre voyage d'Arenenberg à Strasbourg. — R. Nous sommes partis d'Arenenberg le mardi 25 octobre, de grand matin. Nous avons passé la nuit à Steig, où nous sommes arrivés après minuit. Le mercredi 25, nous en sommes repartis vers cinq heures de l'après-midi, pour nous rendre à Fribourg. De Fribourg, que nous n'avons fait que traverser, nous nous sommes mis en route dans la direction d'Offenbourg, en passant par Emmendingen et Kentzingen. Entre ces deux derniers villages, notre voiture s'est brisée : ce qui nous a forcés de nous rendre à Lahr pour la faire réparer. Nous sommes arrivés à Lahr le jeudi 27, dans la matinée; je me suis occupé des réparations qu'exigeait la voiture; et autant que je puis le dire, le prince, qui me paraissait craindre d'être reconnu, n'a pas quitté sa chambre. Nous avons quitté Lahr le vendredi 28, de grand matin, et nous sommes arrivés à Strasbourg, ainsi que je l'ai déclaré plus haut.

» D. Il résulterait d'une note trouvée dans un des portefeuilles de votre malle, et qui appartenait, soit au prince, soit à M. Parquin, que ce n'est pas un pur accident qui vous a conduit à Lahr; car cette note, en tête de laquelle nous lisons Dietfurt, porte : M. Dietfurt sera le 26 au matin à l'auberge de Steig, dans le Val-d'Enfer, à cinq lieues de Fribourg en Brisgau, à un quart de lieue de la poste anx chevaux, à l'Étoile, le 27 au matin. — R. Je n'étais prévenu de rien; je croyais aller à Offenbourg; seulement il est vrai que le prince avait avec lui un passe-port sous le nom de Dietfurt. «

M. le Président : M. le colonel Vaudrey, vous le voyez, au moment même où vous faisiez à Fribourg un voyage, que vous n'expliquez que par un futile motif de promenade, lorsque vous veniez d'accomplir une longue route, et que vous étiez , dites-vous, indisposé, M. de Persigny ou M. de Gricourt se trouvait, sous le nom de Manuel, dans l'hôtel même où vous avez passé la nuit. — R. M. le président, aucun renseignement n'indique que j'aie eu connaissance de la présence à Fribourg du prince ou d'aucun de ses agents.

Dorothée Brenner, couturière à Strasbourg, a été chargée par Manuel, au service de qui elle était entrée au mois d'octobre, de porter trois lettres à M. Parquin. Elle lui a remis la première en main propre; les deux autres ont été données par elle à une personne qui se trouvait au poële de l'hôtel. Le jour du complot, le témoin a vu Mme Gordon et Manuel dans la maison où celle-ci fut arrêtée.

M. Parquin : Je n'ai reçu qu'une seule lettre que le témoin m'a remise directement.

Le témoin, interpellé par M. le président, croit se rappeler qu'il a porté la première lettre dans la matinée du jeudi; une seconde le soir et la troisième le lendemain vendredi.

M. Parquin : Veuillez, monsieur le président, demander au témoin si, lorsqu'on l'a chargé de m'apporter les lettres dont elle parle, il lui a été enjoint de rapporter une réponse. — R. M. Manuel m'avait dit de remettre la première lettre en main propre ; le commandant était à l'hôtel quand je m'y suis présentée. Je suis montée dans sa chambre, conduite par un sommelier ; j'ai remis la lettre à M. Parquin, et il m'a donné une réponse écrite, que j'ai rapportée à M. Manuel.

M. Parquin : J'ai reçu une lettre par cette demoiselle ; je lui ai fait une réponse. Voilà tout ce que j'ai à dire.

Le témoin reconnaît MM. de Gricourt, de Querelles et de Bruc qu'elle a vus chez M. Manuel (Persigny) ; elle y a vu Mme Gordon le matin du 30 seulement.

M. de Gricourt : Le témoin ne pourrait-il pas certifier que j'ai passé toute la dernière quinzaine d'octobre à Strasbourg? Elle m'y a vu tous les jours. J'y venais tous les jours le matin et restais jusqu'au soir. — R. Je n'ai vu monsieur chez M. Manuel que les deux derniers jours, les 28 et 29 octobre.

M. le Président, au témoin : Manuel (Persigny) recevait-il beaucoup de visites? — R. Dans le commencement, il ne venait que deux messieurs : l'un était assez petit et l'autre de taille élevée, portant moustache et paraissant appartenir à l'état militaire. Les derniers jours seulement, il a reçu un peu plus de monde. Deux fois il s'est enfermé avec des messieurs dans sa chambre.

D. Y a-t-il eu un souper le 29 octobre chez Manuel?— R. Oui, Monsieur. Il y avait seulement trois personnes, une de petite taille et d'un embonpoint assez considérable, ce grand monsieur (de Querelles), ce petit (de Gricourt) et M. Manuel.

M. le Président : Accusé de Querelles, pourriez-vous donner quelques renseignements à cet égard?

M. de Querelles : Je ne comprends rien à cette affirmation du témoin. Le 29 octobre nous avons dîné, comme je vous l'ai dit, M. de Gricourt et moi, à la Maison-Rouge ; il y a eu si peu un souper, qu'en sortant du dîner, je dis, en riant, à M. de Gricourt : Ma foi, la conspiration risque de manquer, car, à l'heure qu'il est, le prince est peut-être mort de faim.

M. de Gricourt : Je prierai M. le président de demander au témoin ce qu'il entend par un souper ; vers neuf heures je me rappelai que j'avais oublié d'envoyer à dîner au prince ; nous avions tant de choses à faire, que cela m'était sorti de la mémoire ; nous rentrâmes, et Persigny envoya chercher une aile de volaille que le prince mangea tout debout près de la commode. Voilà le fameux souper dont parle si souvent l'accusation. (Mouvement d'hilarité.)

M. LE PRÉSIDENT, aux jurés : Nous allons entendre une nouvelle série de témoignages, ceux qui se rapportent à l'attentat.

M. WEBER, cabaretier à Strasbourg : Le 30 octobre, à huit heures, plusieurs femmes qui se trouvaient dans la rue lui apprirent que le prince Louis-Napoléon était arrivé à Strasbourg ; bientôt il vit déboucher dans la rue un jeune homme en habit d'aide de camp, un grand nombre de jeunes gens le suivaient en poussant de vives acclamations, et le cri de *vive l'empereur !*

M. LE PRÉSIDENT : Lieutenant de Querelles, cette circonstance ne se rattache-t-elle pas à la note de votre carnet : avoir trois cents gueulards, etc. ? — R. Non, Monsieur, nous n'en avons pas eu besoin.

D. Le résultat a prouvé cependant que cette population amie du travail n'a pas répondu à votre coupable appel, et n'a pas secondé votre mouvement. — R. Ma foi, Monsieur le président, cette population, si elle est amie du travail, m'a paru aimer aussi prodigieusement l'aigle impériale.

JACQUET, Victor, adjudant-sous-officier au 4e régiment d'artillerie. J'étais de semaine le 30 octobre à la caserne d'Austerlitz. Mon colonel me fit appeler et me dit de faire sonner pour rassembler le régiment. Je fis exécuter son ordre. Il me dit de faire monter dix hommes à cheval par batterie. J'obéis. Il me demanda l'adjudant chargé des munitions, et fit distribuer dix cartouches par homme armé de mousqueton. Le colonel me dit de faire former les escadrons. Il fit sonner aux maréchaux-de-logis-chefs ; et quand ils furent réunis, il leur remit à chacun 20 fr. pour être distribués aux canonniers ; à moi, il me remit dix pièces de vingt francs pour être partagés aux sous-officiers.

Le colonel était en tenue ; il déposa son manteau et sortit de la salle de rapport. Alors s'avança un groupe d'hommes, un état-major suivant le prince. Le colonel le présenta au régiment en disant à peu près : « Canonniers dn 4e, une révolution vient d'éclater. Louis-Philippe n'est plus sur le trône ; on a proclamé empereur le neveu de Napoléon. Le voici ; je vous le présente ; criez *vive l'empereur !* » Tout le monde cria à peu près. La musique sonna un ban. Le prince fit une allocution où il rappelait les services de son oncle dans le régiment, et promettait de l'avancement à ceux qui se réuniraient à lui. On se mit en marche par la rue des Orphelins. Le colonel me dit de rester à la caserne et d'avoir soin des chevaux.

Trois quarts-d'heure après, un officier d'état-major amena au quartier un monsieur : c'était M. le préfet ; il me dit de le mettre au cachot ; je lui dis que je n'étais pas aux ordres de tous les officiers de l'armée, que je n'obéirais qu'à mon adjudant-major. Il me répondit que c'était par ordre de mon colonel. J'obéis alors. Je ne le mis pas au cachot ; je fis sortir de la salle de police quatre sous-officiers qui y étaient, et je voulus l'y faire entrer. Il trouva le lieu trop infect ; alors je pris sur moi de le mettre dans une chambre, où je plaçai un sous-officier pour lui tenir compagnie et en même temps le garder. Bientôt des officiers du régiment arrivèrent. Ils me dirent qu'on nous avait trompés, et demandèrent que le préfet leur fût remis. Je ne fis aucune difficulté, et allai moi-même ouvrir la grille pour le leur remettre.

D. Au colonel Vaudrey : Qu'avez-vous à dire ?

M. Vaudrey : La déposition de l'adjudant Jacquet est exacte. Seulement je n'ai pas dit : une révolution *a éclaté*, mais *va éclater*. Je n'ai pas voulu entraîner les officiers malgré eux dans le mouvement, je les ai laissés libres d'y prendre part.

Le Témoin : J'avais oublié de dire que le colonel, qui m'avait d'abord dit de ne pas prévenir les officiers, me donna ordre ensuite de leur dire de rejoindre leurs batteries. Je ne persisterai pas à dire que mon colonel a dit : une révolution *vient* d'éclater. Peut-être a-t-il dit : *va* éclater. Je ne saurai rien affirmer à cet égard.

D. Si votre colonel, cependant, eût présenté la révolution comme devant éclater et non comme un fait accompli, l'auriez-vous suivi ? — R. Cela m'aurait fait faire des réflexions ; nous avons cru qu'une révolution était faite, et nous avons suivi notre colonel.

Le Lieutenant Laity : Le témoin vient de dire que, dans son allocution au régiment, le prince avait promis de l'avancement aux officiers et aux sous-officiers. Je tiens à relever, dans l'intérêt de l'armée, que ce qu'il a avancé est faux ; quand on voudra entraîner les militaires, ce n'est pas par des promesses d'avancement, c'est par le sentiment de l'honneur qu'on les décidera.

Le commandant Parquin : J'avais l'honneur d'être à

côté du prince, au moment où il a fait son allocution. J'affirme qu'il n'a pas parlé particulièrement aux sous-officiers: il a parlé au régiment tout entier, il n'a pas promis d'avancement, il n'a pas prononcé un mot qui pût ressembler à une promesse ; il a pu avoir la pensée de donner de l'avancement à ceux qui répondraient à son appel, mais il ne l'a pas dit.

M. le Président, au témoin : Arrive-t-il parfois que le colonel d'un régiment fasse distribuer des munitions? — R. Oui, Monsieur.

D. Quand le colonel vous a remis de l'argent, cela ne vous a-t-il pas étonné? — R. Oui, Monsieur, j'ai été surpris, mais le bruit s'était répandu que mon colonel venait d'être nommé maréchal de camp.

Le colonel Vaudrey : J'ai fait distribuer au régiment une somme de 6 à 700 fr.; c'était pour que les hommes pussent pourvoir à leurs besoins; je ne savais quand le régiment devait rentrer, et les artilleurs devaient avoir de quoi subvenir à leur subsistance.

D. Au témoin : Quand le régiment est sorti, est-ce le colonel qui l'a commandé?—R. Le colonel a dit seulement: Par quatre, file à droite. Le régiment a défilé par la rue des Orphelins, musique en tête; je ne sais si le colonel a commandé encore après ce moment.

M. Gérard, procureur du roi, au colonel Vaudrey : Quels ont été les motifs qui vous ont décidé à seconder les projets du prince, à le mettre à la tête de votre régiment?—R. Ces motifs existent dans la proclamation que le prince devait faire imprimer.

D. Dans vos interrogatoires vous n'avez attribué votre défection qu'à ce motif, que vous aviez à vous plaindre de deux officiers-généraux; vous n'avez allégué aucun motif politique à votre conduite. — R. Lors de mes premiers interrogatoires je pouvais avoir des raisons de ne pas faire connaître les causes politiques de ma conduite.

M. le Procureur du roi, au lieutenant Laity : Vous avez repoussé tout à l'heure avec une sorte d'indignation la supposition que des promesses d'avancement eussent été faites. Vous avez cependant vous-même menacé un sergent-major de perdre l'avancement qu'il devait recevoir, s'il ne secondait votre mouvement? — R. Jamais je n'ai rien dit de pareil. Le sergent-major Donnet hésitait, j'ai dit à un sergent de prendre sa place.

Galle, adjudant-sous-officier au 4e d'artillerie : Le 30 octobre, à cinq heures du matin, je descendis lors qu'on sonna l'assemblée. Le colonel fit monter à cheval : lorsque le régiment fut réuni, il lui annonça qu'une révolution s'accomplissait en ce moment. Le prince arriva alors, il adressa un discours aux escadrons ; il dit que son oncle, l'empereur, avait servi dans le régiment comme capitaine ; il présenta une aigle, et tout le monde cria *vive l'empereur !* Je montai à cheval, avec trente-six hommes ; je tins la gauche, d'après l'ordre du colonel, transmis par l'adjudant-major : nous partîmes par quatre ; nous arrivâmes au quartier de la Finckmatt. Tous les hommes, en nous voyant arriver, crièrent *vive l'empereur !* Bientôt arriva un petit officier, un lieutenant, qui voulut tout bouleverser. Une lutte s'établit et dura environ vingt minutes. Un major du régiment survint et dit qu'on avait voulu subtiliser le régiment. Enfin tout fut fini ; les artilleurs remirent le sabre dans le fourreau, et notre colonel dit : « Pas de résistance, artilleurs ; respect aux lois ! » On regagna le quartier alors, en traversant silencieusement la ville.

Après une courte suspension d'audience, M. de Geslin demande à la cour la permission de retourner à Paris où, à la suite des trois arrestations dont il a été l'objet, sa femme est tombée dangereusement malade. M. le procureur-général et la défense consentent à ce qu'il se retire, et M. le président en donne l'autorisation.

M. le Président fait rappeler le témoin Galle, et M. le procureur-général lui adresse cette question : C'est à vous que le colonel a donné l'ordre de faire distribuer dix cartouches par homme : vous avez tardé à exécuter cet ordre ; le colonel n'a-t-il pas alors donné l'ordre d'enfoncer la porte ? — R. Ce n'est pas moi qui ai reçu l'ordre de délivrer les munitions, c'est l'adjudant Wachter ; j'ai, en effet, entendu ces mots : Enfoncez la porte, mais ce n'est pas à moi qu'ils étaient adressés.

M. le Président : Vous avez été à la Finckmatt ; un de vos hommes n'a-t-il pas été blessé à la joue ? — R. En rentrant au quartier, j'ai su qu'un de nos hommes avait reçu une blessure à la joue, un coup de baïonnette ; mais je ne l'ai pas vu. (Le témoin continue d'une voix où se trahit une émotion dont il n'est pas maître.)

Je viens d'apprendre que quinze sous-officiers du régiment viennent de recevoir leur démission ! (Marques d'étonnement.) Ces hommes-là n'ont rien, et nous-mêmes, en retournant à Douai, peut-être allons-nous, mes camarades et moi, trouver notre remplacement signé par l'inspecteur général Neigre. (Profonde sensation.)

M. LE PRÉSIDENT : Vous voyez, colonel Vaudrey !

LE COLONEL VAUDREY : C'est un regret que j'ai, Monsieur.

M. DEHERPT, adjudant-sous-officier au 4e régiment, J'entendis le matin du 30 des sonneries extraordinaires ; je descendis ; le régiment était rassemblé, et on poussait le cri répété de *vive l'empereur !* Je reçus ordre de me placer en avant de la musique ; je devais obéir. Chemin faisant, je réfléchis, et je reconnus que ce qu'on nous disait, était ridicule, un anachronisme. Arrivés au quartier de la Finckmatt, on lut des proclamations aux soldats du 46e qui étaient dans la cour et aux fenêtres ; ils crièrent avec exaltation *vive l'empereur !* Bientôt cependant la péripétie du drame changea. Le lieutenant Pleignier me parla de résistance, et me demanda mon appui. Je lui jurai qu'il pouvait compter sur moi. Une lutte s'engagea, mais tout fut terminé en peu de temps. On a adressé des reproches aux sous-officiers ; je dois dire, bien que je n'aie pas qualité pour le juger, qu'ils ont fait leur devoir, et qu'aussitôt qu'ils ont su dans quelle erreur on les entraînait, ils ont changé de direction et de volonté.

M. LE COLONEL VAUDREY : Je n'ai pas d'observation à faire, sinon que je portais au témoin un vif intérêt, que je l'avais nommé maréchal-de-logis-chef, adjudant, et que je le proposais pour sous-lieutenant. (Sensation.)

M. LE PRÉSIDENT, au témoin : Savez-vous que des destitutions aient eu lieu dans le régiment? — R. J'ai appris par une lettre que des renvois étaient faits ; que des mesures sévères frappaient des sous-officiers du régiment, d'anciens sous-officiers.

M. JAILLET, adjudant-sous-officier au 4e régiment, dépose des mêmes faits que les deux précédents témoins. Il a été de même à la Finckmatt, et est revenu au quartier d'Austerlitz avec le régiment, après l'arrestation du colonel, du prince et des autres chefs du mouvement.

M. LE PRÉSIDENT fait donner lecture de l'interrogatoire de l'adjudant-major Wachter sur les mêmes faits.

M. DESMAROUX, capitaine au 4e d'artillerie : Je fus averti vers cinq heures et demie, par mon fourrier, que le régiment prenait les armes ; je me rendis au quartier. Le régiment était rassemblé déjà. Je demandai à des officiers qui se promenaient dans la cour, les motifs de cette prise d'armes; ils les ignoraient. J'allai à la salle de rapports, il y avait là un baril de cartouches, et on en distribuait aux soldats. Une idée me frappa, je crus qu'on avait réussi à assassiner le roi, et cette prise d'armes ne me surprit plus. Je vis le colonel dans une embrasure; j'allai à lui; comment vous portez-vous? lui dis-je, avez-vous fait bon voyage? — Merci, me répondit-il, et il me tourna le dos. Je remarquai qu'à ma vue le colonel avait fait un mouvement de corps. J'allai me placer alors à ma batterie qui était au fond de la ligne; trois personnes entrèrent alors; le colonel fit une allocution dont je ne pus entendre une parole et qu'il termina par le cri de *vive l'empereur!* Je ne comprenais pas ce que cela signifiait. Je crus un moment, d'après mon idée première, que c'était le duc d'Orléans, obligé de quitter Paris à cause des troubles, qui venait se placer au milieu de nous. Mais je me tournai vers ma batterie : qu'est-ce que cela signifie? dis-je. — C'est le fils de l'empereur qu'on proclame, me répondit-on. — Mais il est mort. — Son fils, son petit-fils, un empereur enfin, dit un artilleur! (Hilarité dans l'auditoire.) Je portai le regard sur le régiment, car je ne m'étais occupé jusqu'alors que de mon petit commandement; je poussai le cri de *vive le roi!* mais ma voix fut couverte par les cris de *vive l'empereur!* Le régiment défilait, musique en tête; je compris que c'était une révolution; on me dit que toute la garnison venait de proclamer le neveu de l'empereur, et que le lieutenant-général était à la tête; je dis alors que, quoi qu'il dût arriver, je ne prendrais pas part à la défection, et je remis avec force le sabre dans le fourreau.

Le capitaine rend compte de ses diverses démarches pour rassembler quelques officiers, jusqu'au moment où ils rencontrèrent le lieutenant-général, qui venait de recouvrer la liberté.

M. LE COLONEL VAUDREY : J'étais placé fort près de la batterie de M. le capitaine Desmaroux. Il dit avoir crié *vive le roi!* Je ne le nie pas; mais je déclare ne l'avoir pas entendu.

M. LE PRÉSIDENT : Ceci, du reste, est de peu d'importance au procès.

M. BOCAVE, lieutenant en premier au 4ᵉ : Je logeais à proximité du quartier. J'entendis sonner le réveil, et peu de temps après l'assemblée. Je fus étonné d'entendre cette sonnerie. Je me rendis au quartier. Un adjudant, que je rencontrai, me dit que le colonel avait défendu de prévenir les officiers. Ne voulant pas me mêler d'un service où je n'étais pas commandé, je rentrai. Peu après, j'entendis des chevaux au galop sous ma croisée; ils venaient en désordre. Je ne pus rester en repos en présence d'un mouvement si extraordinaire, et je retournai au quartier. Le régiment était assemblé; un piquet à cheval était hors de la grille. En ce moment entrèrent quatre personnages en costume militaire. Le colonel fit porter les armes et s'adressa à la troupe, en disant que le neveu de Napoléon allait monter sur le trône; il finit par le cri de *vive l'empereur!* qui fut répété par les canonniers. Après le colonel vint le tour du prince, qui parla à la troupe de son oncle l'empereur Napoléon, de la gloire qui avait accompagné ses armes, et présenta une aigle, qui fut accueillie à grands cris. J'étais auprès du prince au moment où il finit sa harangue : il était tellement ému, qu'il m'embrassa d'une étreinte presque convulsive.

Le régiment sortit; je le suivis avec d'autres officiers; à la hauteur du quai des Bateliers, je vis un peloton d'une trentaine d'hommes se détacher; le capitaine Aporta me donna l'ordre d'aller avec ce détachement, qui se rendit chez le préfet. Je trouvai à la tête de ce peloton un capitaine d'état-major de la suite du prince, et je lui demandai ce que nous allions faire chez le préfet. — Nous emparer de sa personne. — Je ne jugeai pas à propos de me charger d'une pareille commission, et je refusai formellement de marcher. Une demi-heure après, je vis ce détachement, conduit par le même officier d'état-major, emmenant le préfet qui donnait le bras à deux artilleurs et qui fut conduit au quartier d'Austerlitz.

M. le colonel Vaudrey : De la déposition du lieutenant il résulte que si je n'ai pas donné l'ordre de faire prévenir les officiers, je ne les ai pas empêchés de venir à leurs batteries; ils avaient liberté complète.

Le lieutenant Bocave : Personne ne m'a dit de me retirer, non plus que de rester; on m'a laissé libre d'agir à mon gré.

M. le Président : Pourquoi, en refusant de vous mettre à la tête du détachement qui allait chez le préfet, n'avez-vous pas tenté de détacher les hommes de leur erreur? la voix d'un homme d'honneur les eût rappelés au devoir peut-être ? — R. M. le président, je ne le crois pas ; ils étaient dans l'enthousiasme ; d'ailleurs, lorsqu'un événement est accompli, il est facile de juger ce qu'on aurait dû faire ; mais dans la précipitation et la surprise d'un mouvement imprévu, à peine a-t-on le temps de la réflexion. (Approbation dans l'auditoire.)

M. LE PROCUREUR-GÉNÉRAL : Le lieutenant qui était placé près du prince, a-t-il entendu qu'en finissant son allocution, il ait dit : demain les sous-officiers seront officiers, et les officiers avancés en grade ? — R. Cela n'est pas, Monsieur ; il n'a été rien dit de pareil.

M. ROUGE, lieutenant au 4e : J'étais de semaine le 30. Je me rendis à cinq heures, aux écuries du roi, pour y faire donner la botte. En retournant chez moi, j'entendis des canonniers qui disaient qu'on sonnait à cheval ; je me rendis à la caserne ; le régiment était sous les armes ; le colonel était dans la cour ; je l'abordai ; il ne me dit rien d'abord ; quelques instants après il m'emmena à la salle des rapports ; là il me fit une confidence : Louis Bonaparte va monter sur le trône ; voulez-vous être capitaine ? Il ne me laissa pas le temps de réfléchir, il me dit : il va arriver ; le lieutenant-général est à la tête, la population est dans ce mouvement. Je lui fis une seule objection ; je lui demandai s'il était bien décidé à jouer sa tête, que moi je ne l'étais pas. Il entra du monde, et je sortis dans la cour. J'ai été témoin de la proclamation du prince, et j'ai entendu le colonel donner ordre de prévenir les officiers restés dans la cour de la caserne ; j'ignore ce qui s'est passé ultérieurement.

LE COLONEL VAUDREY : Cinq minutes avant l'arrivée du prince j'étais dans la salle du rapport. M. Rouge y entra ; je lui dis qu'un mouvement allait éclater, que les officiers seraient libres d'y prendre part, et que ceux qui le seconderaient, pourraient obtenir des avantages.

M. LE PRÉSIDENT : Le lieutenant Rouge a spécifié pour lui cet avantage ; c'était le grade de capitaine. — R. J'ai parlé d'avantages probables ; je n'ai pu promettre ce qui ne dépendait pas de moi.

M. GÉRARD, procureur du roi : Je vais lire votre déposition : « Il m'emmena ensuite à la salle des rapports, où il me demanda si je voulais être capitaine maintenant, et chef d'escadron ce soir. »

Me BARROT : Je ferai observer à Messieurs les jurés que

lorsque la loi a voulu que les témoins fussent entendus oralement à l'audience, c'est pour arriver à la vérité, et qu'on ne peut, ce semble, opposer aux déclarations orales, l'information écrite, à moins de suspecter la déclaration faite à l'audience.

Le Témoin : Le colonel m'a dit : vous serez ou vous pouvez être capitaine ce matin, commandant ce soir ; comme il n'y a pas de commandants chez nous, j'ai compris chef d'escadron ; je ne puis affirmer que le colonel ait dit qu'il me nommait, mais que je pourrais être promu par suite des événements.

Me F. Barrot : Ce que j'ai voulu constater, c'est que le colonel n'avait pas voulu l'entraîner par la séduction d'un grade ; mais après lui avoir fait des confidences, il lui a fait entendre qu'il pourrait avoir de l'avancement en cas de succès.

Le colonel Vaudrey : Où il y a eu séduction, il faut qu'il y ait eu promesses, et je déclare formellement n'avoir rien promis au lieutenant.

R. Le colonel m'a dit : Vous *serez* ou vous *pourrez être* capitaine. Etait-ce en son nom ou suivant les circonstances ? je ne puis le dire.

Le colonel Vaudrey : J'ai vu dans le même instant d'autres officiers ; comment serait-il possible que je n'eusse fait de promesse d'avancement qu'à M. Rouge seulement ?

M. Aporta, capitaine au 4e régiment d'artillerie, appelé à remplir les fonctions d'adjudant-major : Le 30 octobre, je fus averti par l'adjudant Lafoucherie que le régiment était sous les armes ; je crus qu'il y avait une émeute, et je me rendis en hâte au quartier. Le régiment était sous les armes. Le colonel était à la salle des rapports, j'allai le joindre. — Me voilà, colonel ! dis-je. C'est bien, Monsieur, formez les pelotons. J'étais seul, il ne faisait pas jour, j'eus peine à former les pelotons. Je prévins le colonel, qui me demanda combien j'avais d'hommes. — Quatre escadrons, deux pelotons, et quelques hommes. — Monsieur, tout le régiment n'est pas là ? dit-il. — Je ne puis en réunir davantage, répondis-je. — Le colonel sortit de la salle, et fit au régiment une allocution que je n'entendis pas, et qui fut suivie du cri de *vive l'empereur !* — Je n'étais pas revenu de mon étonnement quand quatre étrangers se présentèrent ; bientôt on recommença les cris de *vive l'empereur !* on sortit par la rue des Orphelins. En passant devant la rue de la Madeleine, on me donna ordre d'envoyer un peloton sous le commandement d'un officier : je m'approchai de M. Bocave, je lui transmis l'ordre. Où faut-il aller, dit-il? — Chez le préfet, je crois. — Nous marchâmes encore; arrivé à la hauteur de la rue de l'Arc-en-Ciel, je m'aperçus que c'était une révolution, et je fis un demi-tour. Je montai chez un capitaine du régiment, où nous nous réunîmes, plusieurs officiers et moi. Nous décidâmes de sauver notre étendard, et de délivrer le colonel du 3e. Nous nous rendîmes chez ce colonel; il y avait un poste, je voulus me faire obéir de lui; on déclara qu'on méconnaissait mes ordres. Je me rendis au quartier; je trouvai les hommes qui y étaient restés, ils dirent qu'ils m'obéiraient; j'appris alors que M. le préfet était arrêté. On l'avait enfermé dans la chambre d'un sergent-major. Je voulus entrer; le factionnaire croisa le sabre sur moi. Je vis alors qu'il fallait user de ruse. Je suis sorti avec le régiment, lui dis-je, vous avez vu que j'ai suivi le régiment ce matin; je viens sur l'ordre du colonel; je suis votre adjudant-major. On me laissa entrer alors. Je vis M. le préfet; je lui dis que j'avais réuni le plus d'hommes possible, que de ce moment il était libre. Bientôt arrivèrent des officiers; nous reconduisîmes le préfet, et je rentrai au quartier. Une demi-heure après, le régiment rentrait, conduit par M. Deherpt et M. Jaillet, adjudants, en ordre, sans cris, et je dis aux hommes de se tenir prêts au premier ordre.

D. Capitaine, vous avez accompagné le régiment dans sa marche: qui le conduisait? — R. C'est le colonel, je crois; j'ai été tantôt à la droite, tantôt à la gauche; aucun ordre ne m'a été transmis.

D. Qui a dans la marche tiré de la colonne le détachement qui devait aller chez le préfet? — R. C'est un des officiers de l'état-major du prince; dans le mouvement, l'enthousiasme était si grand, que tous les hommes auraient marché où on aurait voulu.

D. Au colonel: Vous voyez, colonel, voilà un brave militaire que vous avez cherché à entraîner.

LE COLONEL : Jamais, Monsieur; je n'ai pas dit un mot du mouvement au capitaine Aporta.

M. APORTA, avec vivacité : Oh non! le colonel ne m'a entraîné en rien. Je me suis retiré aussitôt que j'ai vu où on me conduisait, quand le voile est tombé de mes yeux.

M. TORTEL, lieutenant-colonel au 4e : J'étais à travailler chez moi, quand des officiers du régiment, au nombre desquels était le capitaine Desmaroux, vinrent me prévenir que le régiment était en révolte et que les officiers supérieurs allaient être arrêtés; je sortis avec eux pour aller prendre le commandement du parc, au cas où tous les officiers supérieurs seraient arrêtés.

Arrivé devant les bains Saint-Guillaume, on me fit remarquer un poste du régiment à la porte du colonel du 3e, M. Leboul. Je ne pus délivrer le colonel; mais une compagnie du 3e arriva, et j'entrai chez le colonel lui annoncer sa liberté et lui demander de se mettre à notre tête. Nous l'accompagnâmes à son régiment, sur la place Saint-Nicolas. De là nous marchions sur le quartier-général, pour délivrer le lieutenant-général qui était arrêté: nous l'avons rencontré en route: sur ses ordres, je montai chez le colonel Vaudrey, où je pris l'étendard qui s'y trouvait, pour le présenter au régiment et le rallier; bientôt j'appris que le colonel était arrêté.

Sur l'invitation de M. le président, le témoin explique que l'existence au quartier de munitions n'a rien qui puisse charger le colonel Vaudrey. Les cartouches qu'il a fait distribuer étaient celles qui avaient été préparées pour le tir à la cible et qui n'avaient pas été employées.

D. Savez-vous quels motifs ont pu entraîner le colonel Vaudrey dans sa félonie? — R. Je ne sais, le colonel devait être content du régiment. Il y était aimé. (Sensation.) Il avait été promu au grade de colonel malgré le comité d'artillerie. On voulait l'envoyer à Bastia, tandis qu'à l'approche probable d'une guerre, en 1830, il désirait entrer vivement au régiment.

D. Le colonel n'avait-il pas sollicité la place d'aide de camp du prince royal? — R. Oui, lorsque je servais avec lui dans le 2e régiment, il me l'a dit.

D. Le colonel a dîné chez vous le 29? — R. Oui, Monsieur, il n'avait pas l'air préoccupé et se trouvait à la fin du dîner à la hauteur de gaîté des autres convives.

Le colonel Vaudrey : Après le dîner, n'ai-je pas prié le lieutenant-colonel de m'excuser, et ne suis-je pas sorti en annonçant que j'allais revenir? — R. Oui, et vous n'êtes pas revenu.

M. Vaudrey : Le lieutenant-colonel ne se rappelle-t-il pas, que je lui avais envoyé un ordre fort détaillé pour une inspection du régiment, que je voulais passer le lendemain? — R. Oui, cela est vrai.

LE COLONEL : J'avais demandé aussi un tableau supplémentaire de l'avancement dans notre régiment. — R. Oui, cela est vrai.

M. VAUDREY : Il résulte de ces diverses circonstances, que la veille du 30 octobre, je ne prévoyais certainement pas les événements qui devaient éclater le lendemain. (Sensation.)

LE COLONEL VAUDREY : Vous avez demandé au témoin si je n'avais pas sollicité le rang d'aide de camp du duc d'Orléans. Voici ce que j'ai à répondre :

Je me trouvais à Paris en 1830. Des personnes qui me portaient intérêt, M. le duc de Bassano entre autres, m'engagèrent à demander de devenir aide de camp du prince. Il se chargea de tout, mais cela n'eut pas de suite. C'était en 1830 : il s'est passé beaucoup de choses depuis ce temps-là.

M. GÉRARD, procureur du roi : Depuis ce temps-là, n'avez-vous pas fait des demandes au duc d'Orléans, celle de votre retour de Corse entre autres? — R. Non, monsieur, non! Si des demandes ont été faites pour moi, celle de mon retour de Corse, par exemple, elles ont été faites par ma famille et par des amis.

D. Au lieutenant-colonel Tortel : Savez-vous s'il est vrai que des sous-officiers aient été renvoyés de votre régiment? — R. J'ai appris comme un bruit qu'à la suite de l'inspection du général Neigre, des sous-officiers allaient être renvoyés; je ne sais si cela est fait maintenant; mais je puis dire que telle est l'intention du général.

D. Le colonel ne vous avait-il pas, en quittant le régiment, prié de l'informer de tout ce qui se passerait à Strasbourg? — R. Oui, Monsieur.

LE COLONEL VAUDREY : Toutes les fois que je m'absentais de Strasbourg, je faisais la même recommandation.

Il est quatre heures, l'audience est levée.

AUDIENCE DU 11 JANVIER.

Une force plus imposante que les jours précédents a été déployée au Palais-de-Justice. Dans l'intérieur, le nombre des factionnaires a été doublé; une compagnie de 16e régiment d'infanterie forme la haie dans la pièce qui sépare la salle des témoins de celle où se tiennent les assises. M. le préfet du Bas-Rhin, M. le lieutenant-général et M. le général commandant la subdivision, doivent être entendus dans cette audience.

La cour entre à neuf heures précises. M. le président ouvre l'audience et donne ordre d'introduire un témoin.

M. Marcot, maréchal-des-logis au 4e régiment d'artillerie: A cinq heures et demie, j'étais encore dans mon lit, lorsqu'un maréchal-des-logis-chef vint me dire que le régiment avait pris les armes par ordre du colonel. Je me rendis de suite au quartier, et aussitôt que les batteries furent formées, une voix, que je reconnus être celle du colonel, adressa au régiment une allocution que je n'ai pu entendre; après lui, un autre parla au régiment, qui poussa les cris de *vive l'empereur! vive Napoléon!* J'ai demandé quel était cet empereur; les uns disaient: c'est le fils de Napoléon, d'autres: c'est son neveu, d'autres: c'est l'empereur lui-même. Nous sortîmes du quartier; j'étais en serre-file derrière ma batterie. Arrivé aux bains Saint-Guillaume, un lieutenant me donna l'ordre de prendre dix hommes, dix bons canonniers, et de me placer avec eux devant le logement du colonel du 3e, avec la consigne de ne laisser entrer ni sortir personne, et d'empêcher toute communication de l'intérieur à l'extérieur. Le lieutenant me demanda ma parole d'exécuter fidélement cet ordre. C'est de la part du colonel, dit-il. Je promis d'obéir, et, en effet, j'ai refusé l'entrée à mon lieutenant-colonel, à des capitaines, et je n'ai cédé que quand des forces supérieures, appartenant au 3e, m'y ont contraint. C'était mon devoir. Alors j'ai demandé où était mon régiment. A la Finckmatt, me dit-on. Je m'y rendais quand un petit bourgeois me dit: N'allez pas à la Finckmatt; votre colonel et les autres sont arrêtés. Je me suis alors retiré avec un maréchal-des-logis du 3e, et nous avons bu une goutte. (Hilarité.)

D. Quel est l'officier qui vous a ordonné de vous placer avec dix hommes à la porte du colonel Leboul? — R. J'ai demandé au factionnaire; il m'a dit que c'était un lieutenant du 3e, nommé de Schaller.

D. Vous n'avez pas d'ordre à recevoir d'un lieutenant du 3e! — R. Je le voyais marcher avec mon colonel; il me parlait en son nom; j'ai cru obéir à la discipline en exécutant son commandement.

D. Au colonel Vaudrey : Est-ce que le lieutenant Schaller marchait à côté de vous? — R. Je ne me le rappelle pas précisément.

D. Est-ce vous qui avez donné l'ordre d'arrêter le colonel du 3e? — R. Non, Monsieur, l'ordre a été donné sans doute par le prince et exécuté par un des officiers qui l'accompagnaient.

M. de GRICOURT : J'étais à côté du prince; je l'ai entendu donner, de sa bouche, l'ordre à M. de Schaller de prendre douze artilleurs, et de s'assurer de la personne de M. le colonel Leboul. M. le colonel Vaudrey marchait en tête de la colonne, et a été étranger à toutes ces dispositions de détail dont nous étions convenus d'avance avec le prince.

M. MARCOT : J'ai encore un mot à dire, M. le président. On m'a inculpé, on m'a puni sévèrement; mes officiers ne m'avaient pas défendu de sortir, sans cela je serais resté. Les officiers ne sont arrivés que lorsque tout était fini. C'est là qu'ils ont montré du courage à faire des rapports. J'ai été cassé deux fois; je viens de recevoir mon congé pour avoir fait mon devoir. Je devais obéissance à mon colonel. Ce n'était pas à moi de juger les ordres qui m'étaient donnés. On nous punit, moi et les sous-officiers du régiment, pour une faute qui n'est pas la nôtre. (Murmures d'approbation au fond de l'auditoire.)

M. LEBOUL, colonel du 3e d'artillerie : Je ne connais aucune des circonstances de l'affaire. J'ai été arrêté; mais je ne l'ai su que parce que mon domestique m'a prévenu que l'on avait placé un piquet de dix hommes à ma porte, pour m'empêcher de sortir.

D. N'avez-vous pas entendu ou vu un régiment passer devant votre maison, musique en tête? — R. J'ai entendu la musique, mais je ne me suis pas dérangé. Quand j'ai regardé par la fenêtre, la moitié de la colonne était passée. Je n'ai vu aucun officier, je n'ai reconnu personne. Mon état d'arrestation a duré trois quarts-d'heure environ : à sept heures, un capitaine de mon régiment a envoyé une batterie qui a fait retirer les hommes du 4e.

D. Pouvez-vous nous fournir quelques renseignements sur le lieutenant Schaller, de votre régiment, qui a donné l'ordre de votre arrestation? — R. C'était un jeune homme rempli de moyens. Je n'avais aucune plainte à faire contre lui.

D. Ses opinions politiques vous étaient-elles connues? — R. Nullement, Monsieur, je n'avais pas à m'informer de ses opinions. (Murmures d'approbation.)

M. Gaudoin, canonnier à la 1re batterie du 3e : Le 30 octobre, à six heures du matin, j'étais de faction à la porte du colonel Leboul. J'ai vu déboucher par le pont Saint-Guillaume, le 4e d'artillerie, avec des officiers supérieurs à la tête. Je présentai les armes. Un jeune homme qui portait le costume historique de Napoléon, s'y trouvait également. Je le saluai; il s'avança vers moi, me donna la main, en disant : « Canonnier, on compte sur vous. » Les batteries criaient si fort, que, dans mon trouble, je n'entendais pas bien si c'était *vive le roi!* ou *vive l'empereur!....* Je criai *vive le roi! — Vive l'empereur!* f....., cria le colonel Vaudrey; et je criai *vive l'empereur!*

Le lieutenant Schaller mit alors dix canonniers du 4e à la porte, en leur disant de ne laisser entrer ni sortir personne. « Gaudoin, me dit-il, je vous donne la même consigne. » Une heure et demie après, une batterie du régiment est venue délivrer le colonel.

M. le colonel Vaudrey : Les faits ne se sont pas passés ainsi précisément. La colonne ne s'est pas arrêtée lorsqu'elle a été à la hauteur du factionnaire; il s'est avancé de son propre mouvement, et a serré le prince dans ses bras : j'ai même craint un moment qu'il eût quelque mauvaise intention. Quant au cri de *vive l'empereur!* je l'ai poussé plusieurs fois durant la marche de la colonne; c'est à quoi le témoin peut faire allusion.

M. Augustin Choppin d'Arnouville, conseiller d'État, préfet du département du Bas-Rhin est introduit. (Mouvement de curiosité.) Le témoin dépose en ces termes : Je suis revenu de ma tournée de recrutement le 29 octobre au soir : ce fait est bon à remarquer. Le 30, à six heures et demie du matin, étant encore couché, j'entendis un grand bruit dans un corridor situé derrière l'alcove de mon lit; et au même instant, je vis entrer dans ma chambre une troupe de vingt-cinq hommes du 4e d'artillerie qui brandissaient les sabres nus. L'officier d'état-major, ou le prétendu officier d'état-major qui les commandait, s'approcha de moi, le sabre nu à la main, et me dit ces propres paroles : « Je vous arrête au nom de l'empereur Louis-Napoléon. » Je lui répondis que je ne reconnaissais ni ses ordres, ni son souverain, et que je ne me soumettrais pas. Il ne m'a pas dit son nom, mais il m'a dit qu'il était aide-de-camp de l'empereur. Je protestai avec force contre cette violence. Il me répondit, avec menaces, qu'il me donnait trois minutes pour m'habiller.

Quand je fus habillé, ce que je fis le plus lentement possible, je me retirai dans une embrasure de croisée. L'officier d'état-major me dit de marcher. Je protestai de nouveau; je déclarai que j'étais décidé à opposer la plus vive résistance. Ils s'emparèrent de moi alors, et m'entraînèrent, quoique je m'attachasse aux meubles pour résister à leurs efforts. Ils me firent ainsi traverser la rue Brûlée, la rue des Charpentiers, la rue des Sœurs, la rue de la Madeleine et celle des Orphelins. Je ferai observer qu'ils m'ont constamment traîné. Pendant le trajet, j'ai fait des observations inutiles aux soldats. Deux me tenaient par les bras; quatre me poussaient par derrière et me bourraient les reins. « Nous ne savons pas pourquoi nous vous conduisons, disaient-ils sur mes réclamations; nous avons reçu des ordres, et nous obéissons. — Des ordres, de qui? dis-je. — De notre colonel. »

Ils me traînèrent ainsi jusqu'à la caserne d'Austerlitz. Là, ils me firent d'abord entrer dans la salle de discipline. C'était un lieu infect : je réclamai vivement; alors ils me conduisirent au premier étage, dans une chambre de sous-officier. Un sous-officier resta près de moi. Je protestais toujours; je lui demandai par les ordres de qui j'étais traité d'une manière si inouïe. — C'est par les ordres du colonel Vaudrey et du général Voirol, répondit-il. — Du général Voirol? répliquai-je; vous ajoutez le mensonge au crime! Alors un adjudant-major se trouvait dans la cour; je demandai qu'on l'appelât. Il vint, et je lui dis : Pourquoi ne me rend-on pas à la liberté? Il me dit que j'allais être délivré. Plusieurs officiers arrivèrent bientôt, et me répétèrent la même chose. Pourquoi ne me délivrez-vous pas tout de suite? dis-je; emmenez-moi à mon hôtel. Un d'eux se décida le premier, le capitaine Maynard; il me prit le bras, et nous sortîmes du quartier d'Austerlitz. Je me rendis au quartier-général pour voir s'il y avait quelques mesures à prendre. Là, j'appris que tout était terminé, et je rentrai à la préfecture.

L'adjudant-major Aporta, du fond de l'auditoire: M. le président, je demande la parole pour répondre à M. le préfet. (Marques d'étonnement dans l'auditoire. M. le président paraît hésiter et semble consulter les regards de M. Choppin d'Arnouville.)

M. le Président: Vous aurez la parole quand le président vous l'accordera. (Sourds murmures.)

D. A M. le préfet: Combien de temps a duré votre arrestation? — R. Toute l'affaire, depuis l'entrée des canonniers dans ma chambre jusqu'à mon retour, a pu durer une heure et demie; mais je ne suis resté que vingt à vingt-cinq minutes environ au quartier d'Austerlitz.

Le colonel Vaudrey: Je ne pense pas que les militaires qui se sont présentés à l'hôtel de M. le préfet aient pu dire que c'était par mes ordres qu'ils agissaient. J'ai été complétement étranger à cette arrestation.

D. Vous êtes-vous aperçu qu'à la hauteur de la préfecture un détachement avait quitté la colonne pour se porter sur la préfecture? — R. Non.

Le commandant Parquin: J'ai reçu l'ordre du prince de mettre quinze ou vingt canonniers à la disposition de M. Persigny pour arrêter le préfet: j'étais au milieu de la colonne; j'ai dit que vingt canonniers sortent pour marcher chez le préfet. Si le prince était là, comme cela devrait être, il vous le dirait.

Me Thieriet: Lors de la déposition de M. le lieutenant-colonel Franqueville, ce témoin a dit qu'il avait engagé le lieutenant-général Voirol à aller trouver M. le préfet, pour lui dire ce qu'il savait des projets du prince Louis, et l'engager à exercer une surveillance plus sévère vis-à-vis des étrangers, de ceux surtout qui venaient de Bade. Voudriez-vous demander à M. le préfet des explications à cet égard?

M. le Président : Je n'ai pas cru que ce fait ait une grande importance.

Me F. Barrot : La défense y attache beaucoup d'importance.

M. le Préfet : Je n'ai eu de ce dont on vient de parler qu'une connaissance assez vague. On m'avait rapporté des propos assez incohérents tenus par des jeunes gens à la Ville-de-Paris. J'ordonnai d'exercer une surveillance attentive; mais les noms qu'on m'avait indiqués étaient inexacts. Le 15 août, je crois, M. le lieutenant-général Voirol vint me dire qu'il serait nécessaire d'exercer une grande surveillance sur les voyageurs. Je lui fis observer que cette surveillance était impossible à peu près dans une ville comme Strasbourg, où les voyageurs affluaient à cette époque, car, sur les passe-ports on ne peut deviner les intentions et les projets de ceux qui les portent. M. le lieutenant-général Voirol ne m'a rien dit de la lettre qu'il avait reçue du prince, non plus que de la confidence reçue par le capitaine Raindre. Je n'ai su cela que le 2 novembre.

D. A l'époque voisine du complot, vous étiez en tournée; combien a duré cette tournée? — R. Trois semaines. Je puis déclarer de la manière la plus formelle que, du 15 août au 30 octobre, ni la police civile, ni la police militaire n'ont reçu le moindre renseignement sur le complot. Le complot a été ourdi au delà du Rhin; nulle ramification, à ce qu'il paraît, ne s'y rattachait à Strasbourg : aussi vous devez croire que le 30 octobre, l'autorité a été aussi surprise que les habitants eux-mêmes.

Je vous prie, M. le président, de donner la parole à M. l'adjudant-major. Mon intention n'a pas été de le blesser; car toutes les paroles qu'il m'a adressées ont été marquées au sceau d'un véritable intérêt.

L'adjudant-major Aporta est rappelé : Je ferai seulement observer à M. le préfet, dit-il, qu'il n'était pas détenu dans une salle de police, mais dans la chambre d'un sergent-major. M. le préfet a dû entendre toutes les difficultés que j'ai eues pour pénétrer jusqu'à lui.

M. le capitaine Raindre : Je dois prendre sur moi la responsabilité qui semble en ce moment peser sur le général Voirol au sujet de la parole qu'il a donnée.

7.

M. le Président : Capitaine Raindre, le général va être entendu; vous aurez la parole après lui.

Me Martin: Permettez-moi une observation sur la manière dont s'engagent les débats. La loi veut que les témoins qui ont déposé ou vont déposer n'entendent pas la déposition sur laquelle ils peuvent avoir à s'expliquer. Si le capitaine Raindre a des observations à faire sur la déposition de M. le préfet, il faut qu'il les fasse avant d'entendre la déposition de M. le général Voirol.

M. le Président : M. le capitaine Raindre n'a demandé la parole que pour une observation personnelle.

Me Martin : C'est ce que nous ne savons pas, M. le président. Je demanderai, dans l'intérêt de la défense, à prendre des conclusions pour que M. le capitaine Raindre soit entendu.

Après un débat animé entre Me Martin et M. le président, l'honorable avocat adresse, par l'organe de celui-ci, les questions suivantes au capitaine Raindre : Savez-vous que le lieutenant-général Voirol ait transmis vos révélations à M. le préfet ?

M. le capitaine Raindre : Ma révélation a été faite avec la condition expresse et chaudement exigée que rien ne serait rapporté par lui à des agents inférieurs : général, lui avais-je dit, je me ferais sauter la tête, si je devais avoir affaire à la police. Tout cela se passe de vous à moi, entre militaires.

D. Savez-vous si le général Voirol a eu un entretien avec M. le préfet du Bas-Rhin ? Quel a été l'objet de cet entretien ? — R. Le général m'a donné des garanties ; il m'a engagé sa parole, et si quelque reproche a pu être adressé au général, j'en dois assumer la responsabilité.

Le Commandant Parquin : Lorsque le secret a été levé pour moi, j'ai lu dans les journaux que, dans le rapport adressé par M. le préfet à son collègue du Rhône, il dit qu'il a été arrêté par un homme d'outre-Rhin, revêtu de l'uniforme d'officier-général. J'ai des possessions en Suisse, je portais un habit semblable.

M. le Préfet : Les journaux n'ont pas dit cela ; c'est une erreur. Je dois à la vérité de dire que l'ordre avait été donné de n'exercer sur moi aucune violence, si je n'opposais pas de résistance ; je dois à l'habit militaire de dire, que si j'ai été l'objet de mauvais traitements, c'est la résistance constante que j'ai opposée qui les a causés.

ANQUETIL, valet de chambre de M. le préfet, a entendu crier *vive l'empereur!* et a été prévenir son maître; bientôt un capitaine est entré et a dit au préfet de s'habiller, qu'il lui donnait trois minutes. M. Choppin d'Arnouville s'est habillé très-lentement, et ensuite les soldats l'ont violemment entraîné vers la cour.

M. THÉOPHILE VOIROL, âgé de cinquante-cinq ans, pair de France, grand-officier de la Légion-d'Honneur, commandant la 5e division militaire (profond silence) : Ce n'est pas sans éprouver une vive émotion que je viens rappeler tous les faits qui se rattachent au complot du 30 octobre et dont j'ai été témoin; mais cette émotion ne changera rien à l'exactitude du récit de ces faits.

Le 30 octobre, à six heures du matin, mon cocher vint m'avertir que le colonel Vaudrey, à la tête de son régiment, faisait entendre, en face de mon hôtel, les cris de *vive l'empereur!* et *vive Napoléon II!* Cette nouvelle me donna le pressentiment d'une trahison, et fut un coup de foudre pour moi; je compris toute l'étendue du malheur dont la ville de Strasbourg et l'Alsace pouvaient devenir le théâtre; je sentis aussi tout ce qu'avait d'affreux mon isolement, car ma garde avait été enlevée, et je n'avais près de moi aucun officier pour porter mes ordres. Cependant le fils du concierge de l'hôtel parvint au général Lalande, que je fis prévenir de ma position, en le chargeant de prendre des mesures pour la sûreté des quartiers. Pendant ce court intervalle, l'hôtel de la division était envahi et cerné; un groupe d'officiers, à la tête desquels était le colonel Vaudrey, entra dans ma chambre à coucher. Un jeune homme revêtu d'un costume semblable à celui que portait l'empereur, s'avança vers moi, et me dit : « Venez, brave général Voirol, que je vous embrasse, et reconnaissez en moi Napoléon II! » Je repoussai avec indignation, du geste et de la voix, une proposition qui, si je l'eusse acceptée, m'eût déshonoré, et peut-être jeté le pays dans l'anarchie et la guerre civile. J'adressai au colonel Vaudrey des paroles sévères; je lui reprochai sa conduite et l'abus qu'il faisait de son autorité : je le rendis responsable sur sa tête de la discipline de ses soldats. Il me dit que toute la garnison était à eux. Je lui répondis qu'il était dans l'erreur, et que bientôt il aurait la certitude que tous les corps resteraient fidèles à leur serment, et qu'aucun d'eux ne suivrait le coupable exemple qu'il leur avait donné. Ils restèrent comme stigmatisés de mes paroles, et je ne crois pas qu'ils y répondirent un seul mot. Ils quittèrent aussitôt mon appartement. Je m'habillai en toute hâte; M. de Franqueville, mon premier aide de camp, entra chez moi en ce moment (c'était le premier officier que je voyais dans cette cruelle matinée); il m'annonça que le chef d'escadron Parquin, revêtu de l'habit d'officier-général, était dans mon antichambre avec une vingtaine d'artilleurs, le sabre à la main, et paraissant fort exaltés, et qu'il y aurait danger pour moi de me présenter à eux. M. de Franqueville courut porter mes ordres à MM. Paillot, Talandier et Sparre: il remplit cette mission avec autant de promptitude que de dévoûment, et j'en appelle à cet égard à ces colonels eux-mêmes.

Juste et bienveillant pour les militaires qui servent sous mes ordres, j'espérai que les canonniers, à ma vue, rentreraient dans le devoir, et je me présentai à eux avec confiance. Je reconnus en effet qu'ils étaient commandés par M. le chef d'escadron Parquin, revêtu de l'uniforme d'officier-général. Dès qu'il m'aperçut, il me dit: « Retirez-vous, vous ne commandez plus, et vous n'avez plus rien à faire ici. » Je le traitai comme il méritait de l'être; mais j'épargnerai à la cour les expressions énergiques de mon colloque avec lui. J'ordonnai aux soldats de l'arrêter: ils furent un instant ébranlés par mes paroles chaleureuses; mais ranimés par le cri de *vive l'empereur!* mon autorité fut méconnue. Je fus repoussé violemment par M. Parquin, vers une porte, qu'on ferma aussitôt sur moi et dont on ôta la clef. Au même moment, M. le capitaine d'artillerie Labastie, qui cherchait à se faire jour jusqu'à moi, était refoulé vers le grand escalier. Déterminé à me faire jour à tout prix, je revins par les grands appartements, et maître de l'espagnolette de la porte qui conduisait dans l'antichambre, je l'ouvris avec force, et me jetai au milieu des canonniers que je trouvai aux prises avec trois officiers d'artillerie et deux officiers d'état-major. Ce secours inattendu me donna l'espérance de triompher des difficultés de ma position. Je cherchai de nouveau à ramener les canonniers à l'obéissance; mes paroles malheureusement n'eurent d'autre effet que d'empêcher qu'ils ne fissent usage de leurs sabres, qu'ils brandissaient sur nos têtes. M. le capitaine d'artillerie Fiereck, M. le chef d'escadron Neuville, et M. Petitgrand, capitaine d'état-major, furent refoulés vers la porte du salon; c'est dans ce moment, qu'aidé des capitaines Chausson et de Vercly, je parvins à me faire jour et à gagner la cour de mon hôtel par le grand escalier, et non par un escalier dérobé, comme on a voulu le faire croire. Une demi-heure après, j'étais à la tête du 3e d'artillerie, du 16e de ligne et du 14e léger, que je trouvai dans une attitude imposante, et qui m'accueillirent avec enthousiasme et aux cris mille fois répétés de *vive le roi!* C'est pendant la marche de ces corps vers le quartier Finckmatt que j'appris que le 46e avait fait son devoir, et que Louis Bonaparte et sa suite avaient été faits prisonniers par ce brave régiment.

Le colonel Vaudrey, interpellé par M. le président : Je n'ai rien à dire sur cette déposition. Le général m'a, en effet, adressé de vives paroles; mais je ne pouvais sans déshonneur, sans lâcheté, abandonner le prince. Le général m'a rendu, en effet, responsable de ce qui arriverait. Je prierai M. le président de demander au lieutenant-général si, lorsqu'il a repoussé le prince, celui-ci n'a pas paru tout étonné, comme s'il se fût attendu à un autre accueil.

Le Lieutenant-Général : Je prie M. le président de m'adresser de nombreuses questions relativement à l'insinuation du colonel Vaudrey.

M. le Président : Quelle a été l'impression du prince? — R. Il a eu l'air terrifié.

Me F. Barrot : Je demanderai au lieutenant-général si, antérieurement aux événements du 30 octobre, il n'avait pas eu des rapports avec le prince Louis-Napoléon; s'il n'avait pas reçu une lettre émanée de lui? — R. Je n'ai jamais eu aucune relation avec le prince, je n'ai jamais vu aucun de ses émissaires. J'ai reçu une lettre de lui. Mon cocher qui me l'apporta, me dit qu'elle lui avait été remise par un jeune homme bien mis. Je dis alors à mon aide de camp, M. de Franqueville : Vous connaissez le prince ; descendez : c'est peut-être lui. Dites-lui que je lui donne un quart-d'heure pour quitter Strasbourg. J'ajoutai quelque chose de plus énergique que je ne dirai pas ici. (Sensation.)

M. le Président : Quand le colonel Vaudrey est revenu de Bade, ne lui avez-vous pas demandé s'il avait vu le prince ? — R. Oui, Monsieur. Il me dit d'abord que non ; je le pressai : il dit qu'il ne l'avait vu que dans la salle du bal. Je le tirai à part ; je lui demandai s'il ne lui avait pas fait quelque ouverture ; il me jura que non.

M. Vaudrey : J'avais repoussé l'ouverture du prince, et je ne croyais pas même qu'elle eût quelque danger.

D. Général, vous avez reçu une lettre du prince ? — R. Oui, Monsieur, elle est aux pièces. Le prince me disait qu'il n'avait pas l'honneur de me connaître, mais qu'il avait entendu parler de moi ; que j'appartenais à la grande famille ; qu'il serait bien aise de m'embrasser comme un bon et loyal militaire.

Dans cette circonstance, mon aide de camp, M. de Franqueville, me dit : Il ne faut plus de ménagements ; je sais qu'il a fait des ouvertures coupables au capitaine Raindre. Je lui dis : Je vais aller chez le préfet ; je m'y rendis en effet ; je dis au préfet que j'avais des raisons de croire que le prince Louis avait des projets coupables, qu'il avait fait des ouvertures à un officier que je ne nommai pas ; son secret n'était pas le mien. M. le préfet me répondit qu'il avait un agent de police près du prince en ce moment même ; dès lors je fus rassuré. Je n'ai donné que deux permissions pour Bade. J'appris que le lieutenant-colonel du régiment du colonel Braun avait eu une entrevue avec le prince ; je dis à ce colonel d'empêcher que pareille chose ne se renouvelât ; depuis je n'ai plus entendu parler de rien.

Me Thieriet : M. le général vient de dire qu'il avait averti M. le préfet ; que ce fonctionnaire lui avait répondu qu'il avait un agent auprès du prince, et surveillait ses démarches. M. le préfet, au contraire, a dit qu'il n'avait pas appris que le prince formât des projets ou eût fait des ouvertures à personne.

M. Choppin d'Arnouville : Je crois qu'il y a une erreur, assurément bien involontaire, dans la manière explicite dont s'est exprimé M. Voirol. Le général est venu, en effet, me voir; il m'a dit, qu'il savait que le prince avait des émissaires à Strasbourg. Je lui répondis que j'avais été averti. J'ai recueilli des indices vagues; on m'a rapporté des propos qui avaient été tenus par des gens qui avaient quitté la ville, et qui m'avaient paru assez importants pour que j'eusse envoyé quelqu'un à Bade, non pas auprès du prince, je n'avais aucun moyen pour cela, mais pour surveiller les personnes qui l'approchaient. Le 2 octobre seulement, le général m'a instruit des révélations du capitaine Raindre et m'a dit, que, ne pouvant dire son nom, il s'était borné à envoyer ce capitaine au ministre de la guerre.

M. le Lieutenant-Général : Je me rappelle d'avoir, dans mon entrevue, dit à M. le préfet : J'ai la certitude que le prince Louis a fait des ouvertures à des officiers que je ne puis pas nommer. M. le préfet m'a répondu qu'il avait un agent auprès de lui, et je n'ai pas demandé de plus amples explications.

Me F. Barrot : Je demanderai si, après son entrevue avec le préfet, M. le lieutenant-général n'a pas été parfaitement rassuré sur les projets et les démarches du prince Louis ? — R. Certainement, d'autant plus que depuis je n'ai entendu parler de rien.

M. le Préfet : Je n'ai aucune espèce de trace, qu'il m'ait été dit que le prince eût des émissaires à Strasbourg; je n'ai aucune trace qu'il m'ait été dit que des ouvertures eussent été faites à un officier. Quant à l'agent, je l'ai envoyé pour surveiller les personnages qui approcheraient le prince. On sait ce que c'est qu'un agent vulgaire dans un lieu comme Bade; il ne put surveiller le prince que dans le salon de conversation; il ne put s'introduire dans sa société. Celui-ci ne m'a écrit que des choses que tout le monde eût pu me dire aussi bien que lui.

M. Voirol : M. le préfet a dit qu'il n'avait aucune trace des faits. Cela n'a jamais été écrit; mais il pourrait se le rappeler.

M. le Procureur-général : Il y a dans la procédure deux pièces qui prouvent que l'autorité locale et l'autorité supérieure étaient prévenues, mais que les conspirateurs ont su déjouer les mesures prises. Ces deux pièces sont la lettre du prince au général Voirol, et celle de ce dernier au ministre de la guerre.

Le greffier donne lecture de ces deux pièces :

Lettre du prince Louis au général Voirol.

« Général, Bade, le 14 août 1836.

« Comptant partir bientôt pour retourner en Suisse, je serais « désolé de quitter la frontière de France, sans avoir vu un des « anciens chefs militaires que j'honore et que j'estime le plus. Je « sais bien, général, que les lois et la politique voudraient vous « jeter, vous et moi, dans deux camps différents ; mais cela est « impossible ; un vieux militaire sera toujours pour moi un ami, « de même que mon nom lui rappellera sans cesse sa glorieuse « jeunesse.

« Général, j'ai le cœur déchiré, en ayant depuis un mois la « France devant les yeux, sans pouvoir y poser le pied. C'est de- « main la fête de l'empereur, je la passerai avec des étrangers. Si « vous pouvez me donner un rendez-vous, dans quelques jours, « dans les environs de Bade, vous effacerez par votre présence « les tristes impressions qui m'oppriment.

« En vous embrassant, j'oublierai l'ingratitude des hommes et « la cruauté du sort.

« Je vous demande pardon, général, de m'exprimer aussi ami- « calement envers quelqu'un que je ne connais pas, mais je sais « que votre cœur n'a pas vieilli.

« Recevez, général, avec l'expression du bonheur que j'aurai à « vous voir, l'assurance de mon estime et de mes sentiments dis- « tingués. NAPOLÉON-LOUIS BONAPARTE.

« Je vous prie de remettre votre réponse à la personne qui vous « portera cette lettre. »

Lettre du général Voirol au ministre de la guerre.

« Monsieur le maréchal, Strasbourg, 18 août 1836.

« J'ai reçu du prince Napoléon Bonaparte une lettre que je me fais « un devoir impérieux de porter à votre connaissance et à celle « du roi. Cette lettre qui, au premier examen, vous paraîtra sans « importance, en acquiert une véritable par les démarches que « ce prince a faites près d'autres officiers. L'un de ces officiers, « M. Raindre, capitaine au 16e léger, porteur de ma dépêche, qui « a eu à Kehl une longue conférence avec le jeune Napoléon, « vous fera connaître tout ce qui s'est passé dans cette entrevue ; « il vous dira que ce prince se nourrit de la pensée qu'il a un « grand parti en France, et que si un choc nouveau y survenait, « tous les partisans de l'empereur se rallieraient autour de lui. Il « prétend même qu'un mouvement militaire doit s'y opérer inces- « samment. La certitude de cette démarche grave m'a suffisam- « ment expliqué le but que le prince se proposait en me deman-

« dant une entrevue, et il n'a rien moins fallu que cette certitude « pour me déterminer à vous entretenir de cette affaire; sans elle, « je me serais borné à la réponse que j'ai faite verbalement à l'é- « missaire du prince, conçue en ces peu de mots :

« J'honore la mémoire de l'empereur, je respecte et plains les « malheurs de sa famille: mais il est une chose que je respecte « avant tout: ce sont les lois de mon pays, et l'une d'elles, inter- « disant à la famille Napoléon Bonaparte son retour en France, je « ne puis me rendre aux vœux du prince Louis. »

« M. le capitaine Raindre ayant été absent de Strasbourg pen- « dant plusieurs jours, n'a pu me faire connaître son entrevue « avec le prince Louis que depuis qu'il est rentré d'une mission « que ses fonctions de capitaine-rapporteur lui ont fait remplir à « Neuf-Brisach. Cela vous expliquera, M. le maréchal, la cause « qui m'a empêché de vous rendre compte plus tôt de cette pé- « nible affaire.

« M. Raindre s'est conduit de la manière la plus noble, et son « langage, qui a été parfaitement convenable, a pu convaincre « Louis-Napoléon qu'il n'a pas la moindre chance de réussite en « France, quels que soient les événements qui puissent y surve- « nir. D'ailleurs, Monsieur le maréchal, vous entendrez cet offi- « cier, et vous pourrez apprécier les sentiments qui l'ont inspiré et « dirigé dans cette circonstance. Ce que je puis vous garantir, « c'est qu'il est plein d'honneur et qu'il se montre digne de son « père, directeur d'artillerie à Nantes. Si, d'un côté, vous recon- « naissez l'obligation que j'ai cru remplir, en vous faisant part « des démarches du prince Napoléon Bonaparte, vous penserez « sans doute aussi, Monsieur le maréchal, que ma lettre doit res- « ter confidentielle.

« Plus mes rapports avec les corps se multiplient, plus je suis « à même de me convaincre du bon esprit qui règne dans l'armée « et de son dévouement pour la dynastie du roi Louis-Philippe, « et plus aussi je suis certain que toute tentative qui aurait pour « but de renverser le gouvernement actuel, viendrait se briser « contre le patriotisme, la discipline et l'honneur des troupes.

« Je suis, etc. VOIROL. »

LE COMMANDANT PARQUIN : Dans sa déposition écrite, M. le lieutenant-général n'a jamais dit que l'on eût brandi le sabre sur la tête des femmes; je m'attendais aussi à ce que vous demandiez par qui l'ordre avait été donné d'arrêter le lieutenant-général Voirol. C'est le prince qui m'a donné cet ordre. S'il était ici, il le dirait lui-même.

Me MARTIN prie M. le président d'interpeller le capitaine Raindre sur les démarches que le général lui a fait faire près de M. le ministre de la guerre.

R. Le général m'a envoyé porteur d'une lettre au ministre de la guerre. Je ne pense pas que la défense puisse me demander compte de ce qui s'est passé dans ma mission. Cela ne regarde que le général et le gouvernement.

Me Martin : Je demanderai à M. le préfet, si, depuis la communication du 18 août, M. le préfet n'a pas reçu des instructions du gouvernement.

M. le Préfet : Je ne suis pas juge des instructions du gouvernement, et je ne crois pas devoir compte des instructions que j'ai pu recevoir.

M. Chausson, capitaine d'artillerie au 3e : Averti que le 4e régiment s'était insurgé, je me dirigeai vers mon quartier. En passant près du quartier-général, je rencontrai plusieurs officiers : nous montâmes pour savoir des nouvelles. Un officier-général, que je ne connaissais pas, nous dit que la France entière avait proclamé Napoléon II. Nous nous doutions que c'était un général postiche, et nous résolûmes de l'arrêter. Une collision s'engagea, dans laquelle le capitaine Vercly tomba à terre. La porte s'ouvrit à deux battants en ce moment. Le général Voirol parut en grand uniforme. Nous courûmes à lui; nous lui demandâmes quel était cet officier. — C'est un misérable, un traître, répondit-il; c'est un commandant de la garde municipale, c'est un traître; tuez-le, tuez-le! — A moi! artilleurs du 4e! cria le commandant Parquin. *Vive l'empereur!* Les canonniers tirèrent le sabre.

Nous parvînmes cependant à écarter les canonniers et à sortir. Le général se rendit à la mairie, où nous l'accompagnâmes en le soutenant, car il marche difficilement. Nous lui envoyâmes là ses chevaux. Le général voyant que j'étais du 3e régiment, m'envoya prévenir mon colonel. Je trouvai sa porte gardée, et ne pus parvenir jusqu'à lui. Alors je me rendis au quartier, où se trouvait mon lieutenant-colonel, à qui je fis part des ordres du lieutenant-général. J'avais, chemin faisant, rencontré une compagnie de pontonniers conduits par un officier que je voulais rappeler au devoir, mais qui me repoussa avec chaleur.

M. le Président : Commandant Parquin, qu'avez-vous à dire?

Le commandant Parquin : Je crois que la déposition est parfaitement exacte. Seulement j'ignorais jusqu'à ce moment que le lieutenant-général Voirol eût donné l'ordre de me tuer. Dans ce moment, où les soldats m'obéissaient aveuglément, sa vie était entre mes mains et non pas la mienne entre les siennes.

LE LIEUTENANT-GÉNÉRAL VOIROL : Dans des moments aussi graves, on ne mesure pas ses expressions; j'ai dit en effet aux officiers : Ouvrons-nous un passage l'épée, à la main; tuons ou faisons-nous tuer!

M. DE VERCLY, capitaine au 3e d'artillerie; M. LABASTIE, capitaine attaché à la fonderie; M. PETITGRAND, capitaine d'état-major à la 5e division, déposent des mêmes faits. M. Petitgrand raconte les circonstances de l'arrestation du colonel Vaudrey, dont la vie avait été plusieurs fois menacée durant la lutte engagée à la Finckmatt, et qu'un sergent avait mis en joue, tandis que d'autres criaient : Il faut le tuer! — Aussitôt qu'il se fut rendu, le colonel fit faire silence et dit : « Canonniers du 4e! c'est votre colonel qui vous parle. Je vous remercie de votre attachement, rentrez dans votre quartier. Respect à la loi! »

LE COLONEL VAUDREY : Veuillez demander si, au moment où le témoin s'est approché de moi pour m'engager à faire cesser la lutte, je n'étais pas entouré d'un grand nombre de canonniers, qui ne voulaient pas me laisser faire prisonnier, et que j'ai décidés à poser les armes. — R. Oui, M. le colonel était entouré d'un grand nombre de ses hommes : ils étaient bien décidés à ne pas le laisser faire prisonnier.

Me BARROT : Pour préciser la question, le témoin peut-il dire si le colonel pouvait échapper, en consentant qu'un peu de sang français fût versé? — R. Au dernier moment cela ne se pouvait pas; il y aurait eu une véritable boucherie.

Les accusés reconnaissent l'exactitude des dépositions des quatre témoins, à qui M. le président adresse successivement les félicitations de la cour sur leur conduite.

M. CARL, substitut du procureur du roi: Accusé Quefelles, vous avez jusqu'à ce moment assigné d'honorables motifs à votre participation à l'événement du 30 octobre: expliquez-nous ces mots du carnet à qui vous avez confié vos pensées les plus intimes:

« Il me faut de l'or, des broderies, des cordons, et mon sabre saura les conquérir. »

« Nous n'aurons jamais des millions, mais nous vivrons en France avec 20,000 livres de rentes; nous aurons des chevaux, de grosses épaulettes et un chapeau à plumes. »

M. de Querelles : En faisant ce que je voulais faire, j'espérais assurément parvenir à une haute fortune militaire. Je voulais faire mon chemin avec mon sabre; il n'y avait là qu'une louable ambition. Jamais on ne m'a fait de promesse positive. Je suis arrivé ici avec une épaulette de lieutenant; c'est la veille au soir que le prince m'a dit de prendre des épaulettes de chef d'escadron. Ce que j'ai pu écrire n'est qu'un enfantillage, une rêverie dont on ne peut vraisemblablement tirer aucune conséquence sérieuse.

Le caporal Deveau, du 16e de ligne, était chef de poste à l'hôtel du lieutenant-général le 30 octobre. Il fit mettre les hommes sous les armes en entendant la musique du 4e. Le prince et son état-major entrèrent dans l'hôtel; en sortant, le prince lui dit de se joindre avec son poste à la colonne; il obéit et suivit le 4e, avec lequel il entra dans la caserne de la Finckmatt.

M. Gérard, procureur du roi : Quel est celui des officiers, qui, à la sortie de l'hôtel, a donné ordre au poste de suivre la colonne? — R. C'est le prince, le prince lui-même qui a donné ce commandement.

M. de Querelles : J'étais à côté du prince; il a dit lui-même : « Peloton, par le flanc droit, pas accéléré, marche. » Le poste s'est placé derrière la musique; et le prince s'est retourné vers moi, en me disant : « Enfin j'ai donc le bonheur de commander à des soldats français. »

M. Lalande, maréchal-de-camp, commandant la subdivision militaire : Le 29 au soir, je suis rentré à Strasbourg, revenant de la tournée d'inspection. Je fus averti de la révolte, le 30, en quelque sorte par la clameur publique. Le lieutenant-général me fit prévenir par quelqu'un; mais au même instant un poste s'assurait des deux issues de mon hôtel. Je parvins à sortir de mon logement par la maison de M. Laporte, mon voisin, qui a une porte de communication avec l'hôtel; je savais que le lieutenant-général était arrêté; je me rendis donc en hâte à la citadelle; j'y trouvai tout en ordre; je fis réunir la troupe; je me mis à sa tête sur les ordres du général Voirol, et j'arrivais dans la direction du quartier-général, quand j'appris que tout était fini et que le lieutenant-général était délivré. Je n'ai vu, au reste, aucun des insurgés, ni avant ni après le mouvement.

Voltz, Thiebaut, pontonnier, a vu, le matin du 30 octobre, arriver les lieutenants Laity et Gros au quartier en grand uniforme; ils ont fait sonner; on s'est réuni, en tenue du dimanche, dans la cour. Criez *vive l'empereur!* dit le lieutenant Laity. On a crié sans savoir pourquoi; il a commandé, par quatre, et l'on a marché. En route, le lieutenant Laity a dit: «C'est moi qui prends le commandement du bataillon.» Alors nous avons pensé qu'il y avait du nouveau. (Hilarité.) A moitié chemin, voyant qu'il n'y avait pas de capitaine, nous nous sommes arrêtés en partie; sur six compagnies, quatre sont revenues au quartier: le lieutenant, qui était en tête, ne s'en est pas aperçu.

Le lieutenant Laity: J'ai un point à relever dans cette déposition. Le témoin a dit que le bataillon avait crié *vive l'empereur!* sans savoir pourquoi: d'abord c'est un cri qui s'explique par lui-même, mais j'avais expliqué aux pontonniers de quoi il s'agissait; je leur avais dit que le prince Napoléon avait été proclamé empereur par le 4e d'artillerie, j'ai dit que j'espérais que les pontonniers ne resteraient pas en arrière de leurs braves camarades, et j'ai terminé mon allocution par les cris de *vive l'empereur!* qu'ils ont répétés.

MM. Joseph Finck et Sapin, soldats au bataillon des pontonniers, déposent du même fait.

M. Gillard, adjudant-sous-officier au même corps, averti que le 4e régiment d'artillerie s'était insurgé, s'est rendu chez le colonel Admirault pour le prévenir: ce colonel le chargea d'empêcher les hommes de quitter le quartier; il était trop tard, ils étaient partis sous le commandement du lieutenant Laity. En revenant, il a rencontré les six compagnies; il s'est approché du lieutenant Laity et lui dit quels ordres il avait reçu: Je me moque du colonel Admirault, répondit le lieutenant.

M. Laity: Le témoin a traduit mes expressions en un

langage de caserne; il n'entre pas dans mon caractère de joindre la grossièreté à la désobéissance.

En vertu du pouvoir discrétionnaire, et sur la demande de M. le procureur du roi Gérard, le maréchal-des-logis-chef Donnet est entendu : Le matin du 30 nous devions passer une inspection du colonel. Le matin j'entendis sonner; je crus que c'était un contre-ordre; je descends rapidement : c'était M. Laity qui avait fait sonner. Il me dit qu'une révolution venait d'éclater, et de rassembler les hommes. Il y a un article du réglement qui dit d'obéir, et qu'à tout événement le blâme est pour l'officier qui commande. J'obéis donc. Le lieutenant Gros, qui était près de M. Laity, fit dire aux maréchaux-des-logis-chefs de descendre pour recevoir de l'argent destiné aux hommes. Ils ne descendirent sans doute pas assez vite à son gré, car il me dit de prendre cet argent pour en faire la distribution. Je reculais. « Ne craignez rien, dit-il, c'est de la part du colonel. » Je le pris alors, et je l'ai ensuite remis aux maréchaux-des-logis-chefs; mais il n'a pu être distribué. J'envoyai un enfant de troupe pour prévenir l'adjudant de ce qui se passait. Il crut que c'était une plaisanterie et ne vint pas. Ce n'est que plus tard et averti de nouveau, qu'il se rendit chez le colonel Admirault. Les compagnies se sont ensuite formées. M. Laity a pris le commandement et les a fait sortir. En marche je les ai quittées, et M. Laity m'a dit, quand je le quittai, que j'étais un homme faible, et que j'aurais lieu de me repentir de ma retraite.

M. Vaudrey : Le lieutenant Gros n'a pu donner de l'argent en mon nom; je ne le connaissais pas.

Le jeune Finck, clairon du bataillon de pontonniers, a reçu, dans la matinée du 30 octobre, une pièce de 5 fr. pour sonner plus fort.

Il est trois heures et demie. L'audience est levée.

AUDIENCE DU 12 JANVIER.

L'audience est ouverte à neuf heures. On remarque au siége de la cour l'absence de M. le procureur-général Rossée. Nous apprenons qu'une indisposition subite le retient chez lui.

Me Thieriet : Hier, lors de la déposition du préfet et du

lieutenant-général, la défense a oublié d'adresser à ces témoins une interpellation au sujet de l'enlèvement du prince Louis Bonaparte. Cet enlèvement est un fait capital du procès, puisqu'il prive les accusés d'un moyen de défense dont ils auraient pu se servir avec avantage. Nous prions donc M. le président, en vertu de son pouvoir discrétionnaire, de faire rappeler ces témoins pour donner à MM. les jurés des détails sur l'enlèvement du prince, que le préfet et le général ont opéré.

M. Gérard, procureur du roi : Il existe aux pièces des procès-verbaux constatant le fait de l'enlèvement du prince. La lecture de ces documents semble devoir remplir le but que se propose la défense.

Me Thieriet : La défense sera satisfaite sans doute par la lecture de ces pièces; ce n'est toutefois que sous la réserve de faire rappeler les témoins, s'il est nécessaire de leur demander d'ultérieurs renseignements.

Me F. Barrot demande que M. le président, en vertu de son pouvoir discrétionnaire, fasse appeler M. Lespiot, chirurgien-major du bataillon de pontonniers, dont la déposition tendra à établir que M. le colonel Vaudrey a été entraîné par le prince, qui lui-même a peut-être été trompé.

M. le Président ordonne que ce témoin sera entendu. Il fait ensuite donner lecture du procès-verbal et des pièces de l'information relatives à l'enlèvement du prince Louis-Napoléon.

Voici le texte de l'interrogatoire de M. Lebel, qui a été envoyé de Paris comme directeur de la prison :

«Cejourd'hui, 11 novembre 1836, à 11 heures et demie du matin, nous Jean-Antoine-Michel Wolbert, conseiller à la cour royale séant à Colmar, délégué par arrêt en date du 31 octobre dernier, pour faire les fonctions de juge d'instruction dans l'affaire qui s'instruit à Strasbourg, concernant l'attentat contre la sûreté intérieure de l'État, dont sont inculpés le prince Louis-Napoléon Bonaparte, le sieur Parquin, chef d'escadron de la garde municipale à Paris, et consorts, avons adressé au sieur Lebel, directeur provisoire des maisons d'arrêt et de justice de Strasbourg, l'invitation de faire retirer des prisons, et conduire devant nous le prince Louis-Napoléon Bonaparte, à l'interrogatoire duquel nous voulions procéder. Touché de notre invitation, ledit sieur Lebel s'est présenté devant nous et nous a fait la déclaration suivante :

«Le 9 de ce mois, à sept heures du soir, M. le lieutenant-général Voirol, commandant la 5e division militaire, et M. Choppin d'Arnouville, conseiller d'État, préfet du département du Bas-Rhin, se sont présentés à la prison; ils m'ont exhibé un ordre ministériel et ont enlevé le prince qu'ils ont fait monter dans une voiture qui se trouvait placée devant la porte principale de la prison. C'est moi-même qui ai fait ouvrir, tant la porte de la chambre qu'occupait le prince, que la porte extérieure de la maison d'arrêt. M. le préfet et M. le lieutenant-général étaient seuls, personne ne les accompagnait à la prison, et j'ignore si une autre personne se trouvait dans la voiture dans laquelle ils sont partis avec le prince dont les effets sont restés déposés à la prison, où ils se trouvent encore, ainsi que son valet de chambre. Je n'avais reçu aucun avis annonçant l'enlèvement du prince, je n'en ai eu connaissance, qu'au moment où il s'est effectué, comme je viens de le dire; seulement dans une conversation que j'ai eue dans la même journée avec M. le préfet pour des affaires de mon service, j'ai compris que plus tard il pourrait être question du transfèrement du prince.

«Après cette déclaration, ledit sieur Lebel nous a représenté son registre d'écrou, coté et paraphé à Strasbourg le 1er octobre 1835 par M. Kolb, juge au tribunal de première instance de Strasbourg; au recto du folio 184 de ce registre et à la case portant le numéro 564, nous lisons dans la première colonne: Bonaparte (Louis-Napoléon), fils de Louis et de Hortense-Eugénie Beauharnais, né à Paris, demeurant en Thurgovie, profession de capitaine d'artillerie, entré le 30 octobre courant. Signalement: Agé de vingt-huit ans, nez grand, taille d'un mètre soixante-six centimètres, bouche moyenne, cheveux châtains, menton pointu, sourcils châtains, visage ovale, front haut, teint ordinaire, yeux gris, barbe brune, aucune marque particulière. Dans la seconde colonne: Un habit, une chemise, un col, un pantalon, une paire de bottes.

«Dans la troisième colonne, nous lisons: Cejourd'hui 31 octobre 1836, s'est présenté au greffe de la maison d'arrêt de Strasbourg, le sieur Nicolas, huissier à la résidence de ladite ville, porteur d'un ordre délivré par M. le juge d'instruction de l'arrondissement de Strasbourg, sous la date du 30 octobre courant, en vertu duquel il m'a été fait la remise de la personne du nommé Bonaparte (Louis-Napoléon), ainsi que le constate l'acte qui m'a été représenté, et dont la transcription se trouve ci-contre.

«Ledit prévenu ayant été laissé à ma garde, j'ai dressé le présent acte d'écrou, que le sieur Nicolas a signé avec moi, après avoir reçu décharge. Signé Nicolas et Weisborn.

«Dans la quatrième nous lisons:

«Nous Charles-Théodore Kern, juge d'instruction de l'arrondissement de Strasbourg, mandons et ordonnons à tous huissiers ou agents de la force publique, de conduire à la maison d'arrêt de Strasbourg, en se conformant à la loi, le prince Napoléon-Louis Bonaparte, capitaine d'artillerie au service du canton de Berne, prévenu d'attentat contre la sûreté de l'État; mandons et enjoignons au gardien de ladite maison d'arrêt de le recevoir et retenir au dépôt jusqu'à nouvel ordre; requérons tous dépositaires de la force publique de prêter main-forte en cas de nécessité pour l'exécution du présent mandat, à l'effet de quoi nous l'avons signé et scellé de notre sceau. Fait au Palais-de-justice à Strasbourg, le 30 octobre 1836. Signé Th. Kern. Pour copie conforme: le concierge, signé Weisborn.

«Et dans la dernière colonne intitulée : mouvement, changement de position, sortie, nous lisons : Par ordre de M. le ministre de l'intérieur et de M. le ministre de la guerre, le lieutenant-général baron Voirol, commandant la 5e division militaire, et M. Choppin d'Arnouville, conseiller d'État, préfet du Bas-Rhin, donnent levée de l'écrou, et sous leur responsabilité, décharge entière de la prison, de Louis-Napoléon Bonaparte, ce 9 novembre 1836; signé au registre Voirol et Choppin d'Arnouville.

«Avant de clore le procès-verbal, nous, conseiller-instructeur, avons adressé au sieur Lebel les interpellations suivantes :

«N'avez-vous pas refusé de laisser ensuivre la personne du prince Louis-Napoléon Bonaparte aux personnes qui sont venues la réclamer ? Réponse : Non; j'ai pensé que c'était une affaire concertée avec l'autorité judiciaire.

«D. Dès l'instant que le prince était placé sous mandat de dépôt, son écrou ne pouvait être levé que par l'autorité qui avait décerné le mandat, ou en vertu d'une décision judiciaire, ce que vous ne devez pas ignorer, puisque vous exercez depuis quelque temps les fonctions de directeur des prisons. — R. Je pensais, et je pense encore, que le prince n'a été extrait de la prison que pour y être réintégré; j'ai vu plusieurs fois à Paris des extractions semblables faites par ordre de M. le préfet de police, bien que les détenus le fussent en vertu de mandat de justice; il est vrai qu'alors les détenus ont toujours été réintégrés.

«D. Le prince a-t-il suivi MM. le préfet et lieutenant-général sans difficulté et sans demander où on le conduisait? — R. Il les a suivis volontairement, sans faire aucune observation, sans demander où on le conduisait; du moins je ne l'ai pas entendu. Je n'ai pas entendu non plus qu'on lui ait fait connaître le lieu où on allait le transporter. M. le lieutenant-général Voirol et M. le préfet étaient revêtus de leurs uniformes.

D. Quelqu'un était-il venu voir le prince dans la journée du 9 novembre courant? — R. Non, vous devez savoir que vous n'avez pas délivré de permis à cet effet; depuis que la garde du prince m'était confiée, il n'a été visité qu'une seule fois par le général Voirol, qui était porteur d'une permission émanée de vous.

«De tout quoi nous avons dressé le présent procès-verbal que le sieur Lebel a signé avec nous et notre greffier après lecture.

«Signé Lebel, Wolbert et Lempfrit.»

Outre ces procès-verbaux, il est donné lecture de deux lettres, l'une du préfet, l'autre du lieutenant-général Voirol à M. le procureur-général Rossée, en réponse aux questions que ces magistrats leur avaient adressées au sujet de l'enlèvement du prince.

Voici les termes de ces deux lettres :

Lettre du préfet à M. le procureur-général.

«J'ai reçu la lettre que vous m'avez fait l'honneur de m'écrire «aujourd'hui, pour me demander des explications sur l'enlève«ment de Louis Bonaparte, et je m'empresse de vous satisfaire. La déclaration qui a été faite par le sieur Lebel, directeur de la mai«son d'arrêt, est exacte.

«A sept heures du soir, moins quelques minutes, M. le lieute«nant-général Voirol, d'après les ordres qu'il a reçus du ministre «de la guerre, et moi d'après ceux de M. le ministre de l'intérieur, «nous nous sommes transportés à la maison d'arrêt, où nous avons «requis le sieur Lebel, au nom du gouvernement, de remettre «entre nos mains, la personne de Louis Bonaparte. La décharge «de l'écrou a été rédigée et signée par M. le lieutenant-général «et moi.

«Rentrés à l'hôtel de la préfecture, nous avons remis Louis Bo-«naparte entre les mains de M. Cuynat, chef d'escadron de la gen-«darmerie du département de la Seine, chargé de cette mission «par le gouvernement. Celui-ci nous a donné décharge du prison-«nier et l'a fait placer dans une des voitures.

«Le départ a eu lieu à sept heures précises. Le prisonnier a été «conduit à Paris à la préfecture de police.

«Agréez, Monsieur le procureur-général, l'assurance de ma haute considération.

«Strasbourg, le 12 novembre 1836.

Le conseiller d'État, préfet du Bas-Rhin,
Signé CHOPPIN D'ARNOUVILLE.

Lettre du lieutenant-général Voirol à M. le procureur-général.

«En réponse à la lettre que vous m'avez adressée en date du «12 courant, relative à la levée d'écrou du prince Louis Bona-«parte, que, de concert avec M. le préfet, nous avons opérée, en «signant la décharge consignée sur le registre de M. Lebel, j'ai «l'honneur de vous faire connaître que je n'ai agi que d'après les «intentions du ministre de la guerre qui m'a prescrit de seconder «de tous les moyens qui sont à ma disposition, les ordres donnés «par M. le ministre de l'intérieur à M. Cuynat, chef d'escadron, «commandant la compagnie de gendarmerie de la Seine, chargé «de la translation de Louis Bonaparte. Ma responsabilité dans cette «mesure se trouve donc entièrement à couvert par les ordres que «j'ai reçus et auxquels il était de mon devoir d'obéir.

«Agréez, Monsieur le procureur-général, l'assurance de ma haute considération.

«Strasbourg, le 13 novembre 1836.

«Le lieutenant-général, pair de France, commandant la «5e division militaire, signé VOIROL.»

Me THIERIET : Je n'insiste pas en ce moment, sauf à faire une observation à MM. les jurés : c'est que la mesure d'enlèvement du prince est tellement illégale, que le gouvernement a craint qu'un employé subalterne des prisons ne consentît pas à y donner les mains, et qu'on a cru nécessaire de suspendre le directeur de la prison de Strasbourg, et d'y envoyer des agents de Paris, plus dociles aux ordres du ministre.

M. GÉRARD : Au moment où M. Lebel a été envoyé ici, il n'y avait encore rien de décidé sur l'enlèvement du prince.

On reprend l'audition des témoins.

M. Letz, commissaire de police, a rencontré le 30 octobre, un détachement de pontonniers, précédé de deux clairons, et commandé par le lieutenant Laity. Chargé par M. le procureur du roi de procéder à diverses arrestations et visites domiciliaires, il a saisi chez Mme Gordon (il y a ici erreur, c'est chez M. Persigny) plusieurs exemplaires de la biographie du prince Louis-Napoléon et d'autres papiers qu'il a remis au parquet de M. le procureur du roi.

M. Devaux, avocat-général : Mme Gordon, avait-elle l'air souffrant ? — R. Elle se plaignait en effet. Je saisis dans sa main un sac brodé où se trouvait une somme de cent ducats. Elle brûlait des papiers que je reconnus être des biographies du prince, portant en tête son portrait.

M. le Président, à Mme Gordon : Vous arriviez de Paris ; il est surprenant que vous vous soyez trouvée porteur de monnaies étrangères. N'est-ce pas le prince qui vous avait remis les cent ducats ?

Mme Gordon : Non, Monsieur ; cet argent m'appartenait, je l'avais apporté de Paris.

M. le Président, en vertu de son pouvoir discrétionnaire, appelle M. Silbermann, imprimeur, pour déposer sur les faits concernant l'envahissement de ses ateliers.

M. Silbermann raconte les faits suivants :

Le 30 octobre, vers six heures et demie du matin, je me trouvais dans mes ateliers avec mes ouvriers qui venaient pour terminer l'impression du *Courrier du Bas-Rhin*, lorsque tout à coup la porte de ma cour s'ouvrit ; un officier d'état-major y entra, suivi de quelques artilleurs, et tenant un rouleau de papiers à la main. Je lui demandai ce qu'il voulait. Il me dit qu'il venait me sommer de faire imprimer des proclamations au nom de Louis-Napoléon, que la garnison venait de proclamer empereur des Français, et de lui en fournir trente mille exemplaires ; qu'en cas de refus de ma part, il saurait se faire obéir.

En même temps douze à quinze artilleurs se placèrent devant mes ateliers. Je fis observer à l'officier que le tirage de trente mille exemplaires exigeait beaucoup de temps. Qu'importe, répondit-il, j'ai ordre de rester ici jusqu'à ce que le travail soit terminé. Il plaça des factionnaires, et ordonna qu'on fît chercher plus d'ouvriers. A peine la composition de quelques lignes était-elle commencée que l'officier vint dans les ateliers reprendre ses différentes pièces, et il disparut avec les artilleurs.

Dans la même journée, vers deux heures, la police fit une visite domiciliaire chez moi; mais elle ne trouva rien, car je n'avais effectivement plus rien.

A huit heures du soir, j'étais au spectacle. En traversant un couloir, je vis un grand nombre de gendarmes et d'agents de police. M. le commissaire de police Letz s'avança vers moi, et me déclara qu'il avait ordre de m'arrêter; en même temps il me montra un mandat d'amener du juge d'instruction. Je répondis que j'étais prêt à le suivre. Des gendarmes me conduisirent à la prison du Palais-de-Justice, d'où j'écrivis aussitôt à M. le procureur du roi pour lui témoigner toute la surprise que me causait cette arrestation, et le prier de me faire interroger immédiatement. En effet, à dix heures, M. le juge d'instruction vint me trouver, et après un court interrogatoire, je fus remis en liberté. Il fut reconnu que mon arrestation provenait d'une erreur de fait.

M. le Président : Pourriez-vous donner le signalement de l'officier qui commandait le détachement qui est venu envahir votre domicile? — R. C'était un petit, blond; il était revêtu d'un uniforme d'officier d'état-major.

D. N'était-ce pas un nommé Lombard? — R. Oui, M. le président. Je le connaissais, parce que j'avais imprimé sa thèse il y a quelque temps.

D. Ainsi, vous n'avez cédé qu'à la force en commençant l'impression des proclamations que vous avait apportées Lombard? — R. Oui, M. le président. Je n'ai du reste pas eu le temps de lire ces pièces; car, pour que plusieurs ouvriers pussent y travailler à la fois, on les avait coupées.

Me F. Barrot : Au nom de la défense, dont je suis en ce moment l'organe, je prie M. le président de faire lire les proclamations du prince Louis; elles seront pour nous un moyen de défense; elles indiqueront par quelles considérations les accusés ont pu être entraînés[1].

[1] Voici ces proclamations qu'avait rédigées le prince Louis, et que l'acte d'accusation désigne à tort comme ayant été imprimées.

M. le Président : La défense pourra en faire usage, mais je n'en ordonnerai pas la lecture. (Mouvement.)

M. Kubler, sergent au 46e, décoré depuis le 30 octobre : J'étais le 30 devant le quartier, lorsque je vis défiler, musique en tête, le 4e d'artillerie. Je dis : Ils ont tiré au tonneau de bonne heure. Ils arrivèrent bientôt à la caserne, en criant *vive l'empereur!* Un de ces messieurs me dit :

Elles ont été annexées au dossier de l'affaire, comme pièces du procès.

Proclamation du prince Napoléon-Louis Bonaparte au peuple français.

Français !

On vous trahit ! Vos intérêts politiques, vos intérêts commerciaux, votre honneur, votre gloire sont vendus à l'étranger.

Et par qui ? par les hommes qui ont profité de votre belle révolution, et qui en violent tous les principes. Est-ce donc pour un gouvernement sans parole, sans honneur, sans générosité, des institutions sans force, des lois sans liberté, une paix sans prospérité et sans calme, pour un présent sans avenir enfin, que nous avons combattu depuis quarante ans ?

En 1830, on imposa à la France un gouvernement, sans consulter ni le peuple de Paris, ni la nationalité des provinces, ni la forte voix de l'armée. Français ! tout ce qui a été fait l'a été sans vous, et par cela seul, est illégitime.

Un congrès national, élu par tous les citoyens, peut seul avoir le droit de choisir ce qui convient le mieux à la France.

Fier de mon origine populaire, fort de quatre millions de votes qui me destinaient au trône, je m'avance devant vous comme représentant de la souveraineté du peuple.

Il est temps qu'au milieu du cahos des partis une voix nationale se fasse entendre ; il est temps qu'aux cris de la liberté trahie vous renversiez le joug honteux qui pèse sur notre belle France. Ne voyez-vous pas que les hommes qui règlent nos destinées sont encore les traîtres de 1814 et 1815, les bourreaux du maréchal Ney ?

Pouvez-vous avoir confiance en eux ?

Ils font tout pour complaire à la sainte-alliance ; pour lui obéir, ils ont abandonné les peuples nos alliés ; pour se soutenir, ils ont armé le frère contre le frère ; ils ont ensanglanté nos villes, ils ont foulé aux pieds nos sympathies, nos droits.

Les ingrats ! ils ne se souviennent des barricades que pour préparer les forts détachés ; méconnaissant la grande nation, ils rampent devant les rois et les faibles. Votre vieux drapeau tricolore s'indigne d'être dans leurs mains !

Français, que le souvenir du grand homme qui fit tant pour la gloire et la prospérité de la patrie, vous ranime ! Confiant dans la sainteté de ma cause, je me présente à vous, le testament de l'empereur Napoléon d'une main, son épée d'Austerlitz de l'autre. Lorsqu'à Rome le peuple vit les dépouilles ensanglantées de César,

« Voilà encore un ancien brave; criez *vive l'empereur!* » Je leur répondis : « Je ne connais pas votre empereur; l'empereur est mort, *vive le roi!* » Alors j'entendis derrière moi le lieutenant Pleignier. On voulait l'arrêter. Je dis : Celui qui arrêtera le lieutenant, ne sortira pas vivant d'ici. Je montai chercher les voltigeurs, et je chargeai mon fusil. Le major Salleix était arrivé quand je descendis; il disait :

il renversa ses hypocrites oppresseurs. Français, Napoléon fut plus grand que César, il est l'emblème de la civilisation du dix-neuvième siècle.

Fidèle aux maximes de l'empereur, je ne connais d'intérêts que les vôtres, d'autre gloire que celle d'être utile à la France et à l'humanité. Sans haine, sans rancune, exempt d'esprit de parti, j'appelle sous l'aigle de l'empire tous ceux qui sentent un cœur français battre dans leur poitrine.

J'ai voué mon existence à l'accomplissement d'une grande mission. Du rocher de Sainte-Hélène, un regard du soleil mourant a passé sur mon âme : je saurai garder ce feu sacré; je saurai vaincre ou mourir pour la cause des peuples.

Hommes de 1789, hommes du 20 mars 1815, hommes de 1830, levez-vous! Voyez qui vous gouverne: voyez l'aigle, emblème de gloire, symbole de liberté, et choisissez!

Vive la France! vive la liberté! Signé NAPOLÉON.

A l'armée.

Soldats,

Le moment est venu de recouvrer votre ancienne splendeur! Faits pour la gloire, vous pouvez moins que d'autres supporter plus longtemps le rôle honteux qu'on vous fait jouer. Le gouvernement qui trahit nos intérêts, voudrait aussi ternir notre gloire. L'insensé! croit-il que la race des héros d'Arcole, d'Austerlitz, de Wagram soit éteinte?

Voyez le lion de Waterloo encore debout sur nos frontières; voyez Huningue privé de ses défenses; voyez les grades de 1815 méconnus; voyez la Légion d'honneur prodiguée aux intrigants et refusée aux braves; voyez notre drapeau, il ne flotte nulle part où nos armes ont triomphé; voyez enfin partout trahison, lâcheté, influence étrangère, et, écriez-vous avec moi: Chassons les barbares du Capitole!

Soldats, reprenez les aigles que vous aviez dans nos grandes journées: les ennemis de la France ne peuvent en soutenir les regards; ceux qui nous gouvernent ont déjà fui devant elles! Délivrez la patrie des traîtres et des oppresseurs, protégez les droits du peuple, défendez la France et ses alliés contre l'invasion. Voilà la route où l'honneur vous appelle; voilà quelle est votre sublime mission!

Soldats français! quels que soient vos antécédents, venez tous vous ranger sous le drapeau tricolore régénéré: il est l'emblème de vos intérêts et de notre gloire. La patrie divisée, la liberté tra-

Ce sont des conspirateurs; le colonel est un traître. Je lui dis : Major, si vous voulez, je le tue de suite; j'ai mon fusil chargé. Le major répondit : Non, il faut les prendre vivants. Enfin, on arrêta M. Parquin et le prince. On déposa les prisonniers dans la cuisine. (Hilarité.)

Le colonel Vaudrey était tout seul. Je l'entendis dire plusieurs fois aux canonniers : Défendez-moi, je ne me

bie, l'humanité souffrante, la gloire en deuil comptent sur vous: vous serez à la hauteur des destinées qui vous attendent.

Soldats de la République, soldats de l'Empire, que mon nom réveille en vous votre ancienne ardeur; et vous, jeunes soldats qui êtes nés comme moi au bruit du canon de Wagram, souvenez-vous que vous êtes les enfants des soldats de la grande armée. Le soleil de cent victoires a éclairé notre berceau: que nos hauts faits ou notre trépas soient dignes de notre naissance. Du haut du ciel la grande ombre de Napoléon guidera nos bras, et, contente de nos efforts, elle s'écriera: «Ils étaient dignes de leurs pères!» Vive la France! vive la liberté! Signé NAPOLÉON.

Aux habitants de Strasbourg.

Alsaciens!

A vous l'honneur d'avoir les premiers renversé une autorité qui, esclave de la Sainte-Alliance, compromettait chaque jour davantage votre avenir de peuple civilisé! Le gouvernement de Louis-Philippe vous détestait particulièrement, braves Strasbourgeois, parce qu'il déteste tout ce qui est grand, généreux, national. Il a blessé votre honneur en cassant vos légions; il a froissé vos intérêts en conservant les droits d'entrée, et en permettant l'établissement de douanes étrangères qui paralysent votre commerce.

Strasbourgeois, vous avez mis les mains sur vos blessures, et vous m'avez appelé au milieu de vous pour qu'ensemble nous vainquions ou mourions pour la cause du peuple. Aidé par vous et par les soldats, je touche enfin, après un long exil, le sol sacré de la patrie. Grâces vous en soient rendues! Alsaciens, mon nom est un drapeau qui doit vous rappeler de grands souvenirs; et ce drapeau, vous le savez, inflexible devant les partis et l'étranger, ne s'incline que devant la majesté du peuple.

Honneur, patrie, liberté, voilà notre mobile et notre but. Paris, en 1830, nous a montré comment on renverse un gouvernement impie: montrons-lui, à notre tour, comment on consolide les libertés d'un grand peuple.

Strasbourgeois, demain nous marchons sur Paris pour délivrer la capitale des traîtres et des oppresseurs. Reformez vos bataillons nationaux qui effrayaient un gouvernement impopulaire; gardez pendant notre absence votre ville, ce boulevard de l'indépendance de la France, aujourd'hui son berceau régénérateur. Que l'ordre et la liberté règnent dans vos murs, et que le génie de la France veille avec vous sur vos remparts alsaciens.

Avec un grand peuple, on fait de grandes choses : j'ai une foi entière dans le peuple français. Signé NAPOLÉON.

rends pas. Notre lieutenant-colonel lui dit : « Voulez-vous donc faire couler le sang? Rendez-vous, il ne vous sera fait aucun mal. » Aussi le colonel l'écouta ; il se rendit, et adressa ces mots à ses artilleurs : « Canonniers, retirez-vous; retournez au quartier; obéissez aux lois et à vos chefs. »

M. LE COLONEL VAUDREY : La déposition du témoin contient une inexactitude à mon égard. On ne m'a pas pressé de me rendre; je me suis rendu volontairement. Il aurait été inutile que je criasse : Canonniers, à moi! J'étais entouré de mes canonniers; j'ai eu à les contenir et non à les appeler à mon secours.

M. DEVAUX, avocat-général : Les soldats du 4e d'artillerie étaient-ils nombreux? — R. Deux cents hommes environ. Il y avait dehors, sur les remparts, des bourgeois qui nous jetaient des pierres.

M. DE GRICOURT : Je demanderai au témoin s'il n'a pas été placé avec ses hommes à la grille qui se trouve à l'extrémité du quartier Finckmatt? — R. C'est vrai, Monsieur.

M. DE GRICOURT : Avaient-ils des cartouches, ces hommes? — R. Je leur en avais donné.

M. DE GRICOURT : Il n'y avait avec ce sergent que deux ou trois hommes. Je me hâtai d'aller trouver le prince. Je lui dis : « Prince, si vous voulez, je vais prendre dix artilleurs, et je suis assuré de forcer la grille. — Non, répondit le prince, je ne veux pas qu'une goutte de sang français soit versée. » (Sensation.)

M. LE PROCUREUR DU ROI : Est-il à votre connaissance que le colonel Vaudrey ait été couché en joue? — R. Je ne l'ai pas vu. Il n'y avait qu'une vingtaine de fusils chargés; j'ai demandé plusieurs fois s'il fallait faire feu sur lui. M. Petitgrand m'a arrêté en disant qu'il fallait les prendre vivants.

M. DELABARRE, sergent-major au 46e de ligne, décoré : Le 30 octobre, il a vu arriver le 4e d'artillerie. Le colonel était en tête et cria : 46e régiment, aux armes! Le prince s'avança vers le témoin en disant : Vous êtes un vieux militaire; joignez-vous à nous; je suis le neveu de l'empereur. — Je ne connais que mon colonel et le roi, répondit-il. La lutte s'engagea, et il tenta inutilement d'arrêter le prince. Bientôt cependant celui-ci fut arrêté. Le colonel

Vaudrey criait : A moi, artilleurs! Le commandant Parquin était sur le point de sortir par la grille lorsqu'il le saisit par la jambe. Seul il ne put le retenir toutefois, mais le tambour-major, qui est solide, survint, et s'empara de lui. (La déposition du témoin, empreinte d'une singulière exagération, porte ensuite sur quelques circonstances sans intérêt, relatives à l'arrestation des autres prévenus.)

LE COMMANDANT PARQUIN : Je ne sais si le sergent Delabarre faisait partie de ceux qui m'ont arrêté. Tout ce que je puis dire, c'est que je n'avais pas le sabre à la main, et que j'ai été frappé de deux coups de baïonnettes.

M. DE GRICOURT: Pour moi, au moment où j'étais arrêté, deux hommes me tinrent les deux bras; un sous-officier m'a porté un coup de baïonnette, qu'un artilleur a paré du bras. Un soldat du 46e, qui me tenait lui-même, s'est écrié: Faites-le prisonnier, mais ne l'assassinez pas!

MORVAN, fusilier du 46e (croix du 30 octobre): Le 4e d'artillerie était arrivé aux cris de *vive l'empereur!* lorsqu'il descendit avec son fusil. Un sergent d'artillerie voulait arrêter le lieutenant Pleignier. Ne touchez pas à mon officier, cria-t-il, ou je vous perce de ma baïonnette. Le sergent-major Delabarre s'approchait du prince, dit le témoin, pour l'arrêter. Un artilleur lui posa le canon de son mousqueton sur la poitrine. Je portai alors à cet artilleur un coup de baïonnette qui lui traversa la joue et lui fit lâcher le mousqueton. Le prince et le colonel furent empoignés, et voilà... (Hilarité.)

M. DE QUERELLES: On a battu la charge dans le quartier Finckmatt. Mais l'ordre a dû en être donné par un officier du 46e. C'était une démonstration offensive.

JACQUES KERN, tambour-major du 46e (croix du 30 octobre) dépose: Le 30, j'ai vu arriver le 4e d'artillerie. Le prince vint à ma rencontre et me donna la main, en me disant: «Bonjour, tambour-major;» en même temps le chef d'escadron me présenta l'aigle, en disant: «Voilà notre patrie, notre sauveur!» Je rentrai chez moi pour m'habiller. Je revins immédiatement, et je trouvai alors le vaguemestre du régiment qui voulut saisir le général Parquin par la jambe; mais il n'eut pas la force nécessaire, et le général parvint à sortir de la cour du quartier. Dans la ruelle je le saisis par le bras. Le général se rendit; je fis ouvrir la porte de la grille pour rentrer dans le quartier, et je l'amenai devant notre lieutenant-colonel.

Le commandant Parquin. N'avais-je pas avec moi des artilleurs? — R. Oui, plusieurs artilleurs étaient derrière M. Parquin.

Le commandant Parquin : Je me suis donc rendu volontairement, car ce n'est pas le tambour-major et quelques fantassins qui auraient pu m'arrêter.

M. de Querelles : Des soldats du 46e ont présenté le tambour-major au prince, en lui disant : « Voilà un brave qui sort de la garde impériale. » C'est ce qui a porté le prince à lui présenter la main.

M. l'avocat-général : Les artilleurs qui accompagnaient l'accusé Parquin, montraient-ils de la résolution? — R. Ils se sont réunis à moi.

Le commandant Parquin : Ces artilleurs étaient les mêmes qui m'avaient secondé chez le lieutenant-général. La partie perdue, il n'est pas étonnant que, me voyant me rendre moi-même, ils n'aient pas fait de difficulté de poser les armes.

Le tambour Prieux a reçu d'un adjudant du régiment, au nom du colonel, l'ordre de battre la charge. Il a concouru à l'arrestation du prince et de sa suite.

M. le Président : Colonel Vaudrey, est-ce vous qui avez donné l'ordre de battre la charge? — R. Cela eût été absurde. La charge est un signal aggressif; on bat la charge quand une troupe doit en aborder une autre, c'eût été indiquer au 46e de s'engager contre l'artillerie.

M. de Querelles : C'est moi qui, à notre arrivée, ai donné ordre au tambour de battre la générale; il n'a battu la charge que plus tard, sur les ordres du commandant ou des officiers du 46e, sans doute.

Le Tambour : Ma foi, j'ai battu tout. (Hilarité.)

M. Pleignier, lieutenant à la 4e compagnie du 46e, décoré du 30 octobre (profond silence) : Le 30 octobre, vers sept heures moins un quart, j'entendis une musique militaire. Je me mis à la fenêtre. Je vis s'avancer un jeune homme, revêtu de l'uniforme de Napoléon. Il était accompagné du colonel Vaudrey, de plusieurs officiers d'état-major, et, je crois, de plusieurs officiers d'artillerie et de pontonniers. Je les suivis des yeux. Je m'habillai lestement, et je descendis. Ces messieurs étaient en train de revenir sur leurs pas. Je m'approchai du colonel Vaudrey et lui demandai ce que c'était. J'avais entendu crier *vive l'empereur!* Le colonel me répondit par l'ordre de faire descendre les soldats du 46ᵉ en armes. Je répondis que je n'avais d'ordre à recevoir que de mon colonel. Sur ma demande où était l'empereur, on me montra un jeune homme. Je voulus m'élancer sur lui. Je fus saisi pour être mis en prison. Pendant qu'on me traînait vers la salle de police, je fus dégagé par quelques soldats du 46ᵉ.

Je donnai d'abord l'ordre aux soldats de ne pas prendre les armes, et je menaçai de plonger mon sabre dans le ventre du premier qui céderait à d'autres ordres qu'à ceux du colonel. Plusieurs hommes étaient déjà descendus en armes. Je m'élançai une seconde fois sur le prince, et je fus arrêté une seconde fois. Je criai : A moi, soldats du 46ᵉ! Les soldats accoururent et parvinrent à m'arracher des mains des insurgés. L'on arrêta successivement le prince et ses partisans, après une lutte assez longue. L'un deux, un jeune officier d'état-major, à moustaches tombantes, parut sur le rempart, et cria aux canonniers de ne pas abandonner le prince et le colonel.

Peu après, le major Salleix arriva; il fit croiser la baïonnette; on serra les rangs, et moi je me portai vivement sur la grille du côté des bords de l'eau, et la fis fermer.

Au même instant, M. Parquin venait d'être arrêté, après avoir paré quelques coups de baïonnette. Je rejoignis les autres personnes acculées contre le mur. Je saisis de mon bras droit M. de Gricourt et l'entraînai dans une cuisine. A mon retour, M. de Querelles me dit : « Lieutenant, je me rends, » et je pris l'épée de l'accusé. Je revins ensuite au groupe qui entourait le colonel et le prince, qui tous deux étaient entre les chevaux et le mur.

Le major Salleix leur cria de se rendre. Le colonel Talandier leur dit aussi de se rendre. — Non, répondit le colonel, je ne me rendrai pas. Le colonel Talandier parvint à s'approcher du colonel Vaudrey, en écartant les chevaux, le prit par la main, et l'engagea à se rendre pour faire cesser la lutte. « Rendez-vous, lui dit-il, il ne vous sera pas fait de mal. » Le colonel Vaudrey se tourna alors vers ses artilleurs, disant : « Artilleurs, retirez-vous ; je suis très-sensible aux marques d'attachement que vous venez de me donner ; rentrez dans votre quartier ; respect à la loi. » Le colonel fut alors conduit dans ma chambre, où je l'engageai à quitter son sabre.

M. le Président : Quand le 4e d'artillerie est arrivé dans votre quartier, qui commandait le régiment ? — R. M. le colonel Vaudrey. C'est lui-même qui donna l'ordre de m'arrêter lorsque je criai : A moi, 46e !

Le colonel Vaudrey : Le prince avait donné directement au témoin l'ordre de faire descendre son régiment. Le lieutenant Pleignier voulut se jeter sur le prince. C'est alors que j'ai donné ordre à des sous-officiers de l'arrêter. Cet ordre fut exécuté aussitôt.

Le Témoin : Oui, il y a même eu un coup de sabre dirigé sur ma poitrine par le prince ou le colonel. J'étais tué sans la présence d'esprit des sergents-majors Richard et Meynard, qui m'ont précipitamment arraché.

Le colonel Vaudrey explique que ce ne peut pas être lui qui a porté ce coup.

L'audience est suspendue pendant un quart-d'heure. A sa reprise, M. le procureur du roi Gérard, s'adressant au colonel Vaudrey, lui demande : Les mousquetons des artilleurs, lors de l'arrivée à la caserne de la Finckmatt, étaient-ils chargés ? — R. Non, Monsieur.

Le capitaine Desmaroux, interpellé sur ce point, déclare que l'on a quitté le quartier d'Austerlitz sans que les armes aient été chargées.

Loget, sergent au 46e, dépose du même fait que le lieutenant Pleignier. A six heures et demie du matin, les cris de *vive l'empereur!* retentirent dans la caserne. Je regardai par la fenêtre ; je vis le 4e d'artillerie, le prince et l'état-major en tête. On battit la générale ; je descendis et trouvai M. Pleignier entre les mains des artilleurs. Nous le dégageâmes. — Le témoin a aussi concouru à l'arrestation de MM. de Gricourt et de Querelles.

Il ajoute que lorsque ces deux accusés eurent été arrêtés et déposés provisoirement dans la cuisine, il fut chargé de la garde. Une conversation s'établit : un de ces messieurs (de Querelles) dit : « J'étais sous-lieutenant hier, chef d'escadron ce matin, j'aurais peut-être été général dans deux jours. » Il dit ensuite : « Sergent, donnez-moi votre capote : ni l'or ni l'argent ne vous manqueront. » L'autre (M. de Gricourt) disait que l'affaire avait manqué, mais qu'il était prêt à recommencer.

M. de Querelles : J'ai parlé en effet avec ce sergent. Dans la conversation il m'appelait commandant; je lui ai pu dire familièrement : Je ne suis plus chef d'escadron, je ne suis que lieutenant; mais j'ai dit ce mot sans y attacher d'importance.

M. de Gricourt : Quant à moi, si j'avais eu à dire que j'étais prêt à recommencer, ce n'est pas à un sergent d'infanterie que j'en aurais fait la confidence. M. de Querelles me disait : Tout est fini. Je lui ai répliqué : Non pas, tout n'est pas fini; tout sera fini quand nous serons fusillés.

Le sergent Tessereau dépose du même fait. Il a aussi entendu l'accusé de Querelles demander la capote de son frère d'armes.

M. Vaudrey demande qu'en vertu du pouvoir discrétionnaire, M. le président fasse appeler M. Lapiste, lieutenant au 46e, et M. Lespiot, chirurgien-major des pontonniers.

Le sergent Pommerot, du 46e, dépose dans le même sens que les deux précédents témoins.

Le canonnier Martin a assisté les sergents du 46e dans l'arrestation du prince et de plusieurs accusés. M. de Querelles a remis au témoin un pistolet chargé, des aiguillettes en argent et douze balles, en disant : Cachez-les.

M. de Querelles : Je croyais faire plaisir à ce soldat en lui donnant ces objets; c'est dans ce sens que je lui disais de les cacher.

Le lieutenant Hornet, au bruit de la musique du 4e d'artillerie, courut au quartier Finckmatt, où il parvint à pénétrer non sans peine. M. de Querelles lui dit en lui présentant l'aigle : Joignez-vous à nous; vous êtes un brave; demain vous serez commandant. Le témoin a concouru à l'arrestation des accusés, et particulièrement de M. le colonel Vaudrey, qui ne se rendit, dit-il, que lorsque tout espoir de résistance ou de fuir fut perdu pour lui.

M. DE GRICOURT : Le témoin était sur les lieux; il a dû entendre, comme je l'ai entendu moi-même et tous ceux qui nous entouraient, le seul cri qui ait décidé les soldats du 46e à se tourner contre nous. On leur a dit : « Soldats, on vous trompe : ce n'est pas le neveu de l'empereur, c'est un mannequin déguisé; c'est, a-t-on ajouté même, le neveu du colonel Vaudrey qu'on vous présente comme empereur. (Sensation.) — R. Je n'ai pas entendu ce cri.

M. MORIN, capitaine adjudant-major au 46e, est arrivé au quartier, lorque déjà le colonel Talandier avait rassemblé des hommes. Au milieu d'un groupe de soldats se trouvait un homme, un colosse (M. Parquin), qui n'avait plus d'épaulettes. Le colonel lui dit de faire évacuer le corps de garde et d'y mettre sous bonne garde les prisonniers. Le témoin s'approcha de la grille alors; un lieutenant de pontonniers y arrivait : « Comment ! vous, s'écria-t-il, vous, un vieux militaire, qui portez une décoration donnée peut-être par l'empereur, vous le reniez ! »

Cela me fit mal. Moi, renier l'empereur ! J'ai servi dans sa garde, et j'avais versé pour lui mon sang à Waterloo. Je répondis que je ne reniais pas la mémoire de l'empereur, mais que je ne reconnaissais pas celui qu'on nous présentait. Bientôt après, le colonel Vaudrey, qui refusait de se rendre, voulut parler seul au colonel. Nous nous retirâmes de quelques pas; il lui parla à voix basse, et dit ensuite aux artilleurs de cesser la lutte, et de se retirer dans leur quartier. Sa voix ne pouvait se faire entendre; je parcourus la ligne en disant aux canonniers que leur colonel s'était rendu et qu'ils devaient rentrer à leur quartier; ils répondirent qu'ils ne demandaient pas mieux. Je leur fis ouvrir les grilles et ils sortirent.

M. LE COLONEL VAUDREY : Ce que vient de dire le capitaine est vrai. C'est après un court colloque avec le colonel Talandier que je me suis rendu, et non sur des injonctions, des menaces.

M. LE PRÉSIDENT : Accusé Parquin, avez-vous quelque observation à faire?

M. LE COMMANDANT PARQUIN : Aucune, si non que le témoin m'a considérablement grandi.

M. SALLEIX, lieutenant-colonel au 46e (profond silence):

Le 30 octobre, je fus averti par un fourrier qu'un mouvement venait d'éclater. Je me hâtai de me rendre à la caserne. J'y trouvai le 4e régiment d'artillerie rangé en bataille dans la cour, adossé aux remparts et faisant face au pavillon de droite. Les cris de *vive Napoléon II!* retentissaient; quelques soldats du 46e, armés, s'étaient formés en bataille sur la droite de l'artillerie. Ayant aperçu le colonel Vaudrey, que je connais, je marchai droit sur lui. Il me dit: Nous proclamons l'empereur Napoléon II; joignez-vous à nous. A cette proposition, je répondis par le cri de *vive le roi!* M. Pleignier, sous-lieutenant, se trouvait avec les hommes armés. Je quittai le colonel et passai devant le front de l'artillerie, en criant *vive le roi!* et en conjurant les soldats d'abandonner des chefs qui les trompaient. Je courus avec les soldats; je repoussai vers l'escorte du colonel Vaudrey les artilleurs qui se trouvaient en avant. Arrivé près du colonel, je fis des efforts pour m'emparer de sa personne. Le colonel avait le sabre à la main. Une lutte s'engagea. Pendant que cette lutte dura, je fus averti par le tambour-major Kern qu'un général se trouvait à la tête d'une troupe d'artilleurs. Pensant qu'il était important avant tout de s'emparer de celui des insurgés qui avait le grade le plus élevé, je courus sur lui avec quelques sous-officiers. Une lutte s'engagea. Le commandant finit par se rendre, en disant: Je me rends.

Je lui fis enlever son sabre, et ordonnai de lui arracher les épaulettes de général qui pouvaient produire un mauvais effet sur les soldats insurgés. Je fis saisir ensuite un autre monsieur qui portait l'uniforme de chef d'escadron. Il fut, comme M. Parquin, désarmé et conduit en lieu de sûreté.

M. LE COLONEL VAUDREY: Lorsque je vis M. Salleix, il paraissait ignorer ce qui se passait, car il me questionna à ce sujet. Je lui dis: On proclame l'empereur Napoléon II. Il me répondit: Le roi est donc mort? — Je n'en sais rien, répliquai-je. Nous nous trouvâmes séparés par un mouvement: je n'ai plus revu le major Salleix depuis lors.

M. LE PRÉSIDENT, au témoin: Le colonel vous a-t-il dit: Nous proclamons Napoléon II, *joignez-vous à nous?* — R. Oui, Monsieur.

Le colonel : J'ai dit : Nous proclamons Napoléon II ; je n'ai rien ajouté à ces paroles.

Le lieutenant-colonel Salleix : Le colonel Vaudrey a ajouté : Joignez-vous à nous.

Le colonel Vaudrey : J'affirme le contraire.

M. le Président : Croyez-vous qu'avec les hommes qu'il avait autour de lui, le colonel eût pu, au moment de son arrestation, opposer une efficace résistance et arriver à une évasion ? — R. Je ne le pense pas, car les issues étaient soigneusement gardées.

Le commandant Parquin : M. le procureur-général m'a prêté charitablement dans son réquisitoire ces paroles : *Arrêtez-les,* en parlant de mes coaccusés. M. le major Salleix a-t-il entendu ces paroles ignobles sortir de ma bouche ? — R. Non, je n'ai rien entendu de pareil.

M. l'avocat-général : Etiez-vous près de l'accusé Parquin ? — R. Oui, Monsieur, du moment où il me fut indiqué, je ne me suis pas éloigné de lui.

Me Martin : La réclamation du commandant Parquin est judiciaire et fondée. Le sergent Delabarre, en effet, avait, dans l'instruction, dit avoir entendu ces paroles. Il n'a pas répété cette affirmation à l'audience ; mais à côté de la déposition du sergent Delabarre, il y avait, dans l'instruction, celle de M. le lieutenant-colonel Salleix, la plus explicite relativement à l'arrestation du commandant Parquin, et l'acte d'accusation a choisi entre les deux versions ; il a donné la préférence à celle du sergent, la seule qui deshonore l'accusé. (Sensation.)

M. Talandier, colonel au 18e de ligne : Au moment de l'événement, bien que simple lieutenant-colonel au 46e, je commandais la place en l'absence de mon frère. Averti de l'insurrection du 4e d'artillerie par M. le capitaine d'Aigremont et M. de Franqueville, je courus en hâte au quartier Finckmatt. Quand j'y parvins, quel ne fut pas mon étonnement, de voir tout le côté droit occupé par des canonniers à cheval qui criaient *vive l'empereur !* et le côté gauche par des soldats du régiment, en petit nombre seulement, il est vrai, et qui ne savaient trop quel parti prendre. Voilà le lieutenant-colonel, crièrent-ils en me voyant. « Soldats, criai-je, on vous trompe, ce sont des traîtres; croisez la baïonnette sur les canonniers. » Leur hésitation se changea aussitôt en rage, et ils crièrent de toute la force de leurs poumons : *vive le roi!* Je m'avançai alors vers le colonel Vaudrey : « Rendez-vous, lui criai-je, rendez-vous! » Il me répondit : « Sauvez le prince! — Où est-il? — Là; » et il me le montra derrière les chevaux d'artillerie qui lui faisaient un rempart de leurs corps.

On arrêta le commandant Parquin. Je lui arrachai une de ses épaulettes, pour montrer aux soldats que je ne transigeais pas avec les révoltés. Restait à arrêter le colonel Vaudrey. J'avouerai que c'était le plus difficile. Les canonniers étaient résolus à le défendre. Je me précipitai sur lui. Le colonel était dans une attitude menaçante, le sabre à la main et entouré d'artilleurs sur la défensive. Je lui dis que la résistance était inutile. Il me demanda alors de le laisser échapper. Les soldats avaient croisé la baïonnette sur les artilleurs. Ceux-ci frappaient à coups de sabre sur les fusils. Tout annonçait que le sang allait couler. Une inspiration me prit alors, je criai : « Silence au commandant de place; je veux parler au colonel! «Je lui dis:» je ne puis vous laisser échapper, on croit dans la ville que ce mouvement est en faveur de Charles X, je ne puis vous laisser échapper. Vous ne seriez pas à vingt pas de la caserne, que vous seriez assassiné. — Ce n'est pas possible, répondit-il. »

Enfin, qu'il me crût ou qu'il ne me crût pas, il se rendit. Je lui dis : « Calmez vos artilleurs, pour prévenir l'effusion du sang. Alors il leur adressa ces paroles : « Je suis touché de votre dévouement, mais retournez à votre caserne, respect aux lois. »

Je le fis alors monter au troisième, dans la chambre de la femme d'un sous-lieutenant, de crainte qu'on tentât de le délivrer. Bientôt après arriva M. le procureur du roi.

Le colonel Vaudrey : Lorsque M. Talandier m'a abordé, ce n'a pas été avec le ton du reproche et de la menace. Je lui ai dit : « Je suis disposé à me rendre; mais vous allez me garantir qu'il ne me sera fait aucun outrage. » Personne ne m'a saisi, personne n'a porté la main sur moi. — R. J'ai saisi le colonel Vaudrey; je le tenais par le collet, et la preuve, c'est qu'il m'a dit : Laissez-moi échapper.

Le Colonel : Je nie que M. Talandier ait porté la main sur moi. Je déclare que c'est spontanément, de mon propre mouvement, que j'ai ordonné de cesser la lutte.

Me F. Barrot : Les faits affirmés par le colonel Talandier sont déniés ou racontés différemment par d'autres témoins. Je prie M. le président, d'interpeller M. le lieutenant-colonel Salleix à cet égard.

M. le Président : au lieutenant-colonel Salleix : Avez-vous vu que M. le colonel Talandier ait saisi le colonel Vaudrey au collet ?

M. Salleix : Non, M. le président, je n'ai pas vu cette circonstance. (Sensation.)

Me F. Barrot : Je prie M. le président d'interroger encore M. Petitgrand sur ce fait.

M. Petitgrand : J'ai pénétré le premier jusqu'à M. le colonel Vaudrey. Je l'ai dû, je pense, à mon uniforme d'état-major. Je lui dis que toute résistance était inutile ; je n'ai pas vu M. Talandier le saisir au collet.

Le colonel Vaudrey, avec chaleur : J'affirme sur l'honneur que je n'ai pas été saisi par le lieutenant-colonel Talandier. Je ne pouvais pas l'être ; j'étais entouré d'hommes dévoués et fidèles, qui n'auraient pas souffert qu'une main se portât sur ma poitrine.

M. le Président : Le témoin dit que vous l'avez sollicité de vous laisser échapper ? — R. Je le dénie formellement.

Le Commandant Parquin : Lorsque je me suis rendu aux soldats qui croisaient la baïonnette sur moi, il est très-vrai que j'ai été conduit devant le lieutenant-colonel Talandier ; il est très-vrai que j'ai été insulté par lui ; il est très-vrai qu'il m'a arraché une épaulette ; mais il a pu le faire impunément : j'étais son prisonnier. (Mouvement.)

M. Talandier : Puis-je répondre à la provocation de l'accusé ? (Sensation.)

M. le Président : Non.

Me Parquin : Ce n'est pas une provocation. C'est l'expression d'un sentiment naturel, vrai et légitime.

Me F. Barrot prie M. le président de faire appeler, en vertu de son pouvoir discrétionnaire, M. Marcellot, lieutenant au 46e.

M. le Président : Je fais appeler ce témoin. J'espère que

la défense n'abusera pas de la condescendance du président qui, par pure bienveillance, permet l'audition de ce témoin.

Me F. Barrot : Quatre-vingt-onze témoins ont été entendus dans l'intérêt de l'accusation. La défense, je crois, n'abuse pas de la latitude que la loi lui donne, en demandant l'audition de deux témoins. Elle ne s'est opposée à l'audition d'aucun des témoins qui ne lui avaient pas été notifiés, et que, dans le cours des débats, l'accusation a cru devoir faire appeler, en ayant recours au pouvoir discrétionnaire de M. le président. Elle ne demande pour elle que ce qu'elle a accordé à l'accusation, et elle ne croit certes pas qu'on puisse lui reprocher d'abuser de la condescendance de M. le président.

M. Gérard, procureur du roi : Est-ce une leçon qu'on veut donner à M. le président ou à l'accusation?

Me F. Barrot : La défense ne donne de leçon à personne.

M. Gérard : La défense avait toute latitude pour faire citer des témoins à décharge; elle n'en a pas fait citer. Aujourd'hui qu'elle demande l'audition de personnes dont elle croit la déposition de quelque intérêt pour elle, nous sommes bien éloignés de nous y opposer; mais c'est à la condescendance de M. le président qu'elle doit leur audition, et elle n'a point de leçon à donner à cet égard.

Me Parquin : Je dois, au nom de la défense, exprimer à M. le procureur du roi le pénible étonnement qu'elle a éprouvé de le voir relever avec quelque amertume les paroles que notre confrère a prononcées, et que certes il était en droit de dire. Au milieu de ces longs débats, il peut surgir des circonstances imprévues qui rendent utile la présence instantanée d'une personne dont on n'avait pas cru auparavant le témoignage nécessaire; et la défense alors use d'un droit légitime et sacré qui lui appartient, en recourant à M. le président pour obtenir l'audition de ce témoin. Elle n'en a pas abusé jusqu'ici, car après quatre-vingt-onze témoins à charge, c'est le premier témoin à décharge qui doit comparaître; et M. le procureur du roi a bien mal interprété les paroles et les intentions de notre confrère, s'il a vu dans cette observation bien naturelle, la prétention de donner une leçon à M. le président ou au ministère public. (Assentiment général.)

M. Marcellot, lieutenant au 46e : J'ai assisté à tous les moments de l'arrestation. M. le colonel Vaudrey a résisté longtemps. M. Talandier lui a fait plusieurs sommations, à la suite desquelles il a dit aux artilleurs de se retirer. Le témoin a été placé près de lui avec douze hommes, après l'arrestation.

Me F. Barrot, par l'entremise de M. le président, fait demander au témoin s'il sait que M. le colonel Talandier ait tenu M. le colonel Vaudrey par le collet. — R. Il croit qu'il le tenait; il ne saurait affirmer toutefois si c'était par le collet.

M. Lespiot, chirurgien-major au bataillon de pontonniers, deuxième témoin interrogé en vertu du pouvoir discrétionnaire de M. le président, se trouvait au greffe de la maison d'arrêt au moment où l'on y a amené le prince et ses complices. Au moment où le colonel entrait, le prince était au greffe depuis plusieurs minutes. Il s'avança vers le colonel Vaudrey, lui tendit la main et lui dit : « Colonel, me pardonnerez-vous de vous avoir entraîné à votre perte, de vous avoir impliqué dans cette affaire? » Le colonel poussa un soupir, et répondit : Oui.

Il est quatre heures; l'audience est levée.

AUDIENCE DU 13 JANVIER.

Dès cinq heures, malgré le mauvais temps qui vient de se déclarer tout à coup, et la neige qui n'a pas cessé de tomber depuis le commencement de la nuit, des dames précédées de domestiques porteurs de fallots, se dirigent des divers quartiers de la ville aux abords du Palais-de-justice. Avant six heures, le concierge du palais est réveillé par les coups répétés frappés à la porte, il introduit au milieu de l'obscurité profonde, les matinales curieuses dans le vestibule attenant à la tribune réservée.

A sept heures, toutes les places sont occupées déjà, et grand paraît être le désappointement, lorsque le bruit se répand que l'indisposition qui a empêché M. le procureur-général de siéger à la précédente audience, a pris dans la soirée un caractère plus grave, et que ce magistrat se trouve dans l'impossibilité de porter aujourd'hui la parole.

A neuf heures un quart cependant, la cour se place à son siége, et M. Rossée, dont la pâleur atteste l'état de souffrance, prend la parole au milieu d'un profond silence.

M. le Procureur-général : Messieurs les jurés, l'attention religieuse avec laquelle vous avez jusqu'ici suivi les débats de cette grave et pénible affaire, nous est une sûre garantie que vous continuerez d'écouter scrupuleusement ce qui va vous être présenté dans l'intérêt de l'accusation et de la défense. En ce qui nous concerne, fidèle à l'impartialité qui doit être le noble caractère des magistrats, nous ne chercherons pas à influencer vos convictions ; nous voulons les éclairer seulement.

C'est un devoir que la loi nous impose, et nous ferons tous nos efforts pour le remplir dignement.

Dans cette cause, d'ailleurs, les faits qui vous ont été révélés se présentent avec un tel caractère de vérité et de précision, que les développements oratoires ne pourraient qu'en affaiblir la force.

Il est maintenant incontestablement établi que les accusés avaient longuement médité et qu'ils ont cherché à exécuter, autant qu'il a été en leur pouvoir, le projet de renverser le gouvernement, de porter en France le brandon de la guerre civile ; que votre cité, désignée à l'avance, devait être le premier théâtre de ces criminels attentats, à raison de l'appui que les conspirateurs espéraient y rencontrer.

Cet appui, ils devaient le trouver principalement dans l'adhésion d'un colonel français, d'un homme haut placé dans la hiérarchie militaire, occupant une position qu'il devait bien plus aux bontés du roi qu'à son mérite réel, et qui, dans cette déplorable circonstance, joignit la bassesse du mensonge à la trahison, au parjure, pour induire son régiment dans l'erreur et l'entraîner dans la révolte. (A cette inculpation de bassesse, M. le colonel Vaudrey fait un vif mouvement d'indignation. Me F. Barrot, son défenseur, se retourne vers lui, lui prend les mains et ne parvient qu'à grand'peine à le calmer ou du moins à le contenir.)

Il est également prouvé que les accusés ont tous pris part à cette odieuse machination, les uns activement, les autres en aidant de leurs efforts, de leurs démarches, la formation du complot conçu dans le but que les événements du 30 octobre ont révélé.

Notre tâche consistera donc à démontrer, non point que ces faits sont vrais, cela serait superflu, mais quelle est la part que chacun des accusés y a prise.

Grâces à la Providence qui protége si visiblement notre belle patrie, grâces au courage héroïque de nos braves soldats qui, fidèles à l'honneur, à leurs serments, repoussèrent avec énergie toutes les séductions, toutes les tentatives, mises en usage pour les entraîner, le même instant que les conspirateurs avaient choisi pour leur triomphe a été celui de leur chute et de leur confusion.

Ils sont aujourd'hui devant vous, Messieurs les jurés, devant la justice du pays, ces hommes qui, dans leur coupable délire, rêvaient le pouvoir et les honneurs, qui auraient sans scrupule arrosé de sang français les indignes trophées qu'ils se promettaient. Ils sont devant vous, pour recevoir la juste punition de leurs crimes.

Le gouvernement impérial, continue M. Rossée, était la forme choisie par les conspirateurs; mais il fallait un drapeau, un nom à présenter aux insurgés, dans un pays si souvent agité par tant de commotions politiques. Un des descendants de l'homme extraordinaire que nous avons vu commander au monde, fut choisi. Mais pourquoi avait-on choisi ce jeune homme? Son nom seul pouvait rassembler quelques débris des partisans du système impérial. Déjà en 1815 Louis Bonaparte avait suivi sa mère dans l'exil; il était inconnu à la France; il ne paraissait pas, malheureusement, la connaître beaucoup non plus.

S'il faut en croire certaine biographie complaisamment rédigée, comme l'époque actuelle en voit naître journellement, le prince Louis Bonaparte s'exerça à la gymnastique dès l'âge le plus tendre. Quand des troubles éclatèrent plus tard en Italie, le prince et son frère aîné partirent pour ces contrées. Bientôt les troubles furent comprimés, la révolte étouffée, l'aîné des deux frères succomba à la peine; l'autre réussit à sortir d'Italie, mais fut obligé d'employer, pour y parvenir, toutes sortes de déguisements. Il traversa ainsi la Péninsule. La duchesse de Saint-Leu demanda alors à séjourner dans la capitale de la France avec son fils. Le roi, qui n'est jamais sourd à aucune prière, permit son séjour à Paris.

Mais vers le même temps cette capitale était déchirée par des troubles sans cesse renaissants, dont la place Vendôme fut quelquefois le théâtre. Des processions eurent lieu autour du célèbre monument; là se révélèrent toutes sortes de sympathies, qu'encourageait encore la présence de la duchesse de Saint-Leu et de son fils. Le gouvernement fut obligé de prescrire à cette princesse de sortir de la France. La mère et le fils se réfugièrent en Suisse.

C'est alors que le jeune homme songea sérieusement à se mettre en évidence d'une autre manière. Son épée avait été brisée en Italie, il saisit la plume et se fit législateur. En mai 1832, il publia les *Rêveries politiques*, opuscule dans lequel les critiques les plus amères comme les moins fondées étaient adressées au gouvernement français, qu'il accusait de livrer la nation à la sainte-alliance, reproche qu'on a tant répété; à la suite de cet ouvrage le prince joignit un projet de constitution, dont les principales dispositions annoncent un esprit démocratique des plus prononcés. Si une nation l'adoptait, elle serait sur le champ plongée dans l'anarchie, car le projet était extravagant, surtout en ce qui concerne la pondération des pouvoirs. Suivant la conclusion de ce livre, l'appel de la famille Bonaparte au trône semblait être le moyen propre à concilier l'ardeur guerrière qui s'était emparée des esprits, lors de la publication du livre, avec les passions démocratiques. Le jeune duc de Reichstadt seul pouvait être un obstacle aux projets du prince; mais ce jeune prince, atteint d'une maladie que les médecins avaient déjà reconnue mortelle, mourut deux mois après la publication des *Rêveries;* alors déjà, peut-on en conclure, l'ambition travaillait l'esprit du prince Louis.

Juin arriva. Des troubles, dont le convoi du général Lamarque fut plutôt le prétexte que la cause, plongèrent la capitale dans le deuil.

En même temps la révolte désolait les campagnes de la Vendée. Ainsi l'anarchie déchirait la France : là, au nom du parti républicain; ici, au nom de la faction légitimiste.

Soit que la publication de l'opuscule, précisément à cette époque, fût un effet du hasard ou non, il produisit peu d'effet dans le monde politique et dans le monde savant. Le prince reprit la plume et publia ses *Considérations politiques et militaires sur l'armée.* Nous ne parlerons pas de cet ouvrage qui nous est inconnu. L'apparition du *Manuel de l'artillerie* suivit. Le Manuel fut envoyé avec une affectation remarquable aux officiers supérieurs de la France, accompagné de lettres extrêmement flatteuses. M. Vaudrey en reçut un exemplaire; M. le général Excelmans vous a dit en avoir reçu un également.

C'est dans les premiers mois de 1835 que les projets de Louis Bonaparte sur la France parurent visiblement. Arenenberg, château qu'habitait le prince, était voisin du château de Wolfsberg, appartenant au commandant Parquin. Ces deux points rapprochés paraissent avoir été les points d'appui à ces ambitieux qui voulaient servir leurs intérêts en compromettant leur patrie. Tous les mécontents intéressés paraissent avoir reçu dans le château un accueil favorable.

Ici M. le procureur-général Rossée fait observer que le complot Fieschi, bien que l'accusation ne veuille pas établir de rapprochement direct, était connu à l'avance à l'étranger. Il insiste sur l'alliance bizarre, monstrueuse, selon lui, qu'il faut voir dans la procédure actuelle. M. de Bruc est légitimiste; M. de Gricourt a prouvé qu'il partageait cette opinion, en cherchant à entraîner, en 1832, la garnison de Quimperlé. Les autres accusés ont suffisamment prouvé, par leurs propres aveux, leur opinion bonapartiste.

La déposition de M. Geslin est, d'ailleurs, explicite sur l'esprit qui avait présidé au complot. Il a hésité à l'audience, il a craint, peut-être, qu'on ne lui *appliquât en face les qualifications qu'il méritait*, et sa déposition orale a offert quelques variantes, mais elle a été nette et constante sur ce point, savoir : que le complot avait existé, et qu'il avait manqué deux fois, la première à Strasbourg, la seconde en Suisse.

M. le procureur-général examine toutes les circonstances qui ont précédé le complot, le voyage des accusés à Bade, à Strasbourg, à Paris; il relit les lettres dont il a été plusieurs fois question dans les débats, et par des rapprochements que l'accusation a déjà employés, il établit la connaissance des accusés entre eux.

Après une suspension d'un quart-d'heure, l'audience est reprise.

M. le Procureur-général s'efforce d'établir la culpabilité de Mme Gordon par son intimité avec le colonel Vaudrey, par ses lettres à ce dernier et les voyages qu'elle fit avec lui. Mme Gordon a brûlé après l'événement du 30, et ce jour-là même, une grande quantité de papiers chez le contumace Persigny. Ces pièces devaient être de nouvelles preuves du complot, et c'est à cette disparition de papiers que la dame Gordon doit évidemment de ne pas voir plus de preuves accusatrices s'élever contre elle.

Quant à M. de Bruc, ex-gentilhomme honoraire de Charles X, on a saisi chez lui des manuscrits qui sont une critique amère du gouvernement : un autographe de

Henri V, une médaille à l'effigie de ce prince et d'autres documents qui prouvent sans conteste possible que l'accusé était hostile au gouvernement. Il n'est pas permis de supposer que le prince, le voyant pour la première fois à Aarau, lui aurait remis une lettre aussi importante que celle qu'il fut chargé par lui de porter à M. le général Excelmans. De Bruc, dans la course qu'il a faite dans le même temps avec Persigny, se sera rendu à Arenenberg avec lui et se sera abouché avec le prince. Etait-ce à ses dépens qu'il voulait faire voyager M. Excelmans, en lui offrant une place dans sa voiture? Non, car M. de Bruc était fort gêné et un de ses créanciers fut obligé d'écrire trois fois à Geslin qui avait toute sa confiance, pour obtenir la modique somme de 25 fr.

De Bruc a voyagé sous le nom de Bayard. Pourquoi changer de nom à Brisach? pourquoi parler avec tant de chaleur de l'empereur, avec tant de mépris de ses généraux qui n'eussent été rien sans lui ? disait-il.

M. le procureur-général fait, d'ailleurs, ressortir avec détail les contradictions qui ont existé dans les lettres de l'accusé, et aussi entre les lettres mêmes et sa conduite.

Pourquoi l'accusé avait-il des épaulettes? C'est qu'il s'annonçait à Persigny comme devant revenir avec M. Excelmans; et comme conspirateur il devait avoir des épaulettes, c'était pour lui qu'il les avait achetées avec de l'argent qui ne lui appartenait pas.

L'expédition de Tripoli, que l'accusé déclare, dans son interrogatoire, avoir résolue, n'était qu'un conte qu'il avait imaginé pour justifier l'argent qu'il avait en sa possession. L'accusé n'a donné cette explication, que pressé par le magistrat instructeur, et après avoir demandé répit pour répondre, troublé qu'il était par l'impossibilité d'expliquer vraisemblablement ses voyages et le contenu de ses lettres.

M. le procureur-général résume ensuite son examen. Il y a aveu de la part de Laity, Gricourt, Querelles. Le colonel Vaudrey avoue une partie de sa participation au complot, mais une foule de faits rendent des dénégations inutiles. Quant à Mme Gordon, ses relations avec le colonel, ses voyages à Bade, à Dijon, sa course avec Vaudrey à Fribourg, sa visite chez Persigny, et les papiers brûlés, démontrent sa culpabilité. De Bruc est également coupable: ses dénégations, relativement à la nature de ses rapports avec Persigny, sont marquées du sceau de l'invraisemblance;

si ces rapports ont été innocents, pourquoi refuse-t-il de les faire connaître ?

Après une suspension d'un quart-d'heure, M. le procureur-général reprend la parole en ces termes :

Pour compléter cet exposé général, MM. les jurés, il nous reste à dire quelle part chacun des accusés a prise à l'exécution du complot. Cette tâche demeurera confiée aux honorables magistrats qui m'assistent. Je me bornerai à traiter ce qui regarde le jeune Napoléon-Louis.

Parti d'Arenenberg le 25 octobre, dans la matinée ; arrivé le même soir assez tard à l'auberge de l'Étoile, il y passa la nuit. Le lendemain, son valet de chambre se fit conduire en poste à Fribourg, et descendit à l'hôtel du Sauvage, où se trouvait Persigny, où devait se trouver de Bruc. Louis Bonaparte vint le soir à Fribourg ; le 27 il était à Lahr, où un accident, arrivé à sa voiture, le retînt ; là il reçut la visite d'un émissaire qu'il a été impossible de découvrir. Le 28, il était de retour à Fribourg ; il en partit en disant qu'il allait à Bâle ; à peine hors de la ville, il changea de route, traversa le vieux Brisach, et arriva à Strasbourg à onze heures.

Il était porteur de trois passe-ports : l'un d'eux fut mis à la porte d'Austerlitz par le valet de chambre du prince, et retiré le lendemain de la mairie par un commissionnaire. La voiture, où était de Gricourt, se rendit à l'hôtel de la Fleur. Le prince n'y entra pas, il fut conduit par Gricourt près de Querelles, rue de la Fontaine, où il passa la nuit. L'emploi de la matinée du lendemain n'est pas connu ; le soir il eut une entrevue avec le colonel Vaudrey sur le quai ; il fit, chez Persigny, un souper plus ou moins frugal ; la nuit fut employée à arrêter les mesures qu'il convenait de prendre. Le lendemain, 30, Louis Bonaparte sortit, suivi d'une escorte de dix ou douze officiers, plus ou moins. L'accusé Parquin, l'accusé Querelles, l'accusé Gricourt en faisaient partie ; l'accusé Laity était arrivé de très-bonne heure rue des Orphelins, il prit place aussi au cortége. On se rendit ainsi à la caserne d'Austerlitz. Là le colonel Vaudrey fit l'allocution que vous connaissez ; il annonça frauduleusement, traîtreusement, qu'une révolution venait d'éclater en France ; il termina par le cri de *vive l'empereur !* que répétèrent avec enthousiasme les artilleurs. Le prince prit la parole à son tour ; il s'est engagé une controverse sur son discours. D'après les documents de sa main, il devait se terminer par ces mots : « Que tout le monde reste aujourd'hui à son rang ; demain tous les sous-officiers seront officiers, tous les officiers seront avancés d'un grade.» Un témoin, placé à proximité, déclare que ces paroles n'ont pas été prononcées.

On se mit en marche : quatre détachements furent tirés du régiment pour arrêter le préfet, le lieutenant-général Voirol et le général Lalande, et pour faire occuper l'imprimerie de M. Silbermann.

M. le procureur-général poursuit l'énumération des faits de la matinée du 30 octobre, et, arrivant enfin à la question d'absence du principal auteur du complot, continue ainsi :

L'absence du prince au banc de l'accusation doit exciter quelque surprise, mais elle ne doit influer en rien sur le sort des accusés. Le tort de Louis Bonaparte ne peut excuser ceux des accusés. Le roi lui a fait grâce, il en avait le droit. La clémence du roi ne peut être qu'appréciée par les hommes qui ont le sentiment de l'honneur français. Cet acte, au reste, que nous examinerons tout à l'heure, n'a pas besoin de notre justification. La presse a fait entendre des plaintes. Dans cette circonstance le roi s'est encore montré digne du beau titre de roi des Français. Quant à la polémique des journaux, il est facile d'y répondre. Les journaux ont présenté d'abord la conspiration du 30 octobre comme une tentative insensée, dans laquelle Louis Bonaparte a été entraîné. Son ignorance, son inexpérience le rendaient, disait-on, excusable ; et argumentant de ce qui avait été fait relativement à une princesse malheureusement célèbre, la presse manifestait l'espérance qu'une mesure semblable lui serait appliquée. Voilà quelles étaient les manifestations publiques de la presse. L'extraction de Louis Bonaparte fut approuvée. A peine eut-elle eu lieu, que ces mêmes journaux s'élevèrent contre elle. Au fond ils approuvaient la détermination du gouvernement : ils disaient qu'elle était bonne et que l'indulgence du gouvernement serait une raison pour que ses coaccusés ne fussent pas traités avec trop de sévérité. Mais on alla plus loin. Un parti crut voir dans cette mesure un moyen de diriger contre le pouvoir une attaque sérieuse. C'était une attaque comme une autre.

Le système représentatif, il faut le reconnaître, est un système corrupteur par lui-même. Le projet de l'opposition, il faut le dire, était de débusquer de leurs hautes positions ceux qui les occupaient. De là les reproches d'illégalité et de partialité qu'on ne ménagea pas au souverain. Pour nous, nous disons que la mesure prise était la seule équitable; pour nous, nous disons qu'il n'y a ni illégalité ni partialité. Sans doute il est extraordinaire d'avoir à discuter de pareilles théories devant un jury : qu'a-t-il à s'occuper de pareilles questions? Quoi qu'il en soit, nous déclarons que, dans la mesure dont il s'agit, il n'y a pas illégalité. Et d'abord, il est un principe établi, reconnu dans notre droit public : c'est que le souverain peut faire grâce : c'est un droit que la charte consacre d'une manière formelle; c'est une prérogative de la souveraineté, qui n'est soumise à aucun contrôle, car c'est un acte personnel au roi, et je ne connais dans notre état social aucune puissance qui puisse s'élever au-dessus de l'autorité royale et lui demander raison de ses actions. Maintenant ce droit est-il soumis à quelques formes? doit-il s'exercer après ou avant le jugement? Nous prétendons que toute latitude, que toute facilité est laissée au souverain; car aucune restriction n'est mise au principe. Le droit de grâce est absolu. Vous êtes forcés de reconnaître que, lorsqu'une décision judiciaire a été rendue, le souverain peut la rendre nulle. Vous êtes forcés de reconnaître que si le jugement frappe plusieurs personnes, le roi peut en gracier une, sans absoudre les autres: et vous ne voulez pas admettre que le roi peut faire avant ce qu'il peut faire après?

Et s'il est permis de dire d'un acte royal, qu'il peut être fait avec plus ou moins de convenance, nous dirons qu'il y en a davantage quand le roi accorde une grâce avant jugement, parce que la magistrature n'a pas encore prononcé et qu'il y a une sorte de défaveur, de despect jeté sur elle, quand, après avoir prononcé une décision, elle la voit annuler par une volonté royale. Notre opinion, d'ailleurs, ne nous appartient pas isolément. Elle est partagée par plusieurs jurisconsultes recommandables. La discussion s'est engagée sur cette question, à une époque mémorable. Il s'agissait du rejet de la loi du bannissement de la famille Bonaparte. Là s'est présentée la question de savoir si le droit de grâce pouvait s'exercer d'une manière absolue. Or, dans cette discussion, M. de Béranger, dont les opinions politiques ne sont pas équivoques, a soutenu que le droit de grâce pouvait précéder la condamnation judiciaire.

Il y a mieux, c'est qu'il existe des précédents. Nous en avons, nous-même, fait rendre un, applicable à la ville de Strasbourg.

En 1831, un mouvement de rébellion s'était manifesté dans cette ville. Il s'agissait de quelques gardes nationaux qui s'étaient opposés violemment à la perception de l'impôt qui pesait sur les bestiaux étrangers à leur entrée en France. L'impôt n'avait pu être perçu. Les rebelles se transportèrent en armes dans la ville et manifestèrent quelques dispositions hostiles. Le préfet du département avait cru devoir prendre sur lui la suspension de la perception du droit. Il fut blâmé par le gouvernement; il y eut plus, il fut destitué. Nous n'hésitâmes pas à solliciter un acte d'amnistie, et nous l'obtînmes. Bien qu'une procédure eût été commencée, que la justice eût été saisie régulièrement, cependant ces détenus furent remis en liberté. On nous dira, sans doute, que l'amnistie et la grâce sont différentes. Ce serait, il nous semble, une logomachie.

Quelle différence y a-t-il pour le résultat entre ces deux choses? L'amnistie intervient avant ou après: elle peut être absolue ou conditionnelle. Ce sont des conditions qui ne peuvent être révoquées en doute. La distinction qu'on cherche à faire sortir de la différence entre l'amnistie et la grâce, ne repose sur rien de solide. Le droit de grâce n'étant soumis à aucune espèce de condition, peut s'exercer avant le jugement comme après, car il n'est pas dit dans notre pacte fondamental, que le souverain sera obligé d'attendre, pour exercer la plus belle de ses prérogatives.

Examinons maintenant si les reproches de partialité sont fondés. Quelle était la position de Louis Bonaparte? Louis Bonaparte a été banni de France par une de ces lois que la politique seule peut expliquer. L'événement a bien justifié la prévoyance du législateur. Louis Bonaparte s'est cru frappé injustement. Après avoir appartenu de si près au pouvoir, il ne pouvait se résoudre à y demeurer étranger. Aigri par la douleur, il a exhalé des plaintes. Elles ont été écoutées par quelques médiocrités intrigantes qui n'ont pas su qu'en France le mérite seul donne des places, et qu'il ne suffit pas de quelques titres nobiliaires et des prétentions qu'ils entraînent avec eux, pour avoir droit aux faveurs sociales. Ces intrigants ont donc conçu de coupables espérances, et ils ont exploité les dispositions qu'ils voyaient se manifester. Une révolution amène des combinaisons nouvelles. Il y a alors facilité pour profiter des événements, et pour se pousser au premier rang. Etranger à la France, entouré d'hommes qui ne la connaissaient pas davantage, Louis Bonaparte s'est trouvé à leur merci. Doué d'une imagination vive et exaltée, ainsi que vous l'a dit un des témoins, il a conçu l'idée de rétablir sur le trône de France la dynastie impériale. C'est donc ainsi qu'il a cédé à l'appel des insurgés de l'Italie; c'est ainsi qu'il allait céder à l'appel des Polonais, lorsque la chute de Varsovie, heureusement pour lui, arrêta ses pas. Pour la France, les souvenirs du 20 mars devaient puissamment agir sur son imagination; mais il avait oublié que cette marche, Napoléon ne l'avait accomplie qu'avec la puissance de son nom. Qu'avait-il pour lui succéder, rien que son nom, rien que ses prétentions, rien que les suggestions perfides de quelques ambitieux. Voyez quelle légèreté dans toutes ses démarches. Il s'adresse au capitaine Raindre qu'il ne connaissait pas; il n'a de souvenir de lui que l'amabilité qu'il avait remarquée en lui, et c'est à quelques jours de là qu'il s'ouvre à lui, lui fait confidence de ses pensées les plus secrètes. Il écrit au général Voirol qu'il ne connaissait pas, qu'il n'avait jamais vu; il écrit au général Excelmans qui lui était pareillement étranger. Ne résulte-t-il pas de ces faits que Louis Bonaparte était fasciné, qu'il était dans une sorte de délire, et que cette fascination et ce délire étaient le résultat des suggestions de quelques étrangers intéressés à le tromper? Cette fascination ne le justifie pas, sans doute, mais elle explique sa position. D'ailleurs, Louis Bonaparte n'était pas lié, comme les accusés, envers la France et son souverain. Il n'avait pas reçu, comme eux, des honneurs, des grades, des armes pour défendre son pays, et protéger les lois. S'il osa lever un bras homicide contre elle, ce ne fut pas au moins celui d'un parricide. Quelle parité y a-t-il dans les positions? aucune. Ces considérations étaient de nature à frapper les autorités supérieures. Si le gouvernement ne s'y fût pas rendu, on n'aurait pas manqué de lui rappeler la conduite tenue par lui, dans des circonstances semblables, envers la duchesse de Berry. N'oublions pas qu'en politique, comme en morale, comme en religion, il est des actions qui, pour n'être pas conformes au droit rigoureux, n'en sont pas moins louables et dignes d'admiration. Eh bien! l'acte de Louis-Philippe doit être de ce nombre. Celui qui manque au banc des accusés, c'est le descendant de cet homme prodigieux qui a élevé si haut les destinées de la grande nation; cet homme extraordinaire qui fut grand jusque dans son exil, où la puissance et la force de son esprit le conduisirent. Non, la France n'oubliera pas le nom du grand capitaine dont le génie présidait au mouvement de nos armées; du monarque habile qui fit succéder l'ordre à l'anarchie, qui releva les autels, et donna le code immortel qui nous régit encore. Heureux, si l'ambition n'eût pas fait acheter si cher tant de gloire!

Eh bien, cette gloire, Louis-Philippe, pas plus que la France, ne devait l'oublier: il a compris que ce serait faire rejaillir sur le nom de Napoléon l'infamie de l'accusation, que ce serait imprimer une flétrissure sur la mémoire du grand homme. Partageant donc les sympathies nationales, Louis-Philippe usa noblement de la prérogative que lui donne la charte. Il a fait grâce; il avait droit de la faire; il n'est personne, parmi ceux qui nous écoutent, et qui ont le sentiment de l'honneur français, qui n'applaudisse à cette mesure.

Oui, Messieurs, si Louis Bonaparte a joué le premier rôle, c'est qu'il fallait un nom à présenter à la révolte, un drapeau à offrir aux militaires qui pouvaient lui procurer des moyens de succès. Il ressort de tous les faits de la procédure que si Louis Bonaparte a été séducteur, c'est qu'il fut séduit: c'est donc vainement que les accusés se présentent comme ayant subi l'influence d'un ascendant irrésistible. Ce système de défense répugne à l'intelligence. Louis Bonaparte ne pouvait connaître ni l'esprit ni l'opinion de la France. Il faut, de toute nécessité, qu'il ait été induit en erreur; ceux-là seuls, qui espéraient profiter de son entreprise, l'ont trompé. Il faut donc le dire: s'il n'eût pas rencontré parmi les accusés des traîtres, des parjures, il n'aurait pas formé ses coupables projets. Le grand personnage, en effet, que celui qui choisit pour confidents d'une conspiration un Gricourt, un de Bruc, une cantatrice! il faut fermer les yeux à l'évidence pour adopter de semblables assertions. Il y a eu séduction à votre encontre, dites-vous; oui, mais cette séduction, c'est cette basse, cette ignoble séduction, cet appât de l'or qui vous a entraînés. Or, ce sont là des motifs qui ne peuvent obtenir des jurés un verdict d'acquittement.

Les accusés ne peuvent dire, d'un autre côté, qu'ils

10

doivent être absous parce que le principal coupable l'a été. Ce coupable est libre, il est vrai, mais il est dans l'exil. Il apprendra à comprendre, sur la terre étrangère, que l'obéissance aux lois est un devoir. Mais faudra-t-il ne voir que des complices dans les accusés ? des complices ? Il n'y en a qu'un, c'est la femme Gordon, tous les autres agissaient isolément et dans des vues individuelles. Si Louis Bonaparte rêvait l'empire, Vaudrey rêvait pour lui les épaulettes de lieutenant-général et peut-être le bâton de maréchal de France ; Querelles avait pris les insignes de chef d'escadron de la garde impériale ; Parquin était revêtu de l'uniforme d'officier-général et en exerçait les fonctions ; il avait usurpé le crachat de la Légion-d'Honneur ; Gricourt était officier d'ordonnance et d'état-major. Ces circonstances ne permettent pas de croire qu'ils agissaient comme complices seulement. Ce n'était pas sans motif que l'accusé Laity prenait le commandement du bataillon des pontonniers. Tout révèle donc dans les accusés la spéculation, le calcul ambitieux, et ils avaient commencé par se faire chacun leurs lots. L'intérêt, l'égoïsme, voilà quel était leur mobile.

Etait-il complice ce colonel, qui avait donné à son régiment tous les ordres qui pouvaient assurer la révolte ; qui, joignant le mensonge à la trahison, annonçait que Louis-Philippe n'était plus sur le trône, qui commanda au 46e de prendre les armes ? Etait-il complice ce colonel, qui avait donné de l'or pour opérer la séduction ? Etait-il complice cet accusé Parquin, qui dit aux officiers, venus pour délivrer le général Voirol, que leur chef n'était plus rien, que lui seul commandait, et qui leur ordonna de retourner à leur caserne, et engagea une lutte vive, dans laquelle, heureusement, il succomba ? Etait-il complice ce Laity, qui, le 30 octobre, usurpa le commandement du bataillon de pontonniers, proclama l'avénement de Napoléon II, et voulut entraîner les pontonniers sur les traces du 4e d'artillerie ? Etaient-ce des complices que tous ces accusés se présentant armés de sabres, d'épées, de pistolets ? Non, on ne peut l'admettre. Et quand il faut se rappeler qu'ils sont Français, que tous sont liés par des serments sacrés, qu'ils ont tourné contre leur patrie des armes qui leur avaient été données pour la défendre, et pour assurer le respect des lois, l'indignation le dispute à la douleur. Oui, nous le disons, avec conviction, jamais la justice n'a eu à prononcer sur un si grand attentat. S'il eût réussi, jamais plus grand malheur n'aurait accablé notre province.

Les accusés avaient leur organisation toute prête. Il y est dit que les voitures des paysans seront mises en réquisition ; on y parle de s'emparer du télégraphe, de la poste aux lettres, pour couper toutes les communications avec la ville, capitale du royaume. Pendant qu'ils eussent été maîtres de Strasbourg, ils auraient pu se livrer à tous les excès.

On vous proposera encore de donner une leçon de légalité au gouvernement; on vous dira que puisque Louis-Philippe a mis en liberté un personnage de condition princière, vous, bourgeois, vous devez faire mettre en liberté les accusés, parce qu'ils sont d'une condition égale à la vôtre; ainsi, en supposant qu'il y ait eu illégalité dans la mesure qui a fait grâce au prince Louis Bonaparte, on vous propose une autre illégalité, c'est-à-dire, un crime, car on vous propose de violer votre serment, de mentir à l'évidence. Ce système est monstrueux. Vous ne l'adopterez pas. L'intérêt du pays vous domine, et vous saurez faire justice. Il faut que l'esprit de parti soit bien grand pour oser établir des principes aussi désastreux. Et qu'a de commun l'extraction de Louis Bonaparte avec la position des accusés? ses torts peuvent-ils excuser les leurs? Devant la justice tout le monde est égal, et si Louis Bonaparte est coupable, les autres accusés ne le sont-ils pas aussi? si Louis Bonaparte a été soustrait à la justice légale, c'est par un acte légal; ainsi son absence, comme sa présence, doit rester sans influence sur votre décision.

S'il s'était évadé ou s'il était mort, il faudrait apprécier chacun des faits imputés aux accusés. Ainsi, même dans cette hypothèse, la détermination que vous avez à prendre, ne peut être modifiée par cette circonstance. S'il s'agissait d'une bande de malfaiteurs, si le chef de ces malfaiteurs s'était soustrait aux recherches de la justice, admettriez-vous les justifications de ses complices? les absoudriez-vous quand ils vous diraient: nous n'avons fait qu'obéir aux ordres de notre chef? assurément cette théorie serait repoussée. Eh bien! ici la situation est la même, car les conséquences de l'attentat du 30 sont tellement graves que, les excuser, c'est donner un exemple qui peut avoir les plus déplorables suites.

On vous parlera d'entraînement. Certes, il n'est pas de crime qu'on ne puisse excuser ainsi. Toute tentative criminelle est le résultat d'une mauvaise passion, d'un entraînement. Veut-on parler de cet entraînement qui est le résultat de l'influence d'un esprit supérieur? Voyez les antécédents de Louis Bonaparte! Etait-ce un héros? qu'avait-il fait pour entraîner des militaires français, des hommes âgés? comment concevoir qu'un jeune homme de vingt-huit ans, qui n'avait que son nom, ait été capable d'opérer un entraînement de ce genre?

D'ailleurs ici tout révèle la préméditation. Il y a eu des préparatifs: chacun s'est attribué un rôle; il y a eu réflexion; on ne peut admettre une décision spontanée.

Nous avons terminé notre tâche. Vous connaissez tous les faits dont se compose cette accusation. Nous avons expliqué avec détail la participation des accusés. Vous n'oublierez pas qu'il s'agissait du repos de la France, que sa tranquillité devait être sacrifiée à des calculs d'ambition; que la cité aurait été en proie à tous les désordres auxquels se fût portée la soldatesque excitée par des chefs qui lui donnaient l'exemple de la désobéissance. La dévastation, le pillage, la guerre civile, et peut-être la guerre européenne, voilà ce qu'on réservait à notre pays.

Si la France, si l'armée devaient avoir le scandale d'un acquittement qui aurait des conséquences si désastreuses, il faudrait désespérer de la patrie. Les magistrats n'auraient plus qu'à fermer le livre de la loi et à voiler l'image de la justice, et les citoyens qu'à se résigner à toutes les calamités.

Ce réquisitoire, qui a duré près de six heures, a été constamment écouté dans un profond silence.

L'interprète le traduit.

Au milieu de la traduction, Me F. BARROT se lève, et son attitude révèle le sentiment d'une profonde indignation.

M. le président, dit-il, je vous demande pardon d'interrompre l'interprétation, mais j'éprouve un sentiment d'indignation dont je ne suis pas le maître. Voici une lettre que le colonel Vaudrey vient de recevoir à l'instant même. Elle porte le timbre de Paris; elle est adressée par la poste, c'est-à-dire par une voie qui devait nécessairement la faire tomber entre les mains de M. le procureur du roi. C'est effectivement ce magistrat qui l'a reçue et qui, sans l'ouvrir, quoique ce fût son droit, l'a transmise à mon client. Elle a pour signature le nom de Persigny, et elle est ainsi conçue:

»Ami, tu as échoué dans ta tentative; mais moi, je ne manquerai pas mon coup, car il ne faut qu'un coup pour tuer, un seul coup: après Meunier, c'est à moi à faire l'affaire; c'est dit.

Signé PERSIGNY. Et plus bas : *Vive l'empereur !*»[1]

Cette odieuse lettre révèle par ses termes mêmes, son ignoble origine: elle a pour but de salir les accusés et de compromettre leur cause. Je demande que la cour veuille bien en ordonner le dépôt aux pièces du procès. Ce sera là un document qui pourra éclairer la religion de MM. les jurés sur les tentatives faites pour aggraver le sort des accusés. C'est une infamie! Nous voulons avoir raison de cet outrage fait au malheur, et nous prendrons, s'il le faut, des conclusions formelles.

M. LE PRÉSIDENT : On ne peut pas interrompre l'accomplissement d'une mesure ordonnée par la cour. Vous verrez plus tard ce que vous aurez à faire.

M. LE PROCUREUR-GÉNÉRAL ROSSÉE: Je m'oppose formellement à la jonction de la lettre aux pièces du procès. La défense paraît attacher beaucoup d'importance à cette lettre; pour nous, nous n'y en attachons aucune.

Me F. BARROT prend des conclusions par lesquelles il demande que le dépôt de la lettre, reçue à l'audience par le colonel Vaudrey, soit ordonné. Il développe ces conclusions.

M. LE PROCUREUR-GÉNÉRAL les combat. Selon lui, la pièce n'a aucune importance. Elle ne peut servir ni l'accusation ni la défense. Elle ne ferait qu'embarrasser la cause en pure perte pour tout le monde. Elle doit être rejetée.

Me PARQUIN se lève: J'avoue, dit-il d'une voix émue, que la résistance de M. le procureur-général a de quoi nous étonner tous. Comment! une lettre arrive de Paris pendant l'audience au colonel Vaudrey. Cette lettre contient l'horrible menace d'un régicide. Nous en demandons le dépôt, soit pour le besoin du procès actuel, soit comme pièce pouvant mettre la justice sur les traces d'un nouveau Meunier; et quand nous prenons des conclusions dans ce sens, c'est M. le procureur-général qui les combat! La pièce, selon lui, n'a pas d'importance! il aime mieux qu'elle s'égare! qu'elle se déchire! dût cette imprudence faciliter la consommation du crime, en ne permettant pas d'en rechercher l'auteur! Eh bien, moi, je fais ce que M. le procureur-général ne croit pas à propos de faire, et, empruntant ma

[1] Les journaux ont publié, depuis, une lettre datée de Londres, de M. de Persigny, dans laquelle il désavoue formellement cet écrit.

mission de mon zèle, non plus au nom des accusés, mais au nom de la société effrayée, au nom du salut de ce roi pour lequel je donnerais ma vie, au nom du repos et de la paix de mon pays, je conclus, je fais mieux, je requiers le dépôt de cette lettre infernale entre les mains d'un juge d'instruction. (Cet incident excite un vif mouvement de surprise et d'indignation dans l'auditoire.)

M. le Président : La cour va en délibérer.

Après une délibération de quelques secondes, M. le président prononce, au milieu d'un profond silence, l'arrêt suivant :

« La cour, attendu, soit que la lettre, à l'occasion de « laquelle s'est élevé l'incident, soit l'œuvre de la malveil- « lance, soit qu'elle émane d'une source ayant un autre in- « térêt ; attendu que la lettre n'a aucun trait à l'affaire et « est évidemment une pièce apocryphe, ordonne qu'elle ne « sera pas jointe aux pièces. Réserve est faite au procu- « reur-général de ses conclusions ultérieures. »

L'audience est levée.

AUDIENCE DU 14 JANVIER.

L'incident qui a terminé d'une manière si scandaleuse et si imprévue l'audience d'hier, est le sujet de toutes les conversations, dans les groupes animés qui se forment aux abords et dans l'enceinte des assises, longtemps avant que la cour y vienne prendre siége.

M. le procureur du roi Gérard a formellement demandé, assure-t-on, à Me F. Barrot la remise de la missive adressée au colonel Vaudrey. L'honorable défenseur a refusé de souscrire à cette demande, et M. le procureur du roi l'aurait averti qu'une assignation lui serait aujourd'hui donnée à comparaître devant le juge d'instruction. Une démarche de Me Barrot et de Me Parquin, démarche marquée au coin de la convenance et de la sagesse, rendrait en tout cas cette précaution inutile. Les deux défenseurs, à la suite de l'arrêt rendu, ont, dès hier, adressé à M. le garde des sceaux la pièce si vivement désirée aujourd'hui par le parquet du Bas-Rhin.

A neuf heures l'audience est ouverte; la parole est à M. le procureur du roi Gérard.

M. le Procureur du roi :

Messieurs,

Le complot, dont la connaissance vous est déférée, a été retracé hier, à vos yeux, dans un tableau fidèle, dont le cadre par sa grandeur, et les couleurs par leur énergique vérité, ont dû graver, dans votre mémoire, les faits principaux de cette affaire.

Vous savez, et ne l'oublierez pas, quel esprit a présidé au complot. Vous savez quels étaient le but de ses auteurs, leurs espérances, leurs moyens.

Il reste à vous faire connaître les détails de l'attentat qui en a été la suite et la part que chacun y a prise.

Dans une cause de cette nature, où la plupart des accusés ont été pris les armes à la main, cherchant à entraîner dans la révolte généraux, officiers, soldats, citoyens, nous n'éprouvons qu'un embarras, c'est de discuter, de soutenir une accusation qui se justifie d'elle-même, car il n'est pas un seul point du procès qui ne la suppose, qui ne lui serve de preuve, qui ne l'établisse d'une manière éclatante. Il le faut cependant, MM. les jurés, pour remplir la tâche qui nous est échue en partage. Elle nous deviendra plus facile si vous nous continuez pour quelques instants encore cette attention consciencieuse que vous avez prêtée à ces douloureux débats.

Nous vous présenterons l'accusation de l'attentat en ce qui concerne les trois premiers accusés, et la dame Gordon pour la complicité à cet attentat.

Les débats vous ont appris que d'anciens sous-officiers, dont la seule faute avait été d'obéir aveuglément à leur colonel, avaient été frappés avec sévérité, renvoyés de leur corps, et privés de grades qu'ils n'avaient obtenus que par de longs et loyaux services : voyez quel contraste entre eux et celui dont ils sont les victimes ! Que demain le colonel Vaudrey sorte libre de cette enceinte, que, revêtu de son brillant uniforme, la poitrine couverte du signe de l'honneur, la tête haute et superbe, il se présente dans nos lieux publics : là, officiers, soldats, témoins, victimes peut-être de la félonie, devront porter la main à leur noble front, et s'incliner devant le traître.

Les sentinelles qui veillent au maintien des lois, devront, à son approche, faire résonner leurs armes, les lui présenter, lui rendre cet honneur militaire, le plus grand de tous, honneur dont il est indigne.

Et la patrie qu'il a voulu plonger dans un abime, sera tenue de récompenser à grands frais, et toujours, ses funestes services.

Non, Messieurs, nous ne saurions craindre un aussi grand scandale.

Ici M. le procureur du roi entre dans l'examen des faits. Vous le savez, Messieurs, dit-il, le 29 octobre M. Vaudrey fut accosté par un inconnu qui le prévint de l'arrivée de Louis Bonaparte, et le conduisit près de ce prince. C'est dans l'entrevue qui eut lieu qu'ont été arrêtés les projets du lendemain. Voyez l'interrogatoire du colonel Vaudrey, examinez si les résultats désastreux de cette entreprise pourront l'arrêter! Il ne fut question que des cas fortuits qui pouvaient arrêter le succès de l'entreprise. A l'en croire, il aurait cédé à des humiliations personnelles : les inspecteurs-généraux de son arme l'auraient maltraité, malgré le zèle qu'il déployait dans son service. Ce premier moyen n'a plus été représenté à l'audience; il a été représenté au contraire que le régiment, par sa tenue, par ses services, n'avait pu mériter à son colonel que des félicitations. Aurait-il été victime d'un entraînement? Mais les faits de la procédure indiquent que le complot était longuement médité, et il vous a été démontré hier que l'entraînement ne pouvait s'alléguer.

Le lieutenant Laity tient à honneur de revendiquer tous les faits qui sont à sa charge; il s'en glorifie, et quand ils semblent douteux, il s'empresse de les compléter. Il a, nous ne pouvons le contester, fait preuve d'un grand dévouement pour la cause qu'il avait embrassée. Simple lieutenant, il avait besoin, pour se faire obéir des pontonniers, de déployer un grand caractère. Partout il méconnaît la voix de ses chefs; obligé de renvoyer le reste de ses soldats, parce qu'il regarde l'affaire comme abandonnée, il se rend seul à la caserne Finckmatt, et là, lorsqu'il rencontre Persigny, tous deux cherchent à détourner les soldats de leurs devoirs. La participation de Laity au complot et à l'attentat est donc évidente, vous reconnaîtrez alors la nécessité de lui appliquer la peine qu'il a méritée.

Passons, Messieurs, à l'accusé Parquin. Le 29 il est prévenu de la tentative du lendemain. *Je suis à vous à la vie, à la mort*, répondit-il au prince, et le lendemain on le voit partout donner des ordres au nom de Louis Bonaparte. On le voit arrêter le général Voirol, et lorsqu'il est forcé d'abandonner l'hôtel de ce général, on le retrouve à la caserne de la Finckmatt pour se faire arrêter avec le prince ou tomber avec lui. Vous savez son arrestation.

Arrivons maintenant à la dame Gordon; vous l'avez vue accompagner partout le colonel Vaudrey, et recourant à de criminels artifices, l'entraîner dans ce coupable complot. Nous pourrions nous étendre à son sujet, mais ce qui la concerne a été longuement développé par M. le procureur-général. Nous nous en référons à ce qu'il a dit.

Vous aurez à répondre, Messieurs les jurés, à trois questions. Ici M. le procureur du roi rappelle les délits que l'acte d'accusation reproche à chacun des prévenus.

Ensuite il termine en ces termes :

Tels sont, Messieurs, les faits graves qui constituent l'accusation d'attentat contre les trois premiers accusés, tous trois appartenant à l'armée.

Vous le savez, Messieurs, la loi conservatrice de l'ordre social a réservé ses rigueurs les plus grandes contre le citoyen téméraire qui, jouant au gré de son caprice ou de ses illusions, le repos et la tranquillité de son pays, ose tenter d'en renverser la constitution et d'élever sur ses débris un trône nouveau.

La pureté de ses intentions, la bonne foi de son erreur, la sincérité de son dévouement ne sauraient effacer ce que son entreprise a de criminel, car son crime consiste précisément à vouloir faire prévaloir, par des moyens réprouvés par la loi, ses opinions et ses sentiments, quels qu'ils soient. Le but de la loi est de mettre un frein puissant à ces passions ardentes et désordonnées, qui ne tendent à rien moins qu'à bouleverser l'État jusque dans ses fondements.

Si rien ne peut excuser le citoyen qui conspire contre la loi de son pays, lorsqu'il n'est engagé envers elle que par suite des obligations qui lient indistinctement entre eux les enfants d'une même patrie, combien n'est-il pas plus coupable, lorsque par un serment solennel il a donné une force nouvelle aux liens qui déjà l'engageaient; lorsqu'il a reçu et volontairement accepté la mission expresse de défendre la loi du pays; lorsqu'il a reçu en dépôt les armes et les forces destinées à cette mission sacrée!

Ah! ce n'est plus alors, ce n'est plus seulement un séditieux, déclarant à l'autorité légitime une guerre insensée. C'est un traître, c'est un parjure. Ce n'est plus un homme entraîné par les convictions plus ou moins sincères, plus ou moins raisonnables que lui imposent ses doctrines politiques.

C'est un homme qui, dépouillant toute pudeur, foule aux pieds ce qu'il y a de plus sacré: et la discipline militaire, et la religion de l'honneur, et la foi du serment, et la foi du dépôt; outrageant également le drapeau glorieux qu'il compromet dans une odieuse entreprise, le prince qui a reçu ses serments, et les soldats qu'il devait conduire au champ d'honneur et qu'il entraîne dans la révolte et dans le crime.

Son action n'est pas de celles qui, qualifiées crimes politiques, ici sont des forfaits, là des vertus; aujourd'hui vouées à l'infamie, le lendemain gravées sur l'airain des temples du peuple. C'est un forfait également odieux dans tous les temps et dans tous les lieux. C'est un crime qu'aucun homme qui se respecte, quelle que soit son opinion, ne peut excuser. Car la trahison, à toutes les époques, sous tous les gouvernements, fut toujours notée d'infamie.

Y a-t-il, en effet, rien de plus grave? pour que l'insurrection militaire réussisse, elle est obligée d'employer la corruption, la force brutale, le déshonneur. Elle ne s'inquiète, dans son aveugle fureur, ni de la guerre civile qu'elle va peut-être causer, ni du sang qu'elle va répandre, ni du deuil des familles, ni de la ruine du pays. Peu lui importe, que la France victime des partis, ait versé le plus pur de son sang, pour le maintien de sa liberté, qu'elle jouisse du fruit de près de quarante ans de combats sous le gouvernement que le pays s'est choisi, il faut qu'elle arrive à son but, il faut que sa stabilité, son bien-être, son repos soient sacrifiés à l'ambition ou au sordide intérêt d'une poignée de factieux, qu'on croyait, pour la plupart du moins, forcés à la reconnaissance.

Que si, par un hasard inouï, par un bonheur inespéré, l'effet de la révolte n'est point aussi désastreux, si le sang n'a pas coulé: ne l'attribuons pas à la volonté des factieux, n'en rendons pas hommage à leur générosité. Entraînés par le torrent où ils se sont précipités, ils ne peuvent plus répondre qu'ils seront humains; il leur est impossible d'arrêter les désastres que leur révolte doit occasionner. C'est parce qu'ils n'ont pu produire qu'une tentative insensée, avortée par la faiblesse de leurs moyens d'exécution, et qu'ils ont été arrêtés dans leur entreprise par la fermeté de ceux qu'ils voulaient entraîner et par leur fidélité au prince et au pays, que nous n'avons pas eu à déplorer les meurtres, le pillage, l'anarchie.

Que pourraient-ils alléguer qui pût affaiblir l'horreur de leur crime?

Serait-ce l'erreur, où ils étaient, sur les vœux du pays? mais de quel droit s'en faisaient-ils les interprètes? quelle mission en avaient-ils reçue? et quand il serait vrai, autant qu'il est absurde de le prétendre, que la France eût gémi sous une injuste oppression, qui leur a dit qu'elle fût jalouse de devoir sa délivrance à une trahison?

Qui les a autorisés à croire qu'elle fût tombée assez bas, qu'elle fût dénuée de cœurs généreux pour ne pouvoir rentrer, par des voies plus glorieuses, dans ses droits méconnus?

Est-il déjà si loin de nous, ce mémorable exemple de la puissance d'un peuple, lorsque sa volonté, bien différente de celle d'une faction, se manifeste dans sa force, son unanimité, et élève sur les débris d'un trône renversé, une royauté nouvelle, saluée par lui dans sa victoire et consacrée par la représentation nationale!

Serait-ce la légitimité apparente, à leurs yeux, des droits du prétendant au trône? Des droits? mais le prétendant n'en a pas même l'apparence, car, on l'a dit déjà, si le nom de Napoléon est pour nous l'objet d'un culte national, il a cessé d'être l'origine d'un droit; et si Louis Bonaparte en avait eu, ils n'étaient sans doute pas d'un jour. Comment justifier alors les serments prêtés, les grades acceptés, sollicités peut-être?

Quelque choix que l'on fasse, de quelque côté que l'on se tourne, la trahison est partout.

Serait-ce l'influence irrésistible, magique d'un nom fameux entre tous?

Ah! si le héros qui l'a immortalisé se fût présenté à ses soldats tel qu'ils l'avaient vu cent fois au milieu des batailles les conduire à la victoire; si, pleins de souvenirs encore brûlants, saisis de cet enthousiasme, que sa vue seule avait toujours eu le privilége d'exciter, les soldats fussent tombés aux pieds de leur vieux général et l'eussent à l'envi salué de son titre impérial: on pourrait concevoir qu'à la vue d'un pareil spectacle, leurs chefs, cédant à une ivresse contagieuse, eussent mêlé leurs acclamations aux leurs. Mais que le prétendu prestige ait été produit par la vue d'un jeune homme jusqu'à ce jour inconnu, dont la France indifférente ignorait même l'existence, dont aucun exploit n'a encore signalé le bras, aucun haut fait révélé le génie, qui n'a reçu du grand homme dont il porte le nom, ni le sang dans les veines, ni les droits en héritage, c'est ce que, sans absurdité, l'on ne saurait admettre.

C'est en vain, Messieurs, qu'armé du prestige d'un beau talent, on cherchera à étendre le cercle de cette affaire et à appuyer la défense sur des théories plus ou moins spécieuses ; c'est vainement qu'on essaierait d'entourer le crime de considérations et de faits étrangers à la cause : votre bon esprit vous tiendra en garde contre de pareils moyens.

Vous avez compris toute l'importance de cette affaire : votre loyal concours, votre fermeté, ne sauraient manquer à la justice, à la vérité, qu'on peut quelquefois obscurcir, mais jamais étouffer. Il ne s'agit pas d'un délit particulier, dont l'impunité serait d'une médiocre importance : c'est la société tout entière, son avenir, son action, qui sont mis en question. Car il s'agit d'un vaste complot qui devait exciter dans notre belle France le désordre, la dévastation, et y ramener la guerre civile, avec tous ses maux, toutes ses horreurs, avec son hideux cortége ; la guerre civile, désormais impossible, si le glaive de la loi ne reste pas sans force dans vos mains.

L'étendard de la révolte a été déployé ; les troupes séduites par leurs propres chefs, ont proclamé un souverain nouveau ; l'autorité légitime a été méconnue ; les magistrats auxquels l'exercice en était confié ont été arrêtés chez eux ou traînés en criminels dans les prisons. Tous ces faits ont eu lieu au grand jour, au milieu de vous, de cette importante cité, aux yeux de tout un peuple. Les accusés l'avouent : en pareille circonstance se demander si ceux qui, de sang-froid, après mûre réflexion, ont participé à ces désordres révolutionnaires, sont punissables, c'est, il faut le dire, afficher l'absence de toute notion d'ordre, de tout sentiment de justice, de tout amour pour la patrie, dont la sécurité est essentiellement intéressée à la répression de pareils forfaits.

Tel est cependant l'égarement où un esprit aveugle de parti jette l'homme qui s'y abandonne, que chaque jour, que publiquement, dans mille feuilles répandues avec profusion, on prend à tâche, non pas seulement de soulever les questions qui peuvent se rattacher à l'attentat du 30 octobre, mais de résoudre négativement celles de culpabilité, d'indiquer, de prêcher, de prescrire aux jurés cette solution, avant qu'ils aient appris par les débats, par les témoins, par les pièces, quelle était cette accusation et ses preuves, et cela parce que l'acquittement des accusés est selon elle le seul moyen de rétablir le principe d'égalité devant la loi, violé par l'établissement d'un privilége exorbitant pour tout coupable dans les veines duquel coule un sang royal; parce que la justice du pays outragée par le manque de déférence ou le manque de confiance dont elle a été l'objet, réclame une éclatante satisfaction.

Non, Messieurs, ce n'est point par esprit de justice, mais par voie de représailles que l'on vous conseille une pareille conduite. Les partis s'efforcent de faire passer dans vos âmes les passions qui les animent eux-mêmes. Y songe-t-on? et quel langaga ose-t-on tenir à des juges? La loi vous livre des accusés pour examiner la gravité des charges qui pèsent sur eux, et apprécier leur culpabilité. Ne vous arrêtez pas à ce soin vulgaire! le serment que vous avez prêté, l'obligation qu'en le prêtant vous avez contractée envers la société, envers vous-mêmes, ce n'est point là ce qui doit vous guider!

Parmi les auteurs du crime qui vous est déféré, il en est un, qu'on a osé soustraire à la juridiction ordinaire: vengez la magistrature, vengez-vous vous-mêmes. Acquittez les tous: que risquez-vous? Vous n'avez de juge de votre conduite que votre conscience.

M. le procureur général, en traitant cette question, vous a fait remarquer le danger de pareilles doctrines. Vous trouverez, Messieurs, dans votre attachement aux principes, dans cet éloignement du désir d'une vaine et trop facile popularité, des règles de conduite plus certaines et plus élevées que celles que vous pourriez chercher dans les sophismes et les déclamations des partis.

Laissons donc une question dont nous ne sommes pas juges, et qui ne saurait avoir un rapport direct avec celles dont nous sommes légalement saisis. Qu'aucun motif étranger à la saine justice, ne vienne corrompre votre jugement dans sa source, et créer, en faveur des coupables, une impunité dont le scandale ne saurait être comparé qu'à celui de l'attentat qu'elle couvrirait de son égide.

Vous compléterez, Messieurs, l'œuvre commencée; la discipline de l'armée, l'alarme jetée au cœur des bons citoyens, la nécessité de les rassurer, en leur prouvant que leur cause est celle du pays, la nécessité de ne plus animer les espérances des partis, et de ne plus encourager l'audace des factions qui portent de si graves atteintes à notre prospérité, la vérité, la justice, vos serments, tout vous fait un devoir de punir ces hommes qui ont voulu renverser ce gouvernement, dont les titres sont dans le vœu de la nation, et la puissance dans son assentiment et son concours.

Votre dévouement ne manquera pas plus à la France, que ne lui a manqué la fidélité du brave 46e de ligne, là, pour défendre l'honneur du drapeau, ici, pour assurer force à la loi.

Vous ajouterez ainsi un gage nouveau à ces gages si nombreux de repos et d'ordre public qui ont élevé le jury si haut dans la reconnaissance nationale.

Vous vous rappellerez, Messieurs, que les circonstances étaient graves, le danger imminent; vous serez dignes de la haute mission qui vous est confiée, et vous prouverez à l'Europe entière que s'il n'est pas de pays plus libre que la France, il n'en est pas non plus où les principes de stabilité et de justice aient jeté de plus profondes racines.

L'interprète traduit ce réquisitoire, et la parole est ensuite donnée à M. Carl.

M. Carl, substitut du procureur du roi, s'exprime en ces termes :

Messieurs les jurés, vous comprendrez les sentiments de profonde douleur qu'éprouve le magistrat en prenant la parole dans cette affaire, douleur que nous espérons voir partagée, car nous parlons devant des concitoyens; nous parlons devant des hommes de bien, devant des hommes éclairés qui, en prenant place sur le siége du juge, ont médité toute la grandeur de leur mission. Cette mission est sainte en effet : elle exige une profonde conviction, et ce qui heureusement n'est point rare dans notre pays, un grand amour de la patrie. N'est-ce pas un triste et douloureux spectacle que celui de cette tentative, insensée autant que criminelle, qui a failli livrer notre cité à toutes les horreurs de l'anarchie et de la guerre civile? Une poignée d'hommes, sans autre mobile qu'une ambition effrénée, espèrent dans leur aveuglement rallier autour d'eux trente millions de Français, et exploiter, au profit de leurs mesquines passions, les malheurs sans nombre qu'ils ne pouvaient ni prévenir, ni éviter. Honneur militaire, fidélité au serment, patrie, vous n'êtes donc plus que de vains mots que l'on profère avec un enthousiasme d'emprunt, aussi longtemps qu'ils peuvent servir pour procurer des richesses et des honneurs, et que l'on oublie aussitôt qu'ils deviennent inutiles pour remplir ce but!

Quelle est donc cette malheureuse tendance des esprits du siècle où nous vivons? quel est donc ce besoin insatiable de troubles et de bouleversements? où sont aujourd'hui les principes que nos pères regardaient, à juste titre, comme le palladium du bonheur public? Religion, morale, lois de la nature et de la société, on oublie tout quand l'ambition parle; toutes ces puissances tutélaires ont cédé le pas; l'égoïsme, l'égoïsme froid et vil, qui tue les sentiments généreux, on s'en sert comme d'un instrument.

Il faut bien le reconnaître, il s'est glissé au sein de la société un venin qui la ronge, qui la dévore. Nul ne se croit à sa place, personne ne se rend justice; une agitation sourde et permanente décèle à tout instant ce mouvement des esprits. Inquiet et mécontent, chacun voit avec chagrin et mépris la position qui lui est assignée dans la société : il aspire à tout, quand souvent il n'est capable de rien ; et son imagination délirante lui montre dans une révolution l'or et les honneurs que ses talents ne sauraient lui faire acquérir. Que sont pour lui la modeste profession qui fait vivre son père, et la perspective que lui laissent des travaux de tous les jours, qui n'augmenteront ni son bien-être, ni sa renommée? Il lui faut un rang dans le monde ; il lui faut de la gloire et des richesses; il les lui faut, non pas à l'aide d'un labeur difficile et consciencieux, non pas à l'aide de ces voies lentes et pénibles qui conduisent au but à travers mille incertitudes, mille vicissitudes : il n'en a ni le courage, ni les moyens. Il veut arriver de suite; et il se jette avec ardeur, avec frénésie, dans l'abime que son imagination couvre de fleurs, et où il doit s'engloutir.

C'est l'empire surtout, Messieurs, l'empire que des insensés rêvaient de nouveau, qui nous a transmis ce funeste héritage; l'empire, qui tirait des merveilles du néant, qui jetait en quelques années sur la scène de la gloire des millions de noms naguère inconnus, qui prenait l'ouvrier, lui mettait à la main un sabre et le ramenait à sa famille couvert d'or et de broderies; l'empire qui n'avait qu'un principe, l'ambition; qu'un but, la gloire; l'empire qui se souciait peu du bonheur du peuple, qui avait oublié qu'il y a autre chose à faire d'une grande nation que des armées et des conquérants, et qui, en soulevant de sa main puissante tant d'hommes éblouis par l'immense horizon qu'ils apercevaient pour la première fois, leur a désappris le bonheur paisible et calme dans une sphère plus étroite. C'est là, Messieurs, une des principales sources de ce malaise moral qui tend au déplacement continu des classes de la société et qui arrête dans son développement la liberté même qui ne vit que d'ordre. C'est là qu'il faut chercher peut-être la cause de tous ces troubles qui nous menacent incessamment, de ces agitations sourdes et permanentes que ne peuvent calmer ni les garanties qu'offre le régime de sage liberté que nous avons conquis, ni celles que nous donnent les princes que nous devrions être fiers de voir à la tête de la nation. L'ambition, l'égoïsme dans ses plus hideux excès, la soif de la renommée, l'impatience que fait naître la nullité de position dans un pays où l'on peut parvenir à tout: voilà le ver qui ronge la société actuelle. Ah! Messieurs, il est une ambition légitime que justifie le talent, mais qui ne cherche les moyens de parvenir que dans des voies loyales et approuvées de tous, cette ambition est légitime, car elle est le mobile des grandes âmes; cette ambition est belle, car elle conduit aux grandes choses; elle a pour base l'amour de la patrie, pour but le bien général.

Eh! n'a-t-elle donc pas une voie assez loyale dans notre régime constitutionnel, où chacun peut trouver sa place? où le talent perce nécessairement et presque malgré lui? où l'homme du peuple, s'il sent au fond de son cœur le feu sacré, trouve mille voix qui l'accueillent, qui le poussent, qui l'élisent? Si la paix, l'heureuse paix, qui féconde nos champs, protége notre industrie, ouvre toutes les carrières, nous refuse la gloire des champs de bataille, n'avons-nous pas mille chemins divers qui tous conduisent au but! Le talent, le génie se fait jour tôt ou tard; il se fait connaître; on l'admire; que l'homme médiocre reste à sa place : c'est son lot, qu'il sache s'en contenter.

Mais qu'il y a loin de cette ambition, vertu des hommes généreux, aux misérables désirs, aux vœux coupables des accusés que vous devez juger. Nous cherchons en vain dans tous les faits que vous connaissez maintenant, une seule pensée grande, une seule inspiration qui puisse trouver de l'écho dans des âmes vertueuses.

Quelques hommes mécontents de leur position, et qui ne s'en cachent point, des jeunes gens qui voudraient à tout prix se créer un avenir brillant; des militaires dont l'imagination ardente rêve un avancement rapide, des titres, de l'or, des décorations, et qui oublient que tout cela n'est rien sans l'honneur ; un colonel d'artillerie qui, dans d'autres temps, eût été égorgé par ses propres soldats au premier mot qui eût dévoilé sa trahison, et qui n'a pas craint de sacrifier les plus saints devoirs à je ne sais quelles viles et misérables passions!

Et il y a des personnes qui osent soutenir que ces hommes doivent être acquittés! Qu'elles disent donc qu'ils ne sont point coupables! Ah, Messieurs! si une heure après le déplorable événement, qui a failli nous devenir si funeste, un homme s'était présenté qui eût osé dire: « C'est misère d'avoir arrêté le colonel Vaudrey et ses complices, ils doivent être acquittés, ils le seront! » on eût regardé cet homme comme un fou, comme un insensé, ou plutôt l'indignation publique l'eût signalé à la justice comme complice lui-même.

Oui, vous le savez comme nous, car, vous en avez été témoins, après le premier moment de trouble et d'étonnement, lorsque l'on comprit enfin ce que voulaient les misérables, qui faisaient de la trahison, un marche-pied pour parvenir aux grandeurs et aux richesses, lorsque l'on fut convaincu qu'il se rencontrait des hommes assez insensés pour croire que la France entière allait accueillir avec enthousiasme leurs rêveries, saluer de leurs acclamations leur avénement au pouvoir, un seul cri s'éleva, et ce fut un cri d'indignation. Faut-il donc désespérer de la France, du salut de la patrie, puisqu'on juge si mal l'esprit public que de penser qu'en levant l'étendard de la révolte, tous vont se prosterner devant lui!

Personne n'eût osé dire alors que l'impunité pourrait accueillir la trahison ; personne ne le pensait, et nous cherchons en vain aujourd'hui, ce qui pourrait avoir changé la position des accusés.

Ah! Messieurs, nous n'avons point à craindre un pareil oubli d'un devoir impérieux. Vous bénissez avec nous la Providence de ce qu'elle a préservé la France, et en particulier l'Alsace, des malheurs qui les ont menacées ; vous la bénissez de ce qu'elle déjoue avec une si visible protection les tentatives criminelles qui, trop souvent, jettent une profonde douleur dans nos cœurs. Vous admirez avec nous le dévouement si complet des braves militaires du 46e, qui, tout stupéfaits qu'ils étaient d'un attentat qu'ils ne pouvaient comprendre, et dont ils devaient ignorer les ramifications, ont trouvé de sublimes paroles de fidélité. Ils ont sauvé la patrie.

Vous n'oubliez pas qu'il faut opposer aux mauvaises passions cette force de résistance, qui est une puissance bien redoutable quand elle a pour éléments la raison publique e le sentiment du devoir.

M. le substitut énumère et examine ensuite les faits et charges qui pèsent sur MM. de Bruc, de Querelles et de Gricourt. Puis il termine de la manière suivante :

Il y a, Messieurs, encore en France, des hommes de courage qui repousseront toujours les mauvaises doctrines et qui soutiendront, au prix de leur sang, le gouvernement à la création duquel ils ont contribué. Dans cette cause, l'intérêt personnel a tout dominé ; les souvenirs que l'on a invoqués ne sont que des inventions faites par la défense.

Peut-être en 1830, si le fils de Bonaparte se fût présenté, lorsque la France expulsait de son territoire un roi parjure, aurait-il eu quelque chance de succès ; mais aujourd'hui les libertés, dans leur développement progressif, repoussent tout souvenir impérial. Vous l'avez remarqué cependant avec douleur, depuis quelque temps on s'applique à vanter les actions les plus honteuses ; on prône tout, excepté le bien, et à force de répéter qu'au haut de la chaîne sociale se trouve le vice et la corruption, on mine les bases de la société, et des écrivains ont la bassesse de trouver des éloges pour la franchise audacieuse d'un Lacenaire, d'un Alibaud. Si des associations secrètes visent à allumer la guerre civile, ce sont des crimes politiques, la loi ne doit point les punir ! Si, pour la honte de notre siècle, des assassins dirigent un pistolet régicide sur la personne sacrée de notre roi, l'indignation et la douleur ne trouvent pas d'échos partout, et c'est ainsi, Messieurs, que lentement on parvient à détruire tous les principes. Pauvre peuple, qui croirait travailler à son bonheur, sacrifiant son avenir au profit de quelques intrigants !

La défense voudra vous faire croire que vos attributions sont plus larges que celles de la loi ; vous entendrez un frère vous invoquer au nom d'un frère ; vous serez accessibles à la pitié ; mais quand vous serez rentrés dans la chambre de vos délibérations, avec cette loyauté de bons citoyens, vous vous direz, pleins de respect pour les lois : L'ordre public est le bien public, et tous doivent le défendre. Après le moment de la justice viendra le moment de la clémence. Le roi sait tendre la main aux malheureux qui auront recours à sa grâce. Mais vous devez au pays une déclaration qui aura pour but de rassurer les bons citoyens et de raffermir la société toute entière.

Il est une heure, M. le président suspend l'audience; durant la traduction de l'interprète, Me Barrot a quitté le banc de la défense: il ne revient qu'après un long quart-d'heure écoulé. Nous apprenons qu'il sort du cabinet de M. le juge d'instruction Kern, où il a été appelé par une assignation » de comparaître devant M. le juge » d'instruction Kern, avec sommation de déposer au cabinet d'in» struction, la lettre que le colonel Vaudrey a reçue pendant l'au» dience du 13, signée Persigny et annonçant qu'un nouvel attentat » serait commis sur la personne du roi. «

M. F. Barrot a déclaré, qu'il ne remettrait pas la lettre, et il a fait connaître à M. le juge d'instruction les motifs de son refus.

Après un quart-d'heure l'audience est reprise.

Me. F. Barrot, défenseur du colonel Vaudrey, a la parole. (Profond silence.)

Messieurs les jurés, ce n'est pas le défenseur du colonel Vaudrey qui devait le premier se lever devant vous et le premier prendre rang dans la lutte engagée; à un autre appartenait cet avant-poste de la défense. Celui-là avait la plus sûre conscience des faits qui fondent l'accusation et de la responsabilité qu'ils entraînent pour les accusés. Tout dans les débats que vous avez entendus, a procédé de lui et semble devoir retourner à lui; il était, à vrai dire, la raison et la fin de ce procès, il en était le chef.

D'où vient qu'il est absent? que sa mission nécessaire reste inaccomplie, et que sa parole manque ici à nos convictions? est-ce donc qu'il a fui? est-ce donc qu'il a voulu se soustraire à votre justice, laissant pour otage à la vindicte publique ceux qui s'étaient jetés à sa suite dans une aventureuse entreprise? Non, Messieurs, mille fois non; votre justice, il la demandait, il la voulait. Il avait compris que dans tout état social, celui qui fait appel à la force et qui succombe, doit rendre compte à la loi. Né prince, il sentait couler dans ses veines un sang impérial, le plus illustre sang des temps modernes, et cependant il n'avait pas songé que sa tête fût placée au-dessus des lois, et que celles-ci dussent jamais fléchir devant lui. Il était résolu à subir la destinée commune, et prêt à prendre sa part dans la solennelle expiation qu'on vous demande.... Mais d'autres se sont trouvés qui, gardiens jaloux de droits inconnus et de priviléges surannés, se sont empressés de soustraire à la justice humaine, comme à une souillure, ce neveu d'empereur auquel ils ont livré passage.

Et qu'ont-ils fait de la loi? La loi n'est-elle plus souveraine? n'est-elle plus ce niveau sous lequel doivent se courber tous ceux qui, régnicoles ou étrangers, foulent le sol de France? La loi, cette règle absolue de tous les faits humains, cette inviolable maîtresse des sociétés constitutionnelles, a dû s'arrêter muette et impuissante devant quelqu'un plus grand et plus inviolable qu'elle-même !

Le droit commun, l'égalité devant la loi, ce sont-là choses à l'usage du peuple seulement. Que nous autres citoyens, nous demandions tout aux lois et que nous recevions tout d'elles seules ; que nos intérêts, nos droits et nos devoirs découlent de cette source commune, que nos passions, nos actes et nos pensées plient sous cette indomptable volonté, c'est très-bien, c'est-là notre condition. Mais, sachez-le, Messieurs les jurés, il est des hommes à part, dont le sang est privilégié, dont la nature est exceptionnelle, qui naissent, qui vivent au delà du cercle social, qui ne sont par rapport à nous ni rois, ni citoyens, ni même étrangers, mais qui sont princes; c'est-à-dire qu'ils se portent héritiers directs ou collatéraux de ces trônes que la volonté nationale a édifiés parmi nous et qu'un jour la volonté nationale a réduits en poussière; pour ceux-là, pour ces hommes de race, la loi commune est infirme, elle ne va point à leur haute taille; leur droit, si on en croit quelques doctrines confuses, ne relève que de Dieu, de leur conscience et de leur épée.

C'est en blasphémant le principe même de notre constitution qu'on les appelle des prétendants. En effet, si le droit de régner sur nous est une délégation de la souveraineté nationale, si la royauté est une institution dont l'origine et la sanction sont dans les peuples, si le choix du souverain est un fait constitutionnel, je le déclare, je ne comprends plus ce que c'est qu'un prétendant. Reconnaître à quelqu'un le droit de prétendre au trône, c'est admettre qu'il y a quelque chose au-dessus de la volonté nationale, que tout n'est pas dit lorsqu'elle a voulu et qu'elle a fait un roi ; c'est admettre qu'il y a au monde quelqu'un qui pourra impunément porter la main à la couronne de France, et l'arracher par ruse ou par force à celui qui la porte. Proclamer un pareil principe, c'est remonter vers les temps barbares; c'est reconnaître explicitement que le droit de commander à la nation française est un droit patrimonial imprescriptible, toujours ouvert dans certaines familles, et sans autres limites que la force. C'est relever de leur abaissement et de leur ruine les dynasties dont nous ne voulons plus ; c'est leur léguer l'avenir. Sommes-nous donc un peuple qui puisse appartenir au premier occupant? Notre sol libre de France, ce sol consacré par deux révolutions populaires, ne saurait être considéré comme un champ clos, où viendront, chacune à son tour et en son temps, se vider des querelles de prétendants. Nos lois, nos lois égales pour tous, ne sauraient s'abaisser et faire place devant ces tournois de prince.

Non, Messieurs les jurés, il n'y a pas de droit qui puisse prévaloir contre le principe de l'égalité devant la loi! tous les crimes, tous les délits, quels que soient leur point de départ et leur but, relèvent des lois pénales. Si le prince Napoléon a tenté une révolution en France, il n'a entendu le faire qu'en acceptant toutes les conséquences légales de son fait, et aujourd'hui il repousse, avec toute l'énergie d'un cœur généreux, le bénéfice de l'illégalité qu'on lui impose.

Messieurs les jurés, il faut défendre le pays, il faut défendre la royauté de juillet contre l'intronisation de ce droit princier ; ne tremblez-vous pas en songeant que les vingt prétendants de deux dynasties peuvent à la fois, et sur divers points du royaume, parés de titres effacés et armés de l'impunité qu'on leur assure, venir tenter les chances de ces parties de princes à roi, dont l'enjeu ne saurait être que du sang français!

On a cherché, dans le réquisitoire auquel je réponds, à expliquer et à justifier la mesure adoptée par le gouvernement à l'égard du prince Napoléon. On vous a dit que le roi avait agi dans la plénitude de sa prérogative et qu'il avait fait grâce.

Je ne me permettrai pas d'amener sous les nécessités d'un débat judiciaire un nom qui doit rester au delà de toute discussion, et dont il n'est permis à personne de se faire un rempart; mais je pourrais contester au gouvernement, constitutionnellement responsable, l'usage qu'il a fait dans la cause du droit de grâce. Je pourrais soutenir que jamais le droit de grâce ne doit intervenir au milieu des poursuites de la justice et faire fléchir son action; qu'on ne peut faire grâce qu'à celui qui est légalement déclaré coupable et soumis à une peine. Je pourrais démontrer que la grâce, accordée avant condamnation, établit une présomption de culpabilité contraire à tous les principes, qui veulent que l'innocence d'un accusé ne disparaisse définitivement que sous le fait légal d'une condamnation! La grâce, c'est un droit d'asile ouvert au sein de la royauté pour celui qui a trouvé inflexibles la justice et la loi.

Oh! ne pourrais-je pas m'étonner de l'empressement apporté dans la cause à imposer à un détenu une faveur qu'on fait si chèrement acheter, de nos jours, à ceux qui, frappés par la justice, relèvent régulièrement cette fois de la clémence du prince?

Le ministère public a cru devoir établir que l'amnistie et la grâce étaient une seule et même chose. Je le contesterais facilement; cette matière n'a pas été suffisamment explorée pour que les principes en soient certains. La réserve que l'on met de notre temps à faire usage du droit d'amnistie ne permet guère d'en pouvoir apprécier les caractères essentiels. Peut-être me serait-il permis de marquer la différence qui existe entre le droit de grâce et le droit d'amnistie, en m'appuyant sur l'exemple même cité par M. le procureur-général. L'amnistie qu'il a sollicitée, comme premier magistrat du parquet de cette cour, s'appliquait à un fait général auquel avait pris part toute une population et qui compromettait un grand nombre d'individus; elle avait pour résultat de relever le fait et tous les auteurs, des poursuites de la justice et des prescriptions de la loi pénale; il n'y avait pas grâce, il y avait amnistie.

Mais, Messieurs les jurés, on n'a fait dans la cause ni amnistie ni grâce; détrompez-vous, il ne s'agit point du droit royal de grâce, il s'agit d'un fait ministériel que j'ai le droit de qualifier d'arbitraire. — Le droit de grâce s'exerce dans des formes régulières; quand le roi fait grâce, ce doit être un fait positif et déterminé.

Vous avez entendu la lecture des pièces relatives à l'extraction du prince, et à la levée de l'écrou; eh bien! c'est par une ordonnance signée d'un ministre seul que l'écrou est levé: dans cette ordonnance il n'est pas fait mention ni directement, ni indirectement, de l'exercice de la prérogative royale. C'est un fait ministériel dont le préfet et le général se déclarent responsables; et je n'imagine pas qu'ils eussent osé se porter garants du droit du roi. Mais encore des lettres de grâce doivent être entérinées par les cours de justice, sur les réquisitions du procureur-général. M. le procureur-général pourra nous dire si les lettres accordées au prince Napoléon ont subi cette formalité.

J'ai le droit de dire que toute votre discussion sur le droit de grâce et d'amnistie est sans résultat dans la cause ; il n'y a pas eu à l'égard du prince l'exercice du droit de grâce royale ; il n'y a eu qu'un enlèvement frauduleux, consommé par ordonnance ministérielle ; je dis qu'il y a là arbitraire et violation flagrante du droit.

On a eu raison de dire que le droit est la garantie la plus certaine, non-seulement de toute justice, mais encore de toute moralité. Cette vérité reviendra plus saillante, à mesure que nous développerons les déplorables conséquences de la mesure arbitraire dont nous nous plaignons. Vous le savez, Messieurs les jurés, la justice doit être une comme la vérité ; il ne peut exister en elle d'éléments divers et contradictoires. Les rapports avec les hommes et les choses sont toujours selon les règles d'une immuable sagesse ; l'on peut dire que la conscience des juges emprunte à Dieu la justice de ce monde. Aussi la justice ne saurait s'appliquer d'une manière différente, à des faits et à des intentions identiques, autrement il y aurait, d'un côté ou d'un autre, violation de son principe ; il y aurait injustice, et l'injustice est une immoralité.

Et voyez, en effet, où a conduit dans cette affaire la violation du droit !

Un crime a été commis, les coupables sont arrêtés et placés sous main de justice. Les magistrats sont saisis, la loi demande satisfaction, la vindicte publique s'est armée : à ce moment, voilà qu'un pouvoir sans juridiction et sans droit, violant la main-mise de la justice, délivre celui qui ne pouvait plus l'être que par mandat du juge ou par votre décision souveraine. Et c'est au profit de l'auteur principal que se consomme cette violation de toutes les garanties judiciaires, de la sainteté des ordres de justice ! c'est-à-dire qu'il y a un homme qui a voulu le crime, et qui l'a inspiré, un homme pour qui et par qui le crime a été commis ; celui-là, c'est le plus coupable, et on l'affranchit. D'autres n'ont fait que se jeter dans les voies ouvertes par le premier, suivre ses inspirations, obéir à sa volonté ; ils étaient les serviteurs plutôt que les maîtres ; ceux-là, Messieurs les jurés, on les déclare responsables; ce sont eux qui devront répondre aux menaces de la loi.

Ainsi le crime n'est plus qu'un effet qu'on isole de la cause; la prévention n'est plus qu'un fait, dont on a arraché l'âme et la pensée, c'est un cadavre qu'on livre aux tortures d'une accusation.

Et l'on vous demande, Messieurs les jurés, de vous associer à une pareille œuvre judiciaire! on vous demande de justifier par une condamnation, une illégalité flagrante, une incontestable iniquité!

Le pouvoir a séparé de force ceux qu'une destinée commune unissait devant la loi; il a fait deux parts de justice pour le même crime. Disons-le, s'il a jeté sa volonté dans un des plateaux de la balance, il a laissé dans l'autre, comme contrepoids, la probité de vos consciences, et la souveraineté de votre juridiction.

Oh! je me rassure, Messieurs les jurés, en songeant que je m'adresse à vous, excellents citoyens de l'Alsace; de ce pays où les traditions de probité et d'honneur qui semblent perdues ailleurs, sont restées pleines de vie et de puissance. Lorsqu'au commencement de ces débats je vous entendais faire, en levant la main devant Dieu, le serment de décider en hommes probes et libres, je croyais à la vérité de ce serment fait par vous, et je me disais: il est impossible qu'aucune de ces fortes consciences consente à se plier à l'équivoque de la condamnation qu'on leur demande. Vous retiendrez, Messieurs, sous quelle violation de principes s'est inauguré ce procès. Vous ne perdrez pas de vue ces mots: arbitraire et iniquité, que nous avons écrits au frontispice.

(Ce brillant exorde prononcé avec un rare accent d'énergie, excite dans l'auditoire un long murmure d'approbation et de sympathie.)

J'ai dû, poursuit le défenseur, faire précéder ma cause de ces considérations primordiales; je fais, soyez-en convaincus, appel à toute ma modération; je suis, Messieurs, plein du sentiment de mes devoirs, et ce sentiment seul m'empêchera de dépasser la limite à laquelle je serai forcé souvent de toucher.

J'ai toujours cru, Messieurs, qu'une accusation était une chose grave et sérieuse, et que celui qui était amené devant la justice pour répondre d'un crime, y était défendu par les périls de sa position et la dignité de la loi; j'ai toujours cru qu'une accusation n'avait pas le droit de rendre solidaires d'un seul fait cinquante années d'honneur, et de les livrer aux flétrissures d'un débat judiciaire ; je m'étais trompé : l'accusation n'a pas craint de s'emparer d'armes qui ne lui appartiennent pas : je saurai les briser dans sa main.

Messieurs, quel est donc cet homme que j'ai à défendre? c'est un lâche, c'est un misérable, c'est un intrigant! et si des insignes brillent sur sa poitrine, s'il porte les épaulettes de colonel: ses décorations, ses grades, il les doit, non à son mérite, mais seulement aux bontés du roi. Pour répondre, je n'ai qu'à ouvrir ses états de service ; et je suis heureux de parler devant des soldats qui remplissent cette enceinte ; mieux que d'autres, ils comprendront la portée de tels arguments.

Dans le rapide coup d'œil que je veux jeter sur sa carrière, je mettrai beaucoup de réserve : il m'en a fait une loi lui-même au commencement de cette audience: ménagez-moi les éloges, m'a-t-il dit : je me conformerai à sa noble volonté.

Le colonel Vaudrey est entré au service en 1804 ; en 1809 il faisait cette campagne où brille le nom de Wagram et la prise de Vienne : en 1810 il était égaré dans le Tyrol, et se distingua par une de ces actions d'éclat qui brillent si nombreuses dans nos annales militaires ; en 1813 il faisait une terrible campagne ; j'en citerai un seul épisode : à l'attaque d'une place, en Bavière, il commandait une batterie. Une compagnie de dragons devait appuyer sa défense ; les ennemis arrivèrent en force ; après une lutte inégale ils s'emparèrent de deux des pièces. A la tête de quelques officiers, le capitaine Vaudrey s'élance sur l'ennemi victorieux : après une lutte où le courage supplée au nombre, il est lui-même frappé ; et c'est sur le champ de bataille, le corps criblé de blessures, que l'empereur le relève en le décorant du grade de chef d'escadron. Ah! le colonel Vaudrey est un lâche ! il ne doit son avancement qu'aux bontés du roi! En vingt années il a obtenu un grade sous la royauté ; sous l'empereur il avait acquis trois grades en six années. Colonel Vaudrey, rassurez-vous : vos enfants gémissent de votre malheur, ils n'auront pas à rougir de leur père. Si le colonel Vaudrey sort en liberté de cette enceinte, vous a-t-on dit, les soldats devront présenter les armes à son déshonneur : ah! Messieurs, en face de ces paroles si terribles, je ne crains pas de le dire, moi, il n'y a pas un militaire qui ne lui rende avec orgueil cette marque d'honneur militaire; il n'y en a pas un qui ne le considère comme un brave. J'obéis à l'injonction du colonel Vaudrey, en m'arrêtant dans le récit de sa vie : je n'ai pas à le laver d'un opprobre qui est venu mourir à ses pieds.

On a fouillé, Messieurs, dans le secret de la vie privée, pour accumuler contre le colonel Vaudrey les accusations flétrissantes. Eh, Messieurs, qui donc peut se vanter d'avoir une vie assez irréprochable pour être à l'abri d'investigations si sévères? Quant à tous ces faits qu'on a ramassés derrière le colonel Vaudrey, et sur lesquels on a insisté avec tant d'ardeur, je n'y répondrai pas. Ce sont de ces faits dont ne s'occupe point une défense qui se respecte. (Approbation.)

En 1814, le colonel Vaudrey a partagé les dangers glorieux de la campagne de France; en 1815, lorsque l'empereur, dont le souvenir l'a engagé dans le malheur qu'il subit aujourd'hui, fit un appel à ses vieux serviteurs, il fut des premiers à voler à sa rencontre; là il se trouva avec Labédoyère, avec Ney, qu'on appelait des traîtres aussi, pour lesquels les parquets de la restauration n'ont pas trouvé d'épithète assez flétrissante, et avec lesquels il courut alors verser son sang pour la France contre l'étranger.

En 1830, lorsque la terre tremblait sous les pas en quelque sorte, lorsque le feu gagnait cette cité même, ce fut le lieutenant-colonel Vaudrey qui signa la proclamation révolutionnaire qui manifestait les volontés de la ville. Et à quoi employa-t-il ses premiers soins? il organisa la garde nationale que le pouvoir dans sa terreur devait frapper sitôt de dissolution.

On a reproché au colonel Vaudrey sa conduite en 1830; d'autres ont eu la même conduite; j'ai vu moi-même, j'ai vu trois colonels, lorsque l'émeute était flagrante, venir offrir leur épée à ce qui n'était encore que l'émeute et non pas la révolution. Aussi faut-il en conclure que les serments ne se gardent que quand on ne peut pas les faire violer au bénéfice du pays. Ah! nous sommes honteux nous-mêmes de n'avoir pas un plus noble éloge à faire de la théorie du serment. Que celui qui, arrivé à un certain âge, n'a prêté qu'un seul serment, vienne accuser ici le colonel Vaudrey, et s'indigner de toute la hauteur de sa conscience; je le lui permets! (Sensation.)

M. Vaudrey ne tarda pas à se repentir de sa coopération à la révolution de juillet. Je ne veux pas me faire l'écho des mécontentements dont il a argué dans son premier interrogatoire. Le colonel Vaudrey (et une lettre de M. Vatout que je ferai passer sous vos yeux, le prouvera) se plaignait de ce que son régiment avait moins de croix qu'un bataillon d'infanterie. Il ajoutait: serai-je donc forcé de briser mon épée?

Les opinions du colonel Vaudrey étaient connues; aux élections de Sémur, où il s'était présenté, M. Vatout était son concurrent; il a obtenu 112 voix et il ne s'en est fallu que de quelques voix seulement que M. Vaudrey fût élu de préférence à ce redoutable concurrent.

M. Vaudrey était mécontent : il voyait le gouvernement de juillet s'écarter toujours davantage des voies dans lesquelles l'avait engagé la révolution ; telles étaient ses dispositions lorsqu'il fit à Bade la rencontre du jeune prince Louis-Napoléon.

Ici l'honorable défenseur énumère rapidement les circonstances de la vie du jeune Louis-Napoléon. Il le montre pleurant la patrie fermée pour lui, cherchant, après la révolution de 1830, à saisir la moindre espérance de liberté, portant son épée et son sang impérial au service de deux peuples généreux, et perdant son frère à la peine. Parlant ensuite de ses écrits : j'ai lu les *rêveries politiques;* je n'y ai pas trouvé les principes subversifs que l'accusation y a découverts, dit-il; je n'y ai pas trouvé que le gouvernement constitutionnel est *essentiellement corrupteur;* je n'ai rien trouvé de semblable dans l'ouvrage de Louis-Bonaparte; il était réservé au réquisitoire d'émettre de pareilles doctrines.

En ce moment l'orateur est interrompu par le bruit qui se fait à l'entrée de l'audience. M. le président donne l'ordre de faire évacuer les couloirs de la salle des témoins, et d'en fermer la porte. Alors le silence se rétablit, et le défenseur, entrant dans l'examen des faits, insiste sur ce point, que le colonel Vaudrey a été entraîné par les insistantes propositions du prince : il commente la lettre signée Louise Wernert; passant ensuite aux rapports du colonel Vaudrey avec Mme Gordon : je n'en examinerai pas l'importance, dit-il, je ne parlerai pas de celle que l'on a cru flétrir à cette audience, en lui appliquant, avec mépris, l'épithète de cantatrice. C'est une expression bien malheureuse dans la bouche du ministère public au moment où une cité anglaise dispute aux ambassadeurs d'une puissance étrangère les restes d'une illustre cantatrice. Je laisse à mon honorable confrère, défenseur de Mme Gordon, le soin de relever, de répondre à cette étrange qualification. (Approbation dans l'auditoire.)

Le voyage à Fribourg demeure enveloppé d'une incertitude, à laquelle le défenseur l'abandonne. Le 29 au soir, le colonel, arrivé à Strasbourg, donne des ordres pour une revue du lendemain; il accepte un dîner chez le lieutenant-colonel Tortel; il y est, suivant l'expression du témoin, à la hauteur de la gaîté générale. C'est en sortant de ce dîner qu'il trouve à sa porte un émissaire du prince, et a avec celui-ci une entrevue où, entraîné par toutes les séductions du neveu de l'empereur et des souvenirs qui se rattachent au nom qu'il porte, il donne sa parole.

On nous a dit que le mobile de son action était l'intérêt. Il est un trait qui m'a été révélé, c'est une confidence, j'en abuserai. Le prince arrivait décidé à entraîner le colonel: — Nous entreprenons une tentative dangereuse, lui dit-il, peut-être y succomberons-nous; vous avez deux enfants; voici un contrat de 10,000 fr. de rente pour chacun; ma mère, qui m'aime, fera honneur à ce testament de mort. — Le colonel prit les contrats; je vous donne ma vie, répondit-il; je vous donne mon sang; je ne les vends pas. Et il les déchira vivement. (Mouvement dans l'auditoire).

Ce soir même il promet son adhésion; il engage sa parole d'honneur! Il avait la nuit pour réfléchir, a-t-on dit; ce n'est pas un homme qui réfléchit après avoir donné sa parole. Il l'exécute.

Le défenseur examine ensuite les événements de la matinée du 30 octobre.

J'arrive, dit-il, à une importante déposition, j'y arrive avec une indignation que je ne cherche pas à dissimuler. Un témoin a affirmé des faits auxquels mon client a donné des démentis positifs. Je vais établir que la vérité paraît être du côté de mon client.

Le colonel Talandier a dit qu'il avait voulu arrêter le colonel Vaudrey; qu'il l'avait saisi au collet, comme un misérable. Le colonel a répondu : Cela est faux; et je suis forcé de le dire, je crois que cela est impossible! Le colonel Vaudrey avait le sabre à la main; il était entouré d'artilleurs dévoués, menaçants. Le colonel Talandier en a déposé lui-même : la pointe des sabres était dirigée vers sa face ; des soldats qui comprennent mieux que d'autres la portée d'un semblable outrage, ne l'auraient pas souffert.

M. LE PRÉSIDENT (interrompant) : Vous avez cependant, défenseur, fait appeller un témoin.

Me F. BARROT : J'y arrive, M. le président. M. le lieutenant-colonel Salleix et M. le capitaine Petitgrand étaient présents ; ils vous l'ont dit, ils n'ont rien vu du haut fait d'armes du colonel Talandier. Quant au témoin auquel vous faites allusion, je vais dire comment la défense a été amenée à l'appeler. Une personne qui approche la malheureuse épouse de mon client, lui avait dit qu'un officier demandait à être appelé et déclarerait que personne n'avait porté la main sur le colonel. Ce témoin, nous l'avons fait appeler, et il a été le seul qui ait déposé dans un autre sens ; je ne veux pas déshonorer cet officier ; on avait abusé de son nom peut-être, mais il m'est permis de lui opposer les dépositions contraires d'hommes d'honneur qui ont confirmé les énergiques dénégations de mon client.

M. LE COLONEL TALANDIER, placé au premier des siéges réservés, se lève brusquement à ces mots, et dit d'une voix qui trahit une émotion violente : Il n'est pas permis cependant d'insulter un colonel qui s'est conduit avec honneur, et n'a pas trahi ses serments !

Me F. BARROT : Je dirai au colonel Talandier, que je suis ici l'organe de mon client. Ce que je dis, il est de mon devoir de défenseur de le dire, et je ne fais que traduire les propres dénégations que le colonel lui a opposées.

M. LE COLONEL TALANDIER : Et mon honneur !

Me F. BARROT : Et l'honneur de mon client ! Je viens ici défendre à la fois la tête et l'honneur du colonel Vaudrey. C'est à la fois un droit que j'exerce et un devoir que j'accomplis !

M. LE PRÉSIDENT : Vous ne pouvez, défenseur, discuter avec un témoin.

Me F. BARROT : Je réponds à l'interpellation de M. le colonel Talandier. (Une vive agitation se manifeste dans l'auditoire. Tout l'auditoire se lève spontanément.)

Me F. BARROT, pendant un moment de suspension que cause l'émoi de cet incident, quitte le banc de la défense, et s'approche du colonel Talandier, à qui il parle avec chaleur. La cour rappelle plusieurs fois l'auditoire au silence, et le défenseur, après avoir échangé quelques mots avec M. le président, poursuit en ces termes :

J'obéis aux injonctions de la cour, et je n'insisterai pas davantage sur cet incident. Seulement, la défense du colonel avait un intérêt positif à se prévaloir des témoignages, d'où il résulterait que le colonel Vaudrey a cédé à un sentiment spontané, et que s'il s'est rendu, ce n'est nullement à la force, et par une irrésistible nécessité. Le peuple, M. le colonel Talandier vous l'a dit, le peuple jetait des pierres au 46e. Force a été de faire feu sur lui; on pouvait donc compter sur une assistance du dehors. Deux cent cinquante artilleurs entouraient le colonel, armés de sabres, de mousquetons; sa position était assurément telle qu'il lui était facile, en sacrifiant le sang de quelques hommes, de forcer une grille gardée par une simple garde de police, dépourvue de cartouches, et de gagner le pont de Kehl et le pays de Bade.

Après quelques mots sur les derniers épisodes de l'événement du 30 octobre, Me Barrot poursuit en ces mots : Je vous ai dit la vie du colonel Vaudrey; je vous ai fait connaître ce fils glorieux de l'empire : l'accusation, avant de l'appeler lâche, aurait dû découvrir sa poitrine, compter ses blessures, et lire l'état de ses services.

Vous l'avez vu, le colonel a été entraîné. Le prince, s'il était ici, vous dirait: « J'ai abusé le colonel Vaudrey, je lui ai dit que j'étais en correspondance avec de puissants personnages, que je pouvais compter sur des officiers-généraux; je les ai nommés; j'ai abusé le colonel, j'étais abusé moi-même. » Voilà ce que vous dirait le prince, et cela est si vrai, qu'après la défaite de la Finckmatt, lorsqu'il le revit, telles furent ses paroles : « Colonel, me pardonnez-vous de vous avoir trompé ? »

Et que je dise, dussé-je blesser le cœur de ceux qui sont assis sur ce banc : Le prince était trompé ! Il est un témoignage qui le prouve, celui du général Voirol, dont on ne doit pas suspecter l'honneur. Le prince, en s'avançant vers lui, ne dit que ces mots : « Me voici, brave général, embrassez-moi; je suis le neveu de l'empereur ! » Et lorsque le général le repoussa, il était stupéfait, anéanti ; le prince avait été trompé, on lui avait dit que le général était un homme sur lequel il ne pouvait compter positivement, mais qu'il pouvait entraîner.

Le défenseur examinant le point de droit, dit que l'enlèvement du prince a rendu toute condamnation impossible; ce serait une immoralité, car ce serait une injustice. Les jurés ne s'arrêteront pas devant les menaces que l'on a voulu faire peser sur eux, parce qu'ils sont des hommes probes et libres.

Pendant tout le cours de ce procès, je n'ai pu me défendre d'une bien triste préoccupation.

Au moment où commençaient ces débats si solennels et si terribles, où une accusation capitale éclatait dans cette enceinte, au moment où je suis venu le premier engager contre elle cette lutte si pleine d'espoir, à ce moment là le prince Napoléon touchait peut-être le sol hospitalier de l'Amérique.

Pour lui, après un court orage, va s'ouvrir de nouveau le champ de l'espérance, pour lui la liberté, pour lui l'avenir; la terre ne manquera pas à ses pas, ni le ciel à sa vue. Hôte respecté d'une nation généreuse, il y retrouvera le souvenir et l'exemple d'un prince de sa famille; ils lui apprendront comment on peut se faire une patrie sur la terre même de l'exil. Déjà son esprit plus calme déroule de longs projets, il peut compter sans appréhension les jours nombreux de la vie qui lui reste, et s'abandonner à tous les rêves du bonheur; puis une mère dévouée, un instant accablée par une douleur qu'on s'est empressé de consoler, ira bientôt rejoindre le fils si cher, l'entourer de ses soins, et effacer sous ses tendres caresses, les dernières empreintes que le malheur aura laissées au cœur de son enfant.

Mais, Messieurs les jurés, ramenez vos regards sur les bancs où sont assis les accusés dont on menace la vie et la liberté, dont on a foulé l'honneur aux pieds. Pour eux, Messieurs les jurés, les chagrins de la prison, pour eux les angoisses de l'avenir, de cet avenir qui se hâte, et que chaque heure qui s'écoule, semble leur faire toucher. De ce côté, le désespoir dans les familles, de ce côté des mères et des femmes dont le cœur est brisé par la crainte, et dont cette fois on ne s'empresse pas de calmer les douleurs. J'en sais qui sont arrêtées aux portes de cette audience, dont elles redoutent de franchir le seuil, et qui attendent dans une cruelle anxiété la dernière parole qui doit y retentir. De ce côté, Messieurs les jurés, de pauvres enfants qui s'agenouillent chaque soir, et demandent à Dieu que vous leur rendiez leur père.

Oh! toutes les douleurs de famille ne seront pas muettes, Messieurs. Il en est une profondément sentie, dont les accents éclaireront bientôt vos consciences, et retentiront dans tous les cœurs. Notre confraternité nous associe étroitement à ses espérances comme à ses efforts. (Sensation.)

En résumé, parmi les accusés se trouvait un prince. Le pouvoir s'en est dit le maître et le juge, et, de force, lui a donné la liberté. C'est là un acte de clémence qu'il faut, dit-on, inscrire dans les plus belles pages de nos annales! j'y consens.

Mais vous, Messieurs les jurés, vous citoyens, la loi et non la force vous fait ici les juges de vos concitoyens, et les maîtres de leur destinée; rappelez-vous que la justice est le droit de miséricorde, et que la pratique de ce droit n'entraîne jamais de remords. On vous a dit qu'acquitter serait un crime; c'est une vaine menace dont vos consciences sauront s'affranchir. — Je le déclare avec conviction, condamner dans l'état de la cause, ce serait une immoralité. Vous acquitterez le colonel Vaudrey et ses coaccusés, Messieurs les jurés, et votre décision s'inscrira dans les plus belles pages de nos annales judiciaires! Il est un principe dont nous invoquons la protection, et que veulent votre raison et votre cœur: *Justice égale pour tous.*

Cette chaleureuse improvisation est suivie d'un long murmure d'approbation; quelques bravos éclatent au fond de l'auditoire. Le colonel Vaudrey serre avec effusion la main de son défenseur, qui reçoit les félicitations des membres du barreau et de ses collègues de Paris.

L'interprète traduit. A trois heures passées, l'audience est levée et renvoyée à demain dimanche.

AUDIENCE DU 15 JANVIER.

L'affluence est plus considérable que jamais à la cour d'assises. La plaidoirie si remarquable de Me Ferdinand Barrot est depuis hier le sujet de toutes les conversations, de tous les éloges. Me Thieriet, professeur à la Faculté de droit de Strasbourg, et Me Parquin, doivent aujourd'hui porter la parole; le désir d'entendre les honorables défenseurs a, de bonne heure, fait envahir toutes les places réservées, celles surtout de l'étroite tribune des dames.

La singulière assignation donnée durant l'audience d'hier à Me F. Barrot, a causé dans le barreau, comme dans le public, un vif sentiment de surprise. Me F. Barrot s'est rendu, aux termes de cette assignation, dans le cabinet de M. le juge d'instruction Kern, qui l'a requis de remettre entre les mains des magistrats la lettre adressée au colonel Vaudrey par le prétendu Persigny. Il a déclaré que, de concert avec son collègue Me Parquin, il avait dès hier adressé cette pièce à M. le garde des sceaux, pour être jointe à l'instruction qui se poursuit en ce moment à la cour des pairs. Me F. Barrot a exigé que M. le juge d'instruction Kern consignât au procès-verbal les motifs qui l'ont décidé à faire l'envoi de cette pièce. Le magistrat d'instruction a dû se conformer à son désir.

Les accusés conservent l'attitude convenable et digne qu'ils ont constamment tenue durant les débats; leur costume est demeuré à peu près le même; M. de Gricourt toutefois est revêtu d'une redingote polonaise, et Mme Gordon, coiffée avec une élégance plus recherchée, porte sur le front une riche ferronnière de turquoises.

A neuf heures l'audience est ouverte, et Me THIERIET, défenseur du jeune lieutenant Laity, prend la parole.

Messieurs les jurés, dit-il, si vous éprouvez quelque surprise à entendre aujourd'hui une voix qui vous est inconnue, je dois avouer que j'ai éprouvé le même sentiment, lorsqu'au fond de la retraite où je me livre à des travaux si différents, j'ai été appelé à vous présenter la défense du jeune lieutenant Armand Laity. Mais cette voix d'un accusé, faisant appel à un défenseur, a quelque chose de respectable et de sacré, qui va droit au cœur; et je regarderais comme indigne du titre d'avocat et de la toge que nous avons l'honneur de porter, celui qui serait assez impie pour répondre par un refus. Et puis, j'ai été flatté de voir d'honorables confrères m'ouvrir leur rang, et me convier à venir faire connaissance avec eux sur ce terrain des combats judiciaires, qui, pour nous, est le champ d'honneur. Je me trouvais honoré de paraître entre deux confrères, dont l'un, qui porte si dignement un nom si cher au barreau, vous a fait éprouver hier des émotions si vives et si nobles avec un talent qui rend ma tâche si difficile; et l'autre, vénérable illustration du barreau, est venu nous fortifier de l'influence de son beau talent, de son noble caractère et d'un dévouement fraternel, dont seront touchés tous les cœurs généreux.

Enfin j'ai senti mon courage grandir en même temps que ma responsabilité, quand j'ai considéré qu'il s'agissait de plaider en face d'un échafaud; j'ai donc accepté la défense de Laity sans hésitation, sans arrière-pensée, avec dévouement, avant de connaître ni la cause, ni l'accusé. J'ai pensé qu'il était protégé par la présomption de l'innocence, qui appartient à quiconque n'a pas encore été condamné, et que nous aurions toujours la protection du jury. Je n'ai pas eu lieu de m'en repentir, quand j'ai connu cette cause si riche en ressources, et si féconde en moyens puissants, surtout quand j'ai connu Laity dans ces communications intimes qui s'établissent entre le client et l'avocat, quand j'ai pu lire dans sa pensée et descendre dans le fond de son cœur où je ne trouvai que des sentiments nobles, purs, généreux, désintéressés.

Enfin, après ces longues journées d'angoisses pendant lesquelles l'accusation s'est développée dans tous ses détails, s'est présentée sous toutes ses faces, s'est reproduite sous toutes les formes, où nous avons été condamnés au supplice sans cesse renaissant des reproches les plus durs, les plus amers et les plus humiliants, enfin, le voici donc arrivé le moment où il nous est permis de faire entendre les accents d'une voix amie en faveur de l'accusé. Ce devoir sacré, je vais le remplir. Oui, Laity, je vais vous défendre; je vais vous défendre avec le sentiment d'une conviction intime et profonde, dont personne n'a le droit de douter, avec tout le zèle dont je suis capable, et avec la liberté qui m'est nécessaire.

Ici l'avocat parle de la famille de l'accusé Laity. Il a consacré les plus belles années de sa jeunesse aux études les plus sérieuses, qui sont nécessaires pour entrer à l'école polytechnique. Il n'est donc pas un de ces jeunes paresseux qui, selon M. le substitut, ambitionnent des honneurs sans travail et sans peine; il entre dans le bataillon de pontonniers, et le voilà livré à lui-même avec une âme ardente et fière et une vieille expérience de vingt-trois ans. Au bout de huit mois, tout a été changé. Adieu, pour jamais, illusions de la jeunesse, rêves d'espérance et de bonheur; un souffle a passé dessus, et tout a été perdu...!

Vous savez combien l'accusation a été prodigue d'excursions dans la vie privée. Sans égard pour le malheur, elle aime à dire que les uns sont perdus de mœurs, les autres perdus de dettes, intrigants, vains, ambitieux. Enfin, chose plus horrible! l'un de ces affreux conspirateurs est une cantatrice. Messieurs, autrefois il existait en Grèce une république qui, dans l'austérité de ses mœurs, hélas! bien loin des nôtres, redoutait l'influence des chanteurs et des musiciens comme pouvant amollir les âmes. Eh bien, on les reconduisait à la frontière en les couronnant de fleurs, mais on ne les flétrissait pas.

On a été jusqu'à étudier l'attitude des accusés, épier leurs regards, lire dans leurs yeux, et M. le substitut, résumant ces observations, a dit qu'ils posaient comme des héros.

Malheureux accusés, que je vous plains ! que votre position est dure et périlleuse ! Quel conseil voulez-vous que je vous donne ? Si je vous dis de montrer de la timidité et de l'hésitation, on ne manquera pas de vous accabler ; on dira que c'est la voix du remords et le cri de la conscience qui causent votre embarras ; si je vous dis d'être fermes et dignes, on dira que vous êtes arrogants et que vous jouez les héros.

Il est heureux que tout le monde n'ait pas vu avec les mêmes yeux que M. le substitut. Je lui demande pardon si je lui cite un journal, car je sais qu'il n'aime pas la presse périodique, contre laquelle il a prononcé hier un acte d'accusation : ce journal n'est point hostile. (Ici, le défenseur lit un passage de la *Gazette des Tribunaux*, qui signale l'attitude calme, digne et convenable de l'accusé Laity.)

L'accusation, grâce à cette impartialité que M. le procureur-général vous a dit être le plus bel attribut de la magistrature, n'a rien oublié ; rien, si ce n'est tout ce qui peut être favorable aux accusés, que les antécédents honorables de quelques-uns d'entre eux, que leur longue carrière et que les blessures du vieux soldat.

Le défenseur établit que, malgré sa bonne volonté, le ministère public a été forcé de respecter la vie de son client. C'est, dit-il, l'enfant gâté de l'accusation. Elle ne veut que sa tête, mais du moins elle y met des formes, et elle a droit à toute sa reconnaissance. Il repousse avec indignation le rapprochement que l'accusation a voulu faire entre la tentative du prince Louis-Napoléon et les crimes de Fieschi et d'Alibaud. Il représente le jeune Laity comme subjugué par le prestige de la gloire et du nom de l'empereur Napoléon. Il combat avec force l'acte d'accusation qui a prétendu que la religion des souvenirs était perdue en France.

Dans cette cité, a-t-il dit, on a vu deux soldats aiguiser leurs sabres sur le mausolée du maréchal de Saxe, et aujourd'hui il ne passe pas un navire près du rocher de Sainte-Hélène, sans incliner son pavillon devant la tombe solitaire du grand Napoléon. Parcourez nos cités, parcourez nos campagnes, entrez dans le salon du riche, descendez dans la chaumière du pauvre, pénétrez dans l'atelier de l'artisan, partout vos regards rencontreront l'image du grand capitaine. Il n'est pas de nom plus populaire en France. On voudra donc bien nous accorder la religion des souvenirs.

Libre, cependant, à M. le substitut d'appeler tout cela de la fantasmagorie et de la poudre aux yeux, car ces mots ont frappé nos oreilles. Le défenseur expose comment son client a été entraîné par un point d'honneur, d'abord par un ami qui lui a fait les premières propositions, puis par le prince lui-même. — Récit rapide des événements du 30 octobre, et de la part que Laity a pu y prendre. — Il en est résulté contre lui trois chefs d'accusation, dont deux sont capitales, et que le défenseur combat successivement, en établissant surtout l'esprit de cette entreprise, qui comptait sur une adhésion unanime, car il était convenu avec le prince qu'il ne serait pas versé une goutte de sang.

Il établit que les condamnations judiciaires ne sont que des assassinats quand la défense n'est pas entièrement libre, et qu'ici elle ne l'est plus, puisqu'on lui a enlevé son plus précieux témoin. L'avoir mis en liberté, c'est avoir assuré l'acquittement, car il ne se trouvera pas un juré consciencieux qui ose prendre sur lui de condamner les accusés. Voici comment le défenseur a continué :

Ainsi nous ne vous exhortons pas à trahir vos serments, mais, au contraire, à remplir vos devoirs les plus sacrés. M. le substitut vous a dit : Il se rencontre des personnes qui osent prétendre qu'il faut acquitter les accusés. Puisque ce langage a été trouvé convenable, moi, je dirai à mon tour, qu'il s'est rencontré un procureur-général qui a osé dire, en face d'un jury, que l'acquittement serait un crime, car il l'a dit. C'est, sans doute, pour l'accomplissement de la promesse qu'a faite M. le procureur-général d'être impartial, et de ne pas influencer le jury. C'est paralyser le serment du jury, et vouloir paralyser la défense. Sans doute cela serait plus commode et plutôt fini, mais ce serait un crime pour nous que de déserter la défense.

Ici l'avocat établit que le prince Louis-Napoléon est l'auteur de l'entreprise dans laquelle il a entraîné les autres ; ceux-ci ne peuvent être condamnés et lui rester impuni, sans que toutes les idées de la justice ne soient outragées.

Messieurs les jurés, si vous voyiez sur ce banc, sous la main de la gendarmerie, un prince du sang de Napoléon, un neveu du vainqueur d'Austerlitz, pour l'honneur de la France, vous ne le condamneriez pas, et il nous entraînerait dans son acquittement avec lui ; mais on a pensé que, livrés à nous-mêmes, nous ne serions plus assez forts pour échapper à la condamnation.

L'avocat établit que, dans cette étrange conspiration, on n'a recherché ni le chef, puisqu'il est en liberté, ni les derniers agents de l'attentat, puisqu'aucun artilleur du 4e régiment n'a été poursuivi, et que, dans le milieu, on a choisi les accusés comme n'étant ni trop grands ni trop petits, c'est-à-dire, comme étant juste de taille pour être condamnés et payer pour tous. Il démontre que le principe de l'égalité devant la loi a été respecté chez tous les peuples civilisés.

Il cite un passage de Cicéron, qui paraîtrait avoir été fait pour la cause actuelle; il rapporte deux passages de d'Aguesseau, qui, sous le règne absolu de Louis XIV, soumettaient les princes à l'empire de la loi. Mais ce grand magistrat, dit-il, se fit exiler deux fois; et dans ces temps-là un ministre n'aurait pas osé enlever un prisonnier au parlement.

Notre révolution populaire éclata en 1789, et la France combat près d'un demi-siècle et verse des flots de sang pour obtenir l'abolition des abus, des priviléges et des coups d'état, enfin, pour fonder un gouvernement constitutionnel sous l'empire de la loi.

Il est bien remarquable que M. Dupin aîné, procureur-général de la cour de cassation et président, pour la sixième fois, de la chambre des députés, ait tenu ce langage au roi, le 1er janvier 1837, en proclamant le principe de l'égalité de tous devant l'autorité de la justice et de la loi. A ce discours, qui a été fait évidemment pour la cause actuelle, le roi a répondu qu'il recevait avec plaisir cette nouvelle expression des sentiments de la chambre des députés. Le principe de l'égalité devant la loi a sans doute été reconnu par l'arrêt d'accusation de la cour royale de Colmar, mais il est resté stérile. Or, les principes ne sont pas comme ces idoles qu'on expose aux regards du peuple pour les briser ensuite; il faut qu'ils portent leurs fruits.

Puisque ce principe a été violé, vous seuls, Messieurs les jurés, pouvez le réhabiliter. Prenez-y garde, ce sont des choses avec lesquelles il ne faut pas jouer, car ce sont les fondements de toutes les sociétés humaines!

Il serait dangereux d'habituer le peuple à mépriser la justice et la loi. Il n'est pas un jury qui, pénétré de ces grandes vérités, veuille condamner les agents secondaires, quand le chef est absous, punir les bras quand la tête reste impunie.

La police a montré, il faut en convenir, une coupable incurie dans cette affaire. Rappelez-vous les dépositions contradictoires de M. le lieutenant-général Voirol et de M. le préfet. M. Choppin d'Arnouville a été prévenu des projets du prince Louis ; il devait le surveiller ; il avait un agent à ses côtés, nous a-t-il dit ; mais M. le préfet ne connaît même pas ses démarches. Louis-Napoléon revient plusieurs fois à Strasbourg ; il y vient en août, il y vient en octobre, et il paraît qu'à ces différentes époques les agents de l'autorité l'avaient un peu perdu de vue. La police doit être tutélaire et prévenante.

Ne craignez pas, Messieurs les jurés, de vous prononcer pour un acquittement, vous ferez la force du gouvernement, en le faisant rentrer dans la légalité.

Voilà donc comment cette cause s'étend et s'élève, jamais jury n'a été appelé à une cause plus importante et plus auguste. Jurés du département du Bas-Rhin, votre pays a les yeux fixés sur vous, la France entière attend avec intérêt la décision que vous allez rendre, c'est-à-dire, l'acquittement que vous allez prononcer. Alors nous ne nous paierons pas de mots et de vaines théories ; alors, mais alors seulement, il nous sera permis de proclamer sérieusement le grand principe de l'égalité de tous devant la loi, car, vous aurez donné une haute sanction au respect que l'on doit aux lois !

M. le procureur-général vous a dit : Vous n'êtes que des bourgeois. Moi, je vous dis, vous êtes des citoyens, vous appartenez à la classe la plus respectable de la société, et vous êtes des bourgeois revêtus de la magistrature la plus élevée, du pouvoir le plus grand, le plus noble que l'homme puisse exercer.

Et ne craignez pas, parce que vous aurez acquitté, d'être des criminels, comme on vous a encore fait l'honneur de vous le dire. Non, vous rentrerez dans le sein de vos familles avec la paix du cœur et l'estime de vos concitoyens.

Est-ce que les condamnations politiques n'ont pas toujours été inefficaces ? Le sang appelle le sang ; mais aussi la clémence amènera plutôt le calme et la réconciliation. La condamnation du maréchal Ney, a-t-elle sauvé la restauration, empêché Charles X de mourir en exil ? Eh bien ! cette condamnation a été flétrie du nom d'assassinat par un noble pair qui assiste aujourd'hui à nos débats ; et est-il un seul de vous qui voudrait être à la place des juges du maréchal Ney?

Regardez ce qui se passe maintenant dans la Vendée: les chefs condamnés se présentent pour purger leur contumace; et tous sont acquittés, parce que la duchesse de Berry a été remise en liberté. Et cependant il y a eu du sang répandu, il y a eu guerre civile, et l'on voudrait que vous livrassiez à l'échafaud des hommes qui ont les mains pures de sang!

On a dû vous parler de grâce royale, Messieurs les jurés. Ah! ne vous liez pas; restez maîtres de la cause. De vos grâces, je n'en veux point, et vous n'avez pas le droit de m'en promettre: c'est au jury seul que je m'adresse.

On a répété sans cesse que vous aviez prêté serment, que nous sommes des traîtres, des parjures. Nous sommes là sur un terrain glissant, nous marchons sur des charbons ardents; j'aurais mieux aimé ne pas en parler, mais puisque des objections ont été faites, il faut bien les repousser. Je n'imiterai pas la franchise militaire du commandant Parquin, qui a été si bien saisie. Loin de moi aussi la pensée de préconiser la doctrine immorale du mépris des serments! Plût au ciel que ces doctrines fussent restées pures, et surtout qu'elles ne fussent point froissées par tant d'exceptions!

Je voudrais, aussi, Messieurs, que le serment fût en honneur parmi les hommes; mais il ne s'agit pas ici de théories; prenons les choses telles qu'elles sont: l'habitude du serment, la manière dont on l'a prodigué, l'a tellement affaibli, qu'il est plus exact aujourd'hui de dire de la religion des serments ce que M. le procureur-général a dit de la religion des souvenirs.

Je ne veux pas dire trop haut ce que vous lisez dans la pensée des accusés, mais je vous dirai que tel homme que vous jugez comme un parjure, croit au fond de son cœur n'avoir agi que dans toute l'intégrité de sa conscience.

Combien y en a-t-il eu à la révolution de juillet, d'hommes qui, oubliant leurs serments, tournaient leurs armes contre l'autorité qu'ils avaient juré de servir! Et ne sont-ils pas justement estimés du pays? Ah! que j'aime la morale sublime de l'Évangile. On entraîne devant le Sauveur une femme accusée d'adultère, que le peuple voulait lapider. Que celui qui n'a rien à se reprocher, écrivit-il sur le sable, lui jette la première pierre!

Mais voici venir le grand épouvantail. Quelle tentative insensée! s'écrie l'accusation : si elle avait réussi, quels bouleversements eût-elle entraînés! que seriez-vous devenus? Ici l'honorable défenseur fait ressortir sur quelle fausse base s'appuie l'accusation ; il démontre que le prince Louis comptait sur l'armée et sur le peuple ; qu'il ne voulait pas reconquérir sa patrie par la violence, mais par l'assentiment du pays. Le fait, d'ailleurs, l'a justifié, car le 30 octobre même il avait recommandé à ses partisans de ne pas faire usage de leurs armes. L'avocat entre ensuite dans quelques détails, en se fondant sur les proclamations du prince, sur le gouvernement qui aurait été établi si l'entreprise avait réussi.

Je remets donc, dit en terminant Me Thieriet, je remets donc entre vos mains ce jeune homme ; je l'abandonne à votre humanité. Soyez ses protecteurs! reendez-le moi, Messienrs, pour que je le rende à sa mère; elle en a besoin ; c'est avec anxiété qu'elle lève ses mains vers vous, comme vers la Providence dont elle attend la vie ou la mort. Je vous en conjure par tout ce qu'il y a de plus sacré parmi les hommes ; je vous en conjure au nom de vos enfants! Ne vous montrez pas inflexibles !

Et que voulez-vous que je dise à cette mère affligée, quand elle me demandera compte de ma mission, quand elle me dira : Qu'as-tu donc fait de mon fils que je t'avais confié? Que pourrais-je répondre à cette question foudroyante? Lui montrerai-je son fils flétri par une condamnation judiciaire? Ah! il ne me resterait plus qu'à déchirer ma toge, et à fuir pour jamais le barreau. Hélas! je le sais bien, ma retraite et mon silence ne seraient aperçus de personne. J'ai trop confiance en vous, Messieurs les jurés, pour avoir cette crainte; mais j'ai voulu seulement vous témoigner l'intérêt que m'inspire ce jeune homme, vous faire part du dévouement que je lui porte, et du désespoir dont m'accablerait la moindre condamnation.

Après ce discours prononcé avec beaucoup d'âme et de conviction, des murmures d'approbation s'élèvent dans l'auditoire. M. le président donne ensuite la parole au défenseur du commandant Parquin. Un profond silence s'établit aussitôt dans l'enceinte. L'honorable frère de l'accusé se lève, et, avec une émotion visible, il s'exprime en ces termes :

Messieurs les jurés !

Je suis venu accomplir un pieux devoir.... Je suis venu, dans cette cause grave et solennelle, prêter le secours de ma voix au compagnon, à l'ami de mon enfance, à mon frère, à ce Charles qui, par une louable émulation, s'était chargé de couvrir d'éclat, dans la carrière des armes, un nom que je m'efforçais de ne pas porter sans quelque estime au barreau.

A la nouvelle du fatal complot, je fus consterné, anéanti. Bientôt je dus suivre deux inspirations différentes, sans être contraires, et dont les âmes généreuses comprendront la simultanéité: la première, de m'adresser au souverain, de déposer aux pieds du trône l'expression de ma profonde douleur ; la seconde, d'écrire à mon frère malheureux et dans les fers : *Charles, veux-tu de moi pour te défendre?*

Cette défense, hélas! au moment où je l'offrais, moi-même je ne la comprenais guères. Le crime n'était-il pas flagrant? l'étendard de la rébellion n'avait-il pas été levé? Parquin, exalté par le fanatisme des souvenirs de l'empire, n'avait-il pas méconnu ses nouveaux serments ? n'avait-il pas tourné contre le gouvernement de son pays l'arme qui lui avait été confiée pour le servir...? Aucune de ces difficultés ne se montrait, Messieurs, à mon esprit.... Parquin est accusé.... Parquin a besoin d'un défenseur... Je veux, je dois être le sien... Qui donc pourrait ne pas être touché des paroles d'un frère?... un frère!... mais c'est un défenseur donné par la nature... Tel moyen serait inefficace, tel argument serait décoloré dans la bouche de l'homme le plus éloquent, qui prend de la consistance, qui acquiert une sorte d'influence magique dans la bouche d'un frère... On permet tout, on passe tout à un frère... Au fond de mon cœur j'entendais déjà résonner ces mots, qui devaient se rencontrer plus tard placés sur des lèvres augustes : « La défense d'un accusé est un devoir sacré; combien ce devoir n'est-il pas plus impérieux, lorsqu'il s'agit d'un frère? [1] »

Me voilà donc : à moi de vous apprendre, Messieurs, par quel égarement l'un des plus beaux caractères guerriers de cette époque a pu tomber dans l'entier oubli de ses devoirs; à moi de vous transmettre des détails qui ne sont pas dépourvus d'intérêt, et qui, s'ils le laissent toujours sans justification et sans excuse, ne laisseront pas du moins inexpliquée sa participation à l'attentat... Mais pour cela il faut que je reprenne d'un peu haut la vie de l'homme qui

[1] *Moniteur* du décembre 1836.

est maintenant devant vous... Mon exposé sera rapide... ; je ne dirai que ce qui sera utile..., certain d'ailleurs que, dans ce pays où j'arrive inconnu, un peu de bienveillance m'accueillera, en considération même du motif qui m'y conduit. (Marques nombreuses d'approbation.)

Denis-Charles Parquin, au sortir du collége, embrassa le métier des armes.

Il aurait pu faire son apprentissage dans quelques-unes de nos écoles militaires: il ne le voulut point. Il crut que, pour devenir bon officier, il fallait commencer par être simple soldat.

C'était le temps où nos guerriers, rarement en garnison, à l'armée presque toujours, comptaient leurs années de service par leurs campagnes. Parquin eut cet avantage que chacun de ses grades fut le prix d'une action d'éclat; tous il les conquit sur le champ de bataille.

La presse, avec une bienveillante sollicitude, a déjà reproduit quelques-uns de ses hauts faits qui, disséminés en plusieurs existences militaires, suffiraient pour les illustrer toutes, et qui, réunis, groupés en une seule, font que bien peu peuvent lui être comparées. Pourquoi des traits si dignes d'être signalés à l'admiration publique ne trouveraient-ils pas leur mention ici? Ce sera une compensation naturelle et fort légitime aux rigueurs, je pourrais dire, aux injustices de l'acte d'accusation!

M. LE PRÉSIDENT : Maître Parquin, excusez-moi de vous interrompre; je ne m'étais pas aperçu de l'absence de M. Mœrlen vice-président; il est utile de suspendre pour quelques instants l'audience.

Me PARQUIN : Je puis très-bien continuer, Monsieur le président; l'absence d'un de MM. les juges ne peut être un obstacle à ma plaidoirie.

M. LE PRÉSIDENT, après quelques moments d'hésitation, ordonne que l'audience sera suspendue un quart-d'heure. Bientôt M. Mœrlen revient à son siége; l'audience est reprise, et l'honorable avocat reprend en ces mots :

A Ciudad-Rodrigo, Parquin reçoit un coup de feu qui lui traverse la figure. Comme il ne pouvait parler, il écrit de l'ambulance à son colonel: «Ma blessure n'est rien: «j'avais une mauvaise dent contre les Anglais, ils me l'ont «enlevée; mais ils auraient pu se dispenser d'en faire dis«paraître cinq autres avec.»

Le 12 avril 1812, le général en chef, duc de Raguse,

ayant pénétré en Portugal, Parquin, adjudant-major de ses guides, sous les ordres du colonel Denis, fournit avec 200 hommes une charge dont le résultat fut la prise de 1500 milices portugaises et d'un drapeau que Parquin a enlevé de sa propre main, au milieu d'un carré ennemi[1].

Devant Salamanque, le duc de Raguse, accompagné de quelques officiers, faisait une reconnaissance sur la ligne des tirailleurs des deux armées, lorsqu'un officier du 10e régiment de dragons légers anglais, dépassant les siens, vint caracoler et brandir son sabre à la vue de l'armée française : « Que veut cet officier? » dit le duc de Raguse. « Monseigneur, réplique Parquin, il veut échanger un coup de sabre, et si je n'étais de service auprès de Votre Excellence, j'aurais déjà satisfait à son désir. — « Qu'à cela ne tienne, je vous accorde la permission. » Parquin rejoint l'officier anglais, croise le fer avec lui, l'atteint d'un coup de pointe à l'épaule gauche, le désarçonne, le jette à terre et ramène le cheval en laisse aux acclamations du maréchal, des officiers et des tirailleurs présents.

Le lendemain, à la bataille de Salamanque, dans une brillante charge de cavalerie faite par l'escorte, Parquin est grièvement blessé au bras droit.

A la bataille de Hanau, il est frappé à la tête par une balle.

Dans le courant de mars 1814, l'empereur marchant de Vitry-le-Français sur Troyes, le général Sébastiani donne au capitaine Parquin, qui était à l'avant-garde, l'ordre de charger à outrance sur une batterie de dix-huit pièces de canon que l'ennemi avait établie en rase campagne. La charge est exécutée avec une telle audace et a un tel succès, que le général Sébastiani, dans le compte qu'il rendit à l'empereur de cette affaire, disait : « Il y a vingt ans, Sire, que je suis officier de cavalerie, et je n'ai jamais vu charge plus intrépide. » Paroles bien flatteuses pour le jeune capitaine Parquin.

Après la bataille de Montmirail, l'empereur demande au général Colbert, qu'on lui désigne un capitaine et cent chevaux de sa garde pour une expédition hardie. Parquin est commandé.... « Marchez à l'ennemi, capitaine ; et ramenez-moi des prisonniers. » Un pareil ordre, émané d'un pareil chef, devait produire son effet. Parquin passe la

[1] Certificat du duc de Raguse.

Marne avec sa troupe. Il était six heures du soir. A minuit, il avait rencontré les Russes, et aussitôt leur bivouac se réveille, sabré par des hussards, des dragons, des mameluks et des lanciers : car Parquin avait, à dessein, composé son escadron de ces différentes armes. La variété d'uniformes fait croire à l'ennemi qu'il est attaqué par toute une division de cavalerie. L'épouvante est générale. Il a un grand nombre de morts, et une centaine de prisonniers qui sont envoyés à l'empereur ; le capitaine Parquin ne perdit personne.

Ces traits sont assez beaux sans doute. Écoutez maintenant, Messieurs, de quelle manière simple et touchante un maréchal de France raconte que Parquin lui a sauvé la vie :

« C'est avec le plus grand empressement et dans l'intérêt « de la vérité, que je certifie, que devant Leipsick, le 16 oc« tobre 1813, me trouvant engagé dans un gros de cuiras« siers autrichiens, et n'ayant que mon épée pour défense, « j'ai dû en partie mon salut à la bravoure et au dévoue« ment de M. Charles Parquin, alors lieutenant aux chas« seurs à cheval de la garde impériale. M. Parquin est resté « près de moi pendant tout le temps qu'a duré la mêlée, *en « exposant ainsi sa vie pour sauver la mienne.*

« Paris, ce 29 décembre 1830.

Signé, le Maréchal, duc de REGGIO.

Et la manière dont Parquin obtint la croix. L'empereur passait une revue. Un jeune lieutenant de cavalerie, dont le régiment venait d'être inspecté, descend de cheval, et va se poser à l'extrémité du front de bandière. Napoléon remarque la taille élevée, et la belle stature de notre officier, auquel une blessure à la lèvre supérieure donnait un aspect encore plus martial. Un instant après, le même lieutenant se retrouve sur le passage de l'empereur. La troisième fois, fatigué de cette interpellation muette, Napoléon lui demande brusquement : qui es-tu? que me veux-tu? — Vingt-six ans d'âge, onze ans de service, onze campagnes, cinq blessures, la vie sauvée à un maréchal de France, cinq drapeaux pris à l'ennemi : je désire la croix. L'empereur la lui donne.

(Ce rapide exposé des faits d'armes du commandant Parquin est écouté avec le plus vif intérêt, et des murmures d'approbation l'interrompent à diverses reprises.)

A de tels récits, j'ai le droit de le demander encore : Est-il beaucoup d'existences militaires mieux et plus glorieusement remplies? Et faut-il s'étonner si la susceptibilité du commandant Parquin s'est naguères offensée, lorsqu'il apprit qu'un journal (dont j'honore au surplus la rédaction), dans son zèle officieux pour la garde municipale, avait affecté de répandre du doute jusque sur ses anciens services!

La restauration survient.

Napoléon banni de France, mort pour la France, Parquin, comme tous les braves qui avaient combattu sous ses ordres, surtout comme ceux qui avaient servi dans la garde, avait voué une sorte de culte à sa mémoire. Permis à l'acte d'accusation, de nier la puissance, la religion des souvenirs! A une époque où tant de caractères changent au gré des événements, où le dévouement se prodigue au plus heureux, cette maxime désolante du ministère public, qu'on ne doit plus avoir de foi aux anciennes croyances, je la conçois; et cependant qu'on s'abstienne de l'appliquer au commandant Parquin: car le culte dont j'ai parlé, ce culte que le temps aurait refroidi peut-être, une circonstance fortuite, inattendue, vint contribuer à l'entretenir, même à le réchauffer, en mettant, pour ainsi dire, l'officier de Salamanque, de Hanau, de Vitry-le-Français, en rapport continu avec son immortel général.

Parquin avait été soupçonné, non pas d'avoir trempé dans la conspiration du mois d'août 1819, mais de ne l'avoir pas révélée, en ayant eu connaissance. C'est à cela probablement que le ministère public fait allusion, lorsqu'il suppose que Parquin n'en était pas à son coup d'essai *en fait de tentative sur la fidélité des troupes.* Dans cette partie de l'acte d'accusation, le ministère public se trompe, comme dans presque toutes les autres. Déjà Parquin a relevé avec une chaleureuse indignation, et l'instruction orale a démenti le langage déshonorant, ignoble, que l'instruction écrite prétend qu'il aurait tenu au moment de son arrestation[1], langage dans les habitudes des criminels de bas étage, parmi lesquels apparemment on se fût estimé

[1] Selon l'acte d'accusation, Parquin aurait été arrêté dans l'instant où il fuyait, criant, pour mieux s'évader: *arrêtez-les! arrêtez-les!* Il a été établi aux débats que Parquin ne fuyait pas; qu'il se dirigeait, avec un détachement d'artilleurs, vers un lieu où il croyait sa présence utile au prince, et que ce qui avait été pris, par un seul témoin, pour le cri *arrêtez-les!* était tout simplement le cri qu'il proféra, lorsque vingt bayonnettes menaçaient sa poitrine: *Arrêtez-moi, mais ne m'assassinez pas!*

heureux de le confondre et de le réléguer. J'aurai sujet de relever le surplus des erreurs dont le réquisitoire fourmille. Dès à présent je me dois de protester contre une fâcheuse insinuation. Jamais Parquin ne fut même mis en prévention, comme ayant cherché à tenter la fidélité des troupes. Au contraire, il fut constaté par l'instruction qu'avant, longtemps avant la découverte du complot, Parquin avait refusé de recevoir l'uniforme de capitaine de chasseurs à cheval de la garde impériale, qu'une main restée inconnue lui avait expédié. Aussi ne fut-il l'objet d'aucune recherche, d'aucune poursuite; seulement, un gouvernement ombrageux le mit au traitement de réforme. Pourquoi alors ne diriez-vous pas du colonel Brice, auquel une mesure semblable vient d'enlever tout à l'heure le commandement du 3e régiment de cuirassiers, que lui aussi *s'était rendu coupable de tentative sur la fidélité des troupes?*

Rentré dans la vie privée, Parquin eut l'occasion de se lier avec Mlle Louise Cochelet, fille d'un membre de l'assemblée constituante, et dont les deux frères occupent maintenant des emplois distingués, l'un dans l'administration des finances, l'autre dans la diplomatie. Mlle Cochelet, élevée dans le pensionnat de Mme Campan, avec Hortense Beauharnais, avait plu singulièrement à celle-ci. Elles étaient du même âge, avaient les mêmes goûts, les mêmes habitudes. L'épouse de Louis-Napoléon, la reine de Hollande, ne voulut pas se séparer de sa jeune compagne. Elle créa pour elle, dans sa maison, la charge de lectrice. Depuis, les deux amies d'enfance ne s'étaient pas quittées. Ensemble dans les jours de prospérité, elles se firent une douce loi de demeurer ensemble dans les jours d'infortune et de revers; et lorsque celle qui, à l'exemple de sa mère, avait voulu faire asseoir la bonté sur le trône, fut contrainte, par la tempête politique, de demander un refuge au sol hospitalier de la Suisse, la fidèle Mlle Cochelet vint s'y fixer à ses côtés. L'une acheta le superbe domaine d'Arenenberg; l'autre, le modeste chalet de Sandegg. Les deux propriétés étant voisines, presque contiguës, on se voyait chaque jour et à chaque heure de la journée. Ce tranquille état de choses durait déjà depuis plusieurs années, lorsqu'en 1822, Parquin connut Mlle Cochelet et l'épousa.

Ce fut au château d'Arenenberg, ce fut dans la chapelle de Mme la duchesse de Saint-Leu, que le mariage se célébra. Arenenberg, que l'acte d'accusation dit avoir été choisi par les deux princes, fils de Louis-Napoléon, «à peu de distance de nos frontières, à la proximité de «l'Italie, pour demeurer sur le point qui les mettait le plus «à portée de suivre et d'apprécier les événements;» et à l'époque de l'acquisition de ce domaine, le plus jeune avait sept ans tout au plus, l'aîné n'en avait pas encore neuf; mais telle est habituellement la vérité des réquisitoires!! Arenenberg, oh! je n'oublierai jamais tes délicieuses veillées! Qu'alors et quand je goûtais les charmants entretiens de cette reine qui ne l'est plus, de cette femme si spirituelle, si bonne, si simple dans sa retraite, quand je pouvais puiser dans la conversation du prince Eugène (arrivé de Munich exprès pour le mariage), de si sages, de si instructives leçons, quand j'admirais l'amabilité, les grâces de ce jeune prince Louis, qui échappait à peine à l'enfance: qu'alors j'étais loin de prévoir qu'encore quelques années, et le malheur s'appesantirait sur la nouvelle famille; que Mme Charles Parquin mourrait avant le temps, mère d'une fille au plus haut degré intéressante, et que sa mort précéderait de peu de mois celui où mon frère, le valeureux commandant Parquin, serait jeté dans une prison, coupable d'attentat contre le repos de son pays! (Sensation prolongée).

Les destins l'ont donc voulu! Pendant quinze années environ, Parquin va devenir l'ami, presque le commensal du jeune prince. Les termes dans lesquels Mlle Cochelet avait constamment vécu avec la mère, sont ceux dans lesquels il vivra dorénavant avec le fils. Un heureux naturel grandit, se développe. Parquin le remarque et s'en applaudit; mais il y a pour le séduire quelque chose de plus que le concours de tant de qualités aimables. Le nom vénéré, les étonnantes merveilles de Napoléon, vibrent sans cesse à son oreille. C'est du matin au soir l'objet perpétuel de leurs discours. Jamais l'entretien ne roule que sur ces temps de triomphe, de gloire, si chèrement achetés par la France, et dont un vieux soldat veut n'apercevoir que le brillant côté... Messieurs, une goutte d'eau, à force de tomber, use la pierre la plus dure.... se fait-on, peut-on se faire une juste idée de ce qu'obtiendra sur l'âme de Parquin une influence habilement préparée, ménagée depuis quinze ans! Ah! celui qui est au loin, qui reste calme dans les circonstances les plus difficiles, qui apprécie tout froidement, qui sait se défendre des émotions propres à entraîner les autres, il lui est aisé de ne pas faillir! mais celui qui est sous le charme, qu'on aurait tort de le juger d'après les mêmes règles! Messieurs, sachons faire la part de la fragilité humaine. D'augustes exemples, des exemples sacrés nous y convient.... Quand donc le prince Louis s'est ouvert à son vieil ami Parquin, quand il lui a fait ses révélations, quand il l'a mis dans le secret de ses espérances, quand de toute l'autorité que lui procuraient son nom, les souvenirs sublimes qu'il invoquait, ses rapports, une amitié de quinze années, il lui a presque ordonné de le suivre.... oui, certes, il faut blâmer, blâmer mille fois Parquin d'avoir cédé.... ma voix et celle du ministère public seront toujours d'accord à ce sujet... en même temps qu'il faut féliciter l'esprit fort, l'esprit maître de lui, l'esprit insensible à toutes les impressions de gloire et d'affection, qui peut affirmer qu'à sa place, il n'aurait pas succombé!!!

On a payé à la belle conduite du capitaine Raindre un juste tribut d'éloges. Ce sentiment, je le partage; mais que son mérite serait plus grand si, pour résister, le capitaine Raindre s'était trouvé, envers le prince Louis, dans les mêmes conditions où se trouvait Parquin!

Parquin n'a pas eu le loisir de la réflexion. Il n'a reçu les ouvertures, les confidences du prince que dans la journée du 29 octobre. Pourquoi? quel est le motif de cette révélation tardive? Le prince, aurait-il craint que, si vingt-quatre heures de plus lui eussent été données, Parquin se rappelât d'inflexibles devoirs, et qu'il usât de sa longue expérience pour chercher à éloigner l'exécution d'un projet auquel si peu de chances de succès étaient assurées? Le prince aura-t-il cru qu'il n'était pas nécessaire de le prévenir beaucoup d'avance, parce que c'était un de ces hommes sur le concours desquels il pouvait compter? Parquin, à cette allocution : « J'apporte ici ma tête! » a été entraîné, subjugué : « Mon prince, à la vie, à la mort! » Mais l'allocution, mais la réponse sont seulement de la veille de l'attentat.... On le conteste; et sur ce point le doute est bien permis. Les liaisons intimes de Parquin avec Arenenberg, sa présence à Strasbourg auprès du prince, ce costume d'officier-général dont il se revêt, cette assistance hardie qu'il prête, soit pour arrêter le lieutenant-général Voirol, soit pour soulever le 46e régiment de ligne, que d'événements de nature à faire penser qu'il était affilié depuis longtemps à la conspiration!... Pourtant, à de pures probabilités, à d'incertaines conjectures, j'oppose ce point demeuré inébranlable (malgré toutes les investigations contraires), que Parquin, qui a passé les 13 et 14 octobre avec tous les officiers de la garnison de Haguenau, ne leur a pas fait la moindre ouverture dans ces journées exclusivement consacrées aux plaisirs de la chasse.

Au surplus, à votre insu à tous, Messieurs, à l'insu même de mon frère, j'ai recueilli, j'apporte des pièces irrécusables, des pièces qui doivent éclairer cette partie jusqu'à présent obscure des débats, des pièces faites également pour démentir l'une des imputations les plus odieuses de l'acte d'accusation.

Depuis la révolution de juillet, après avoir quitté le commandement de la gendarmerie du Doubs, Parquin avait désiré entrer dans la garde municipale. Ses vœux d'abord n'avaient pas pu être écoutés, mais ensuite un emploi devient vacant. J'en suis averti par M. Malleval, secrétaire-général de la préfecture de police. Dans l'intervalle, Parquin avait changé de résolution. Il venait de perdre sa femme. Il restait avec une jeune fille, dont il désirait surveiller l'éducation, avec un établissement considérable qui exigeait sa présence en Suisse. Il refuse. Voici sa lettre; et quand le ministère public a eu le courage d'articuler que les espérances des conjurés se rattachaient aux horribles tentatives de régicide, qu'un Dieu visiblement protecteur de la France a si heureusement déjouées: au milieu des tristes, des pénibles émotions de ce procès, mon cœur bat et se gonfle de joie, d'avoir à donner publiquement lecture d'une lettre comme celle-là. (Mouvement d'attention.)

Elle est adressée à M. Malleval, du Wolfsberg, 6 août 1835. A peine l'horrible attentat de Fieschi (du 28 juillet précédent) avait-il eu le temps d'y parvenir.

Monsieur!

« J'ai à vous témoigner toute ma reconnaissance, ainsi « qu'à M. le préfet, de vouloir bien continuer de penser à moi « pour un emploi dans la garde municipale. Malheureuse« ment les circonstances pour moi se sont aggravées depuis « le 20 mars dernier. Ma femme qui était malade alors, a « cessé d'exister le 7 mai. Cet événement m'a mis dans la « nécessité de rester dans ma terre, où j'ai ma fille âgée de « onze ans, qui fait son éducation sous mes yeux, et de plus « un établissement considérable qui exige ma présence en

« Suisse. *Je suis d'autant plus peiné de ne pouvoir reprendre « du service, que l'horrible attentat, qui vient d'avoir lieu, « me ferait désirer, de faire, comme le colonel Raffé et mon « ami le général Lachasse de Vérigny, un rempart de mon « corps au roi et à son auguste famille.* »

J'ai l'honneur, etc.

CHARLES PARQUIN.

Ce n'est pas là, Messieurs, un langage suspect, Parquin ne demandait rien à l'autorité. On la cajole volontiers, quand on a besoin de recourir à elle, quand on en sollicite quelque grâce, quelque faveur... Mais la lettre de Parquin ne briguait aucun emploi; au contraire, il refusait celui offert. Peu disposé à la flatterie, d'une franchise qui va jusqu'à la rudesse, ce qu'écrivait Parquin le 6 août 1835, il le pensait.

Peut-être sera-t-on jaloux de savoir par quel hasard l'original de la réponse à M. Malleval est resté entre mes mains. L'explication est facile. J'étais fâché du refus de mon frère. Je souhaitais vivement qu'il acceptât : non que j'eusse aucun pressentiment du complot dans lequel il devait un jour tremper, mais je tenais à le détacher peu à peu d'un voisinage qui, tout honorable qu'il fût, n'était pas sans quelque danger pour lui. Auprès de nous, à Paris, rallié sous les drapeaux de la garde municipale, témoin des efforts assidus et constants du gouvernement du roi pour la prospérité publique, ses anciennes affections, sans s'affaiblir, auraient laissé une place à des affections nouvelles; et avec la loyauté de son caractère, une fois le serment prêté, je n'avais plus lieu de redouter (comme je m'abusais!) qu'aucune influence, de si haut qu'elle vînt, pût le détourner de ses devoirs... Je lui adressai de nouvelles observations qui furent enfin écoutées... Il accepta. La remise de sa lettre n'avait plus d'objet. J'aurais pu la détruire. Elle échappa, comme par miracle. Naguères, en fouillant dans quelques papiers, je la rencontrai sous ma main. Il semble que ce soit la Providence qui ait voulu qu'elle se conservât exprès et lorsqu'une accusation de complot devait menacer Parquin, pour témoigner au moins de toute son horreur, de toute son exécration pour le régicide.

Mais les sentiments qu'il éprouvait, sans aucun doute, après l'attentat de Fieschi, les a-t-il gardés longtemps? et par exemple, les avait-il encore, à une époque récente, après l'attentat d'Alibaud ? Messieurs, la Providence vient toujours à mon aide. J'ai là une lettre qui, pas plus que la première, n'était destinée à voir le jour, lettre particulière, lettre écrite du Wolfsberg, le 16 juillet dernier, à un des amis de Parquin, lequel, sachant mon prochain départ, est accouru me l'apporter en toute hâte :

« Voilà donc le roi échappé à l'arme à feu d'un assassin. « *Heureusement, le génie de la France l'a préservé.* J'espère « qu'il en sera toujours ainsi, si les tentatives se renouvel- « lent ; mais j'aime à croire *que la punition du crime servira « d'exemple et fera clore la liste de ces affreux forfaits.* J'étais « sur le point de prendre la poste et de retourner à Paris ; « mais le roi et la famille étaient en bonne santé, Paris « tranquille. »

En avez-vous assez, Monsieur le procureur-général, et aujourd'hui ne ressentez-vous pas quelques regrets, dans une cause où vous aviez d'ailleurs de si légitimes sujets de plainte contre les accusés, de ne leur avoir pas épargné une inculpation atroce, qu'ils méritaient si peu ?

Messieurs, je ne puis pas me reporter à la date de cette lettre (16 juillet 1836) sans être oppressé par la plus douloureuse, par la plus cruelle des réflexions ; c'est que s'il y a eu concours de mon frère au complot du 30 octobre, moi peut-être, moi (fort innocemment à la vérité), j'en suis le premier, le principal auteur.

Tels étaient donc les sentiments de Parquin, le 16 juillet 1836, et certes ce n'étaient pas ceux d'un conspirateur. Il écrivait cela de Suisse où il était allé passer les derniers moments d'un congé obtenu. Ce congé expirait dans la première quinzaine du mois d'août... Comme on ne peut pas imaginer que la tentative eût été conçue, formée, arrêtée, de la fin de juillet au commencement d'août, pour n'éclater que trois mois après, le 30 octobre, Parquin, de retour à Paris à l'expiration de son congé, se trouvait séparé du prince. Il reprenait les occupations de son emploi. A l'abri de toute séduction, au milieu des siens, servi par son éloignement, il restait en dehors du complot.

La fatalité ne permet pas qu'il en soit ainsi.

Un jour, c'était entre le 15 et le 20 août, un détachement de gardes municipaux commandés par le lieutenant-colonel, se présente au serment devant le tribunal de première instance de la Seine. J'étais à l'audience. Le lieutenant-colonel m'aborde: « Monsieur Parquin, me dit-il, « votre frère dont le congé expire bientôt, désire obtenir « une prolongation. Il s'est adressé au ministre de la guerre; « mais ce ministre ne répondra qu'après avoir consulté son « collègue de l'intérieur qui a dans ses attributions la garde « municipale. Vous feriez peut-être bien d'écrire à M. de « Montalivet. »

Cet avertissement est un ordre pour moi. Il est question d'obliger mon frère. A l'instant même, sans que celui-ci me l'eût demandé, sans qu'il fût instruit de ma démarche, j'écris au ministre de l'intérieur, et le 11 septembre je reçois de M. de Gasparin, successeur de M. de Montalivet, la réponse suivante :

« Monsieur,

« Par votre lettre du 22 août dernier, vous avez exprimé « à mon prédécesseur le désir de voir accorder à M. votre « frère, chef de bataillon à la garde municipale de Paris, la « prolongation d'un mois de congé dont il a fait la demande « et qui lui est nécessaire pour terminer les affaires de fa- « mille qui le retiennent....

« Le service ne devant pas souffrir de l'absence de M. « Parquin, j'ai fait connaître à M. le maréchal ministre de « la guerre que je me prêterais volontiers à ce que le congé « demandé par cet officier lui fût accordé.

« Je me félicite, Monsieur, d'avoir pu trouver cette occa- « sion de vous être agréable.

Recevez, etc.

Le pair de France, ministre de l'intérieur,
GASPARIN.

Ainsi c'est moi qui suis la cause que le congé a été prolongé. C'est moi qui suis la cause que Parquin n'est pas rentré à Paris vers le milieu du mois d'août. C'est moi qui suis la cause que le prince l'a rencontré à Strasbourg dans les derniers jours d'octobre. C'est moi qui suis la cause que des ouvertures criminelles ont pu lui être faites, qu'il les a accueillies, qu'il s'est mêlé à l'attentat.

Si donc le fond de ce procès pouvait, Messieurs, vous être utilement soumis; si vous pouviez condamner en sûreté de conscience; si, obligé de reconnaître l'existence du fait principal, je n'avais plus de ressources que dans l'admission des circonstances atténuantes, voilà ce que je vous dirais :

« Parquin, au mois d'août 1835, lorsqu'il s'exprimait sur l'attentat de Fieschi, comme il l'a fait, n'avait certainement pas la volonté de conspirer.

« Parquin, au mois de juillet 1836, lorsqu'il s'exprimait « sur le compte d'Alibaud, ainsi qu'il l'a fait, n'avait cer« tainement pas la volonté de conspirer.

« Parquin, les 13 et 14 octobre dernier, lorsqu'entouré « des officiers de la garnison de Haguenau, il ne s'occu« pait pendant deux jours avec eux que des plaisirs d'une « partie de chasse, n'avait certainement pas la volonté de « conspirer.

« S'il a trempé plus tard dans le complot du 30 octobre, « trois coupables peuvent, dans une proportion à peu près « égale, s'en attribuer la faute: moi qui, en sollicitant la pro« longation de son congé, ai empêché qu'il ne revînt à Paris « à une époque où il n'avait reçu encore aucune communi« cation; le prince qui, abusant d'un irrésistible ascendant, « a entraîné Parquin hors des voies de sa loyauté accou« tumée; Parquin, qui n'aurait pas dû avoir la faiblesse de « se laisser égarer et surprendre.

« Ceci posé, est-ce qu'il serait possible, ajouterais-je, de « déployer envers Parquin une sévérité bien grande? Est« ce qu'on pourrait, sans ingratitude, ne pas lui tenir « compte de ses sentiments passés? Est-ce qu'il ne con« viendrait pas de prendre en considération tout ce que « l'enthousiasme, l'exaltation, l'ivresse, le grand nom de « Napoléon, les destinées futures de son fils adoptif, et la « magie de l'aigle impériale et les superbes promesses faites « au pays, ont dû exercer électriquement d'empire sur un « vieux, sur un des plus braves soldats de l'ex-garde.... « Je rappelais la loyauté accoutumée du commandant « Parquin...; n'a-t-il donc pas pu croire qu'il encourrait une « sorte de déshonneur à ne pas suivre le prince, à l'abandon« ner seul aux périls d'une tentative aussi hardie?.... Grand « Dieu, n'en induisez pas que j'approuve son action. Je la « blâme, je la condamne, je la poursuis de mes plus viru« lents reproches; mais je l'explique.... Dans cet état, les « faits ainsi examinés, la cause considérée de ce point de « vue, je pourrais, Messieurs, confier sans crainte le sort « de l'accusé à votre indulgence,... à votre indulgence qui « serait aussi de la justice....

« Et à votre indulgence qui serait encore de la justice, « je demanderais si elle pense ne rien avoir à faire en faveur

« d'un militaire sillonné par les balles au service de la patrie.

« Et à votre indulgence qui serait toujours de la justice, je « redirais ce que l'on est convenu d'appeler la folie, l'absur- « dité de l'attentat. Je puiserais même un argument qui n'est « pas sans force dans le discours de la couronne.... Il qua- « lifie l'attentat de Strasbourg d'entreprise *aussi criminelle « qu'insensée. Aussi criminelle qu'insensée!* soit, mais alors « *aussi insensée que criminelle*.... La folie le disputait au « crime. Or, quand une action peut être attribuée indiffé- « remment au crime que la loi punit, à la démence qu'elle « ne punit pas: il y a doute, et le doute, vous le savez, « s'interprète toujours dans l'intérêt de l'accusé.» (Hilarité.)

Voilà, Messieurs, ce que je livrerais à vos consciences, si vous pouviez prononcer contre les accusés une condamnation plus ou moins forte, selon qu'ils vous paraîtraient plus ou moins coupables.... Mais après la mutilation, après l'échec qu'une grande mesure politique a fait subir à l'instruction, je le déclare hautement, ce qui vous reste à faire, sans descendre dans aucun détail, C'EST DE LES ACQUITTER TOUS.

Vous pressentez que je veux vous entretenir de la mesure prise pour le prince Louis.

Ici, Messieurs, une magnifique thèse se présente. Elle exige beaucoup d'indépendance de pensées et de paroles. Soyez tranquille, M. le procureur-général. Je l'aborderai avec tous les ménagements, je la discuterai avec toutes les convenances que vous êtes autorisé à espérer de moi.

Mais d'abord quand je conteste, moi qui ne suis pas un factieux peut-être, quand je conteste au jury la faculté de descendre dans les détails, d'examiner jusqu'à quel point et à quel degré chaque accusé peut être déclaré coupable, puis de prononcer un verdict suivi d'une condamnation plus ou moins sévère, mon premier sentiment est de protester contre toute induction défavorable aux égards que réclame la juridiction devant laquelle ils sont traduits.... A Dieu ne plaise qu'ils aient voulu renouveler le scandale d'un procès récent où des accusés, interpellés de s'expliquer devant la plus éminente des juridictions, la cour des pairs, refusaient de répondre, prodiguaient l'outrage à la face de leurs juges, appelaient et défiaient les condamnations. Eux, ils sont pénétrés du plus profond respect pour les magistrats, et ce respect ne peut être égalé que par le respect dont ils sont pénétrés pour le jury... Déférés à la cour d'assises, ils s'en félicitent, ils en remercient l'autorité qui, dans son humanité comme dans sa justice, n'a pas même essayé de recourir pour eux à la juridiction exceptionnelle, et a voulu que tous fussent protégés par le droit commun... Grâces lui soient également rendues de ce qu'excitée peut-être à provoquer le renvoi de l'affaire ailleurs que dans le département du Bas-Rhin, elle a eu en vous, Messieurs, une confiance méritée, elle a compris qu'il ne pourrait pas y avoir d'appréciateurs plus exacts et plus fidèles, soit de la gravité de l'attentat, soit de la culpabilité de ses auteurs, que des jurés pris sur les lieux mêmes où l'attentat avait été commis...... Loin, bien loin de décliner votre juridiction, vous êtes, Messieurs, ceux que les accusés auraient choisis pour juges, si avec l'instruction, telle que l'éloignement du prince Louis l'a faite, des juges, de véritables juges pouvaient encore leur être donnés.

L'autorité, dans une haute pensée gouvernementale, n'a pas cru devoir permettre, que le prince, l'âme du complot [1], fût compris dans la poursuite dirigée contre les autres conjurés. Elle l'a retiré de sa prison. Elle l'a envoyé au delà des mers. Si de cette mesure que l'acte d'accusation signale « comme un trait de clémence destiné à prendre place dans « les plus belles pages de l'histoire contemporaine », il m'est demandé ce que je pense, je répondrai : comme trait de clémence, avant le procès et même avant toute instruction, la mesure ne serait nullement dans mes sympathies. La justice doit d'abord avoir son cours. La clémence ne peut venir qu'après. De la clémence envers celui qui n'est pas jugé encore, celui qui, comparaissant devant les magistrats, aurait pu être absous et acquitté! Qu'est-ce d'ailleurs qu'une grâce accordée à qui ne la demandait pas, à qui n'en voulait pas, sans lettres patentes du roi, sans arrêt d'entérinement, et qui n'est même constatée jus-

1 L'âme du complot... pour tout autre que M. le procureur-général. A en croire ce magistrat, ce sont les accusés qui, dans des motifs d'intérêt personnel, auraient trompé, égaré, entraîné le prince... Mais alors que devient le choix d'Arenenberg, « fait par « les deux princes, fils de Louis-Napoléon, à peu de distance de « nos frontières, à la proximité de l'Italie, comme étant le point « qui les mettait le mieux à même de suivre et d'apprécier les évé- « nements... » et puis, avec ce système, si le capitaine Raindre, si les généraux Voirol et Excelmans eussent répondu aux ouvertures du prince, le même reproche aurait donc pu leur être adressé aussi!!!

qu'à présent que par des injonctions ministérielles? Mais si sous ce rapport, je diffère d'opinion avec le ministère public, sous d'autres, j'en fais l'aveu, la mesure a toute mon approbation. Ce n'est pas seulement à cause de ses suites heureuses pour des accusés parmi lesquels j'ai la douleur de rencontrer un frère; c'est à cause surtout de sa portée politique... Il était difficile de mieux agir dans le sens et selon l'esprit de la révolution de juillet... que l'on censure ou que l'on approuve l'acte qui a soustrait la duchesse de Berry à la juridiction des tribunaux, qui l'a reconduite hors de France... une fois ce précédent admis, une fois qu'il avait été érigé en principe que les membres de la branche aînée, privés de l'appui de nos lois, ne pouvaient pas être tenus d'en subir les rigueurs, qu'une sorte de pudeur publique, sinon d'inviolabilité, les protégeait encore, que c'est par des mesures politiques seulement, l'exil, l'interdiction de posséder en France, qu'ils devaient être atteints, le gouvernement avait, pour le prince Louis, sa marche toute tracée. Le prince Louis appartenait à une famille dont le chef avait régné glorieusement sur nous. Comme la duchesse de Berry, il avait rompu son ban. Comme la duchesse de Berry, il était venu réclamer son droit prétendu à la couronne. Ne pas lui appliquer la règle qui avait été appliquée à la duchesse de Berry, traiter l'un et l'autre différemment, se contenter d'exiler celle-là, tandis que nous aurions vu celui-ci livré à toute la vindicte des lois, c'eût été distinguer avec trop de soin entre les nouvelles et les vieilles dynasties; c'eût été proclamer, à la grande satisfaction de certaines monarchies européennes, que Napoléon n'avait été qu'un aventurier heureux, que s'il avait régné en fait, il n'avait pas régné en droit, que n'ayant pas pu se conférer la souveraineté à lui-même, il n'avait pas pu davantage conférer le titre et les immunités d'un prince à son neveu... En plaçant le prince Louis et la duchesse de Berry sur la même ligne, en les traitant de la même manière, en leur appliquant la même mesure, on confondait les vieilles et les nouvelles dynasties dans les mêmes égards; on honorait les unes à l'égal des autres; on proclamait devant toute l'Europe que Napoléon détrônant l'anarchie, fondant un grand empire, rétablissant l'ordre, faisant régner les lois, conduisant le pays à toutes les gloires, conquérant et législateur, avait occupé le trône de France aussi légitimement que s'il y eût été appelé par le droit divin. . Honneur, toujours honneur au gouvernement! Il est sorti heureusement de cette épreuve délicate. Le prince Louis soustrait à la juridiction criminelle, seulement éloigné, banni, comme la duchesse de Berry elle-même l'avait été, non, non, ce n'est pas là un acte de pure clémence, c'est un acte de haute convenance, de grande et belle portée politique.... rarement la révolution de juillet avait encore mieux fait.

Mais de même que le gouvernement a eu raison d'accepter la responsabilité de cet acte devant les chambres, il faut qu'il se résigne à en accepter les conséquences devant le jury. Ces conséquences, quelles sont-elles, et ne les avez-vous pas, Messieurs, devinées?.... Si l'éloignement du prince doit être sans action et sans influence sur le sort des accusés; si on a pu le transporter en Amérique impunément pour la défense; si sa présence, ses déclarations, ses explications, indifférentes au procès, n'eussent pas servi à y répandre la moindre lumière; en un mot, si chacun de vous peut, dans la sincérité de son âme, affirmer que le prince présent ou le prince absent, son verdict, au regard de tous les complices, aurait été le même.... Prononcez, prononcez.... de bonne foi, est-ce que cette prétention a quelque chose de raisonnable? Est-ce que l'on peut soutenir sérieusement que l'éloignement du prince est sans inconvénient, sans dommage pour les accusés? Par là, l'instruction est incomplète; les débats sont mutilés, tronqués. Qui donc, sinon le prince accusé d'avoir préparé le complot de longue main, aurait pu expliquer son origine, son développement et ses progrès? Qui aurait pu expliquer, sinon le prince, comment les accusés avaient été entraînés, séduits, et la résistance qu'ils avaient opposée d'abord et l'adhésion qu'ils avaient consenti à prêter ensuite? qui aurait pu expliquer, sinon le prince, les instructions par lui données le 30 octobre, pour l'armement des troupes, pour la formation et la conduite des détachements, pour l'arrestation des autorités supérieures, civiles et militaires?... s'il est, je ne dirai plus un coaccusé, mais un témoin dont la présence dut être envisagée comme nécessaire, indispensable, c'est le prince; sans lui, tout est vague, mystère, incertitude; et en l'absence du prince, dépouillés comme vous l'êtes, de tous les documents qu'il se serait empressé de vous fournir, réduits à vos simples conjectures, vous croiriez, vous, hommes honnêtes, vous, esprits droits, vous qui vous reprocheriez éternellement un verdict rendu à la légère et sans le plus mûr examen, vous croiriez, dis-je, que vous n'en pouvez pas moins exercer de redoutables fonctions !!!! Le prince, par la nature, par le ton même de ses explications, aurait dirigé vos opinions dans tel ou tel sens. A celles qui sont le plus fortement arrêtées, il aurait imposé quelque modification. Ignore-t-on de quels éléments fugitifs et variables se compose la décision d'un jury, comme il reçoit de profondes, de durables impressions, des choses même en apparence les plus incertaines? Le juré, je l'ai défini quelque part, c'est le juge fait homme. Le geste, l'accent, le jeu de la physionomie, jusqu'à l'inflexion de la voix, pour lui, tout est source de conviction. Souvent il serait fort embarrassé s'il lui fallait rendre compte, soit aux autres, soit à lui-même, de ce qui forme, de ce qui détermine la sienne... *Je crois parce que je crois* : c'est là sa seule réponse... Du moment, et nul ne le niera, où la plus faible nuance, la plus petite variation dans votre verdict aurait pu être le résultat des explications du prince, où, à leur défaut, vous n'avez plus pour vous éclairer qu'une procédure mutilée, informe, cela suffit; vos devoirs vous sont indiqués et connus. Exposés, par une circonstance qui ne peut pas vous être imputée, à prononcer contre quelques-uns des accusés, peut-être même contre tous, sans règle d'infaillible justice, vous êtes assujettis à l'obligation rigoureuse de n'en condamner aucun.

Encore si le prince, enlevé et déjà sur la route de la capitale, que les magistrats ne soupçonnaient pas même sa disparition, avait pu, avant de s'éloigner, fournir quelques éclaircissements à la justice; si même, ne pouvant pas le retenir, la justice eût à son égard procédé par contumace! Mais rien de semblable! pas un interrogatoire! aucune instruction! un seul procès-verbal, pour constater l'enlèvement! En dix jours (le prince a été arrêté le matin du 30 octobre, et il n'a disparu que dans la soirée du 9 novembre), on ne l'a pas conduit une seule fois devant le conseiller commissaire! Il n'a été soumis à aucune confrontation. On ne lui a pas demandé de proférer une seule parole.... Comment! est-ce que par hasard on aurait pu craindre qu'il parlât? Messieurs, supposez un gouvernement moins probe que ne l'est le nôtre, ayant, pour se guider dans ses actes, des maximes moins rigides d'honneur et de loyauté; supposez un gouvernement qui, averti des desseins du prince, et afin de mieux les déjouer, lui eût tendu un piége, l'eût attiré en France, croyant (non sans quelque fondement) qu'il en est des complots comme de certaines maladies, moins dangereuses dans leurs effets, si, au lieu de les attendre, on a pris soin de les inoculer; supposez... Je m'arrête, Messieurs, je ne veux pas pousser plus loin une hypothèse absurde, révoltante pour un pouvoir aux intentions duquel je ne saurais rendre un trop éclatant hommage.... Mais cependant si les cas diffèrent, les principes ne changent pas. Or, le prince (qui n'avait encore subi aucun interrogatoire), enlevé uniquement pour éviter qu'il donnât de dangereuses explications.... un jury sage et consciencieux se devrait d'absoudre à l'instant même tous les complices.

En thèse générale, l'absence du principal accusé ne peut jamais devenir la cause déterminante de l'absolution des autres. A ce compte, le crime obtiendrait trop souvent l'impunité. Le chef se dérobant à toutes les recherches de la justice, il s'ensuivrait que ses complices ne pourraient plus être poursuivis ni condamnés; mais nous sommes ici, Messieurs, dans une thèse particulière. Par le fait, par la volonté de qui le prince a-t-il disparu? par le fait, par la volonté du gouvernement. Ce n'est pas le prince qui a cherché son salut dans la fuite: c'est le gouvernement qui, lorsqu'il était sous la main de justice, lorsqu'il sollicitait à grands cris de courir toutes les chances de l'instruction, n'a pas voulu qu'on procédât contre lui, l'a fait partir furtivement, l'a isolé de ses coaccusés de tout l'intervalle d'un monde. C'est le gouvernement qui a privé le jury de sa présence. Eh quoi! on arrache à des malheureux l'imposant témoignage qui devait les couvrir et les protéger, et l'on se croit encore le droit de poursuivre leur jugement et leur condamnation! (Approbation générale.)

Messieurs, tous les jours, dans un procès criminel, la comparution d'un témoin peut sembler à des accusés utile pour leur justification. Ils la réclament. « Ses déclarations « doivent jeter le plus grand jour sur des faits encore dou- « teux. Qu'il soit entendu, et de sa bouche la vérité sor- « tira, entière, sans nuages. » Mais le ministère public de s'écrier: « Ce témoin, sur la déposition duquel vous insis- « tez, nous l'avions à notre disposition. Un mot de nous,

« et il comparaissait. *Il ne nous convient pas qu'il compa-« raisse.* Nous l'avons expatrié. Le procès se jugera sans « lui. » Messieurs, ce sont vos convictions que j'adjure. Quelle devrait être, dans une occurrence pareille, l'attitude d'un jury plein du sentiment de sa dignité? « Il ne vous « convient pas qu'un témoin, dont la présence est réclamée « hautement par les accusés, soit entendu. Vous l'éloignez « à dessein...; faites, faites usage de votre omnipotence...; « nous aussi, nous avons la nôtre. Vous ne pouvez pas nous « contraindre à trouver des accusés coupables...; nous « absolvons. » Voilà, Messieurs, comme vous répondriez tous. Cette réponse serait accueillie aux applaudissements de l'opinion publique. Vraie, juste, consciencieuse pour l'éloignement arbitraire d'un témoin important, est-ce qu'elle aura perdu ce caractère, et même ne se sera-t-elle pas convertie en une impérieuse nécessité, pour un acte bien autrement grave, pour l'éloignement arbitraire du principal accusé?

On nous dira peut-être que le renvoi de la duchesse de Berry ne fut invoqué, à titre d'acquittement, par aucun des nombreux accusés du crime de chouannerie. Quelle différence! la duchesse de Berry avait violé la loi qui exclut de France les Bourbons de la branche aînée; mais ce fait, le fait de sa présence parmi nous, était le seul qu'on pût lui reprocher. Qu'elle fût venue avec des vues hostiles, qu'elle voulût être sur les lieux pour entretenir le zèle de ses ardents, que son nom et sa présence fussent une excitation perpétuelle aux entreprises de sédition et de révolte, qui en doutera? Toutefois, elle n'avait, je le répète, contre elle que le fait de sa présence dans la Vendée. Du reste, nulle affiliation prouvée, nulle correspondance surprise, rien qui la rattachât directement, absolument à quelque mouvement insurrectionnel. Elle a été saisie comme une femme, après vingt-quatre heures de recherches, derrière une plaque de cheminée.... Où seraient donc les accusés qui, (lorsque son nom, s'il a été prononcé dans aucun procès, n'a pu l'être que d'une manière vague, générale, sans relation directe et absolue avec l'accusation) auraient pu s'affecter d'une mesure dictée par de puissantes considérations politiques et qui ne leur faisait pas grief? Mais le prince Louis! ce n'est pas pour le fait seul de sa présence indue à Strasbourg qu'il était susceptible d'être recherché et poursuivi. Le prince! il a été saisi les armes à la main, à la tête des troupes qu'il avait égarées, donnant ses ordres aux conjurés, en plein délit d'attentat! son nom qui était déjà dans toutes les parties de l'acte d'accusation, vous l'avez, Messieurs, retrouvé dans toutes les parties de ces débats. Tant de fois mon oreille l'a entendu prononcer qu'il me semblait que ces murs, ces murs sonores le demandaient. « C'est de son affaire qu'il s'agit, où est-il? » Car, enfin, il n'est pas un seul fait reproché à un seul des accusés qui ne soit avant tout le fait du prince. Et les deux hypothèses se compareraient!!! Arrière, arrière l'exemple de la duchesse de Berry! Elle était dans les insurrections vendéennes, comme mobile, comme encouragement, non comme action... Le prince, lui, va, payant partout de sa personne. Sans lui, il n'y aurait pas eu de complot. Sans lui, il ne peut pas y avoir de procès.

Je m'attends à un autre argument : « Vous vous plaignez « de la disparition du prince. On vous a fait tort en l'éloi- « gnant. Il eût donné sur chacun de vous des explications « favorables. Eh bien! ces explications, donnez-les vous- « mêmes, et on y croira. Elles passeront pour vraies; elles « auront autant de poids que si le prince les présentait à la « justice. » Y pense-t-on, et quel rôle se propose-t-on d'assigner aux accusés? Devenir accusateurs! charger le prince, quand il n'est point là, quand ses pas sont cloués au sol de l'Amérique, quand il ne peut plus parler!!! Ce rôle indigne de gens d'honneur, oui, de gens d'honneur, car quelque grand que soit ton égarement, *tu n'es pas encore un infâme, mon frère*, (profonde sensation. Me Parquin, en prononçant ces paroles, se retourne vers son frère, étend sur lui les mains; ce mouvement, produit d'une émotion dont il n'est pas le maître, cause un incroyable effet sur tout l'auditoire.) ce rôle indigne de gens d'honneur, ils le repoussent. Dût s'aggraver leur position, dût leur être réservée au bout de ce procès une peine sévère, la mort, jamais, jamais ils ne consentiront à se disculper, en accusant le prince. Le prince absent est sacré pour eux... Mais à son tour, le prince, s'il eût été présent, ne serait pas demeuré en arrière. Vous auriez été, Messieurs, spectateurs d'un intéressant combat. On aurait disputé à l'envi de générosité, de délicatesse. Les accusés ne veulent pas charger le prince; le prince aurait tout pris à sa charge... Par l'éloignement du prince, il ne vous est donc plus permis de tout savoir. La vérité ne peut arriver jusqu'à vous que mutilée, incomplète. Maintenant la difficulté se réduit à ces simples termes : Il a convenu au gouvernement d'enlever aux accusés le bienfait des déclarations du prince : les en punirez-vous ? Il ne convient pas aux accusés de se disculper en accusant le prince. Les en punirez-vous ? (Mouvement.)

C'est là, Messieurs, l'immuable raison de décider. Dans cette voie, vous n'avez pas à craindre de vous tromper jamais. Vous seriez sujets à de trop cruelles méprises, si vous en adoptiez une autre. L'erreur du ministère public était de supposer que l'éloignement du prince ne cause nul dommage aux accusés... Cette erreur, je l'ai réfutée, détruite. Je ne crois plus qu'il s'y maintienne ; et alors..... alors, Messieurs ! toutes les fois que nos rois rendent des ordonnances de grâce, c'est avec la formule obligée : sous la réserve du droit des tiers, *salvo jure alieno*. Toutes les fois que nos lois proclament des mesures d'amnistie, c'est avec la formule obligée : sous la réserve du droit des tiers, *salvo jure alieno*. Le droit des tiers veut toujours être respecté. Les lois, les ordonnances de faveur ne doivent jamais porter atteinte au droit des tiers... «Le prince (je rappelle votre «phrase favorite) a été l'objet d'un acte de clémence destiné «à prendre place dans les plus belles pages de l'histoire «contemporaine.» Vous n'avez pas pu être clément, généreux, libéral à nos dépens.... Dès qu'il est démontré, reconnu que le sort des accusés peut être aggravé par l'éloignement du prince, il n'y a plus qu'un seul verdict possible : l'acquittement. (Oui, oui !)

Et cet acquittement que tant de cœurs appellent, qui est-ce donc, Messieurs, qui en souffrirait ?

Le pays !... Le pays !... Assurément, il ne faut pas en savoir le moindre gré aux accusés : le succès d'une effroyable tentative n'a pas dépendu d'eux. L'Europe, à présent si calme, pouvait être de nouveau lancée dans l'abime des révolutions, et ce n'est pas moi qui voudrais rien retrancher des couleurs sombres de cette partie du tableau tracé avec tant d'art et de talent par M. le procureur-général. Mais enfin, ce complot, pour la réussite duquel il n'a pas été exercé la moindre violence, ce complot qui n'a pas fait couler une seule goutte de sang, ce complot, par son heureuse issue, n'est-ce pas, si l'on y songe bien, un événement favorable en soi ? n'a-t-il pas prouvé jusqu'à l'évidence que les parents de Napoléon n'avaient plus de chances ici, que la France qui les recevrait avec plaisir dans son sein, comme ses enfants, n'en voulait plus pour dominateurs et pour maîtres? S'il fut un jeune prince qui, par l'éducation solide que son excellente mère lui a donnée, par son naturel aimable, par ses rares et brillantes qualités, par son affection pour la contrée qui l'a vu naître, par ses rapports et par sa ressemblance avec le vaillant capitaine dont il était le neveu, le fils adoptif, pût espérer de faire revivre le prestige attaché jadis au nom qu'il porte, c'est assurément le prince Napoléon-Louis Bonaparte... Quel sort a eu son entreprise? où a-t-elle abouti? quel retentissement à Metz, à Nancy, à Lyon, ailleurs? A l'exception d'un régiment égaré à la voix de son chef (et ce régiment, je ne sache pas qu'il ait été mis en accusation), quels autres corps le prince a-t-il soulevés? quelles villes se sont déclarées en sa faveur? quelle citadelle lui a ouvert ses portes? Hélas! il est parvenu à égarer deux ou trois têtes. De ce vaste complot il ne serait pas même exact de dire avec le poëte :

Surgentem videt una dies, videt una cadentem.

(Un jour le voit éclore, un jour le voit mourir.)

Ce n'est point l'espace d'une journée, ce n'est point l'espace d'un matin, c'est tout au plus l'espace d'une heure qu'il a duré. Une heure, une heure en a vu le commencement, le milieu, la fin.... Et encore, avait-il produit quelque sensation dans la cité où il éclata? Vous êtes, Messieurs, pour la plupart, vous, les habitants de cette cité. Vous étiez-vous seulement aperçus de son existence? N'avez-vous pas appris l'arrestation des coupables avant de savoir qu'ils eussent conspiré? Avez-vous remarqué d'ailleurs que quelques intelligences eussent été pratiquées, quelques vœux conçus, quelque espoir formé? Non, dans leurs cris, le silence le plus absolu; dans leur marche, l'isolement le plus complet... Grande et salutaire leçon, qui ne sera pas perdue! Que les parents de Napoléon regardent encore, s'ils le veulent, d'un œil de regret, le trône de France; qu'ils ne le regardent plus d'un œil d'envie. Soit à jamais perpétué le souvenir de la gloire, des belles œuvres, des faits admirables du grand homme! Pour sa famille, elle ne doit plus attendre de nous que ce respect qui suit toujours la puissance déchue, d'illustres infortunes.

Et si l'avenir du pays ne doit pas souffrir de l'acquittement des accusés, la morale publique du moins en souffrira-t-elle? Aucunément. Une voix éloquente, une voix amie vous l'a prouvé. La morale publique recevrait le plus sanglant outrage de l'inégalité des conditions entre les artisans d'un même complot. Le prince mis en dehors du procès, parce qu'il est de sang illustre! Les accusés traduits et condamnés, parce qu'ils sont de sang vulgaire!... Ah, vous ne le voudriez pas.

Est-ce que vous auriez à suivre une règle plus sûre que celle qui vous est tracée par la cour royale de Colmar? quelque habileté, quelque ténacité que M. le procureur-général ait déployées dans l'exposition de son système sur la mesure relative à l'élargissement du prince et sur les effets de l'acquittement des accusés, ce système, la cour royale de Colmar l'avait jugé, l'avait proscrit d'avance. Le prince avait été, comme ses complices, compris dans l'arrêt d'évocation. Un acte du gouvernement le lui dérobe. Va-t-elle rester spectatrice indifférente d'un fait qui doit laisser sa justice désarmée, impuissante? elle s'en garde bien. Elle proteste. Elle ne veut pas tolérer, sans contradiction et sans réserve, l'évidente violation du principe fondamental de l'égalité devant la loi. Vous, Messieurs, vous vous conformerez à son esprit. Elle vous inspirera. L'œuvre qu'elle n'a pas pu conduire à fin, votre verdict se chargera de le compléter, de le parfaire. Comme elle, en acquittant les accusés après que le gouvernement a affranchi leur chef, vous inscrirez sur votre bannière: JUSTICE ÉGALE POUR TOUS.

A votre décision, si impatiemment attendue, tout le monde gagnera: le pays, la morale publique, les principes et les accusés.

Une seule personne pourrait y perdre, le roi.... le roi! car il n'aura plus, Messieurs, cette occasion d'exercer encore une fois sa haute clémence. Ah! sans doute, *celui qui a compris de poignantes douleurs, et qui s'y est associé*, celui que la voix du repentir n'a jamais imploré en vain, celui qui a ouvert les portes de leurs cachots aux insurgés de juin comme aux rebelles de la Vendée, celui qui a brisé les fers des prisonniers de Ham, celui-là n'eût pas dédaigné les vœux formés pour les accusés de Strasbourg: mais assez d'autres circonstances lui seront offertes; et que ce serait mal connaître son noble cœur, si l'on pensait qu'heureux seulement dans l'application du droit de faire grâce, il éprouve des joies moins vives, moins pures, quand des accusés sont renvoyés absous par la justice, que lorsque, déclarés coupables, il a conquis le beau privilége de pardonner!

Le discours de Me Parquin, rempli de si beaux sentiments, de si profondes pensées, dans lequel cet honorable avocat a su heureusement concilier ce qu'il devait à la défense et ce qu'il devait à ses sympathies politiques pour le gouvernement au nom duquel son frère est poursuivi, ce discours prononcé avec un merveilleux accent d'émotion, de noblesse et de convenance, excite une vive impression sur l'auditoire. Il est souvent interrompu par des murmures d'approbation. Le commandant Parquin l'écoute dans une attitude difficile à rendre. Sa mâle figure militaire est plus d'une fois sillonnée de larmes qu'il tente vainement de retenir. Le colonel Vaudrey, les yeux fixés sur l'éloquent défenseur, semble le remercier d'un regard de gratitude, de relever ainsi le coaccusé sur qui le ministère public a fait peser les injurieuses accusations qui l'ont si profondément blessé lui-même. La fin de l'oraison de M. Parquin est accueillie par d'unanimes acclamations. Les applaudissements éclatent au fond de la salle et sont à peine comprimés par le respect dû à la justice. Me Parquin est entouré des membres du barreau et des notabilités de l'auditoire qui le félicitent vivement.

M. LE PRÉSIDENT: La parole est au défenseur de l'accusé de Querelles.

Me MARTIN: Je supplierai la cour de vouloir bien remettre à demain. Je ne dirai pas à la cour que je suis indisposé; mais je n'ai pu entendre, sans une vive et profonde émotion, les deux éloquentes plaidoiries qui ont occupé cette audience. Je serais hors d'état de présenter en ce moment la défense de mon client: je la compromettrais, s'il fallait plaider aujourd'hui. (Marques d'appprobation dans l'auditoire).

M. LE PRÉSIDENT: La parole alors sera au défenseur de l'accusé de Gricourt. Nous ne pouvons ainsi perdre un temps précieux.

Me CHAUVIN-BELLIARD: L'accusation a placé avec une grande intelligence les défenseurs dans un ordre qui est probablement le meilleur, je ne devais pas m'attendre d'ailleurs à prendre la parole aujourd'hui.

Après quelques paroles d'insistance de M. le président et l'assurance renouvelée par Me Martin qu'il ne croit pas, dans l'intérêt de son client, devoir porter aujourd'hui la parole, l'audience est renvoyée à demain neuf heures.

AUDIENCE DU 16 JANVIER.

A neuf heures la cour entre en séance. L'affluence est toujours la même.

M. le Président : La parole est au défenseur de l'accusé de Querelles.

Me Parquin : Je vous prie, Monsieur le président, de permettre que je suspende un moment le plaisir que nous devons nous promettre de la plaidoirie de l'honorable confrère Me Martin, pour rectifier publiquement un fait qui intéresse au plus haut degré l'honneur d'un brave et loyal officier.

Un journal de Paris, *l'Estafette*, du mardi 10 janvier, dans l'interrogatoire qu'a subi le commandant Parquin, place cette question : le prince ne vous a-t-il pas dit que le colonel et le régiment de cuirassiers alors à Haguenau seraient du complot ? et cette réponse : Non, et cependant il aurait pu me le dire, car le colonel Brice était avec nous.

Je ne crois pas d'abord que la question a été adressée ; mais ce qui est certain en tout cas, c'est que la réponse n'a pas été faite, et elle n'a pas pu l'être, rien n'ayant pu donner lieu de penser que le colonel fût dans le complot. Cette erreur est d'autant plus extraordinaire dans *l'Estafette*, qu'elle n'a été commise par aucun autre journal. Comme elle pourrait avoir des suites graves pour un officier qui vient d'être atteint par une mesure sur laquelle il a l'espoir que la justice du gouvernement reviendra, la rectification publique de cette erreur était une chose nécessaire et de rigoureuse convenance. Le colonel Brice l'a désirée, et c'est de grand cœur que je la fais. (Approbation.)

M. le Président : La parole est à Me Martin.

L'honorable avocat se lève et s'exprime en ces termes :

Messieurs les jurés,

Après les trois défenses que vous avez déjà entendues, et à côté surtout de l'avocat célèbre qui, en venant ici réclamer et sauver son frère, protége tous les accusés de l'autorité de son nom et de son talent, j'ai peu de titres à votre attention.

Et cependant, outre les explications que j'ai à vous donner pour la défense particulière du lieutenant de Querelles, je suis, comme Alsacien, trop intéressé à la décision que vous allez rendre, pour pouvoir comprimer et taire toute l'impression que me fait cette procédure. Ce n'est plus seulement une question de vie et de liberté, c'est une question de morale que vous aurez à résoudre, et votre réponse dira si les Alsaciens ont su rester fidèles aux sentiments de justice et d'égalité qui ont jusqu'à présent fait honorer notre province, ou bien si nous sommes dégénérés au point qu'un jury alsacien, dans un procès tout politique, puisse devenir l'instrument de la plus horrible iniquité.

Oui, Messieurs, une condamnation, une condamnation quelconque serait une iniquité; elle serait contraire à notre droit criminel, contraire à la justice de tous les peuples, et contraire à la morale; car, on ne vous demande pas si les accusés ont commis matériellement tel ou tel fait: sous ce rapport tout est avoué par les cinq premiers accusés, au nombre desquels se trouve mon client. On vous demande si, pour avoir commis le même fait que le prince, vous pouvez les déclarer coupables comme complices, quand, pour le même fait, le gouvernement a déclaré le prince, auteur principal, non-coupable.

Voici la véritable et la seule proposition à résoudre, et quelque déguisés, ou quelque obscurs que vous en paraîtraient les termes, Messieurs les jurés, de toutes les questions qui vous seront présentées, chacune renfermera au fond la même proposition, et cette proposition est révoltante pour un homme juste.

L'accusation, sans doute, ne concède pas que tout se réduit à cette seule question; elle ne peut pas en convenir, car ce serait reconnaître que l'accusation est insoutenable. Aussi cherche-t elle à vous entraîner en vous embarrassant; elle veut limiter votre droit d'examen, elle vous dénie votre omnipotence, la plus belle de vos prérogatives; elle voudrait que vous ne pussiez pas comprendre les moyens de la défense. Ce qu'elle redoutait le plus pour la décision d'une question de droit, c'étaient les explications les plus éclairées, et pour vous en priver, l'accusation n'a pas craint de pousser l'exercice de certains de ses droits jusqu'à l'abus [1].

Quant aux faits, l'accusation a tout exagéré, et elle l'a fait avec passion; l'accusation est inexacte et malveillante.

[1] Le ministère public, en épuisant son droit de récusation, avait repoussé du jury plusieurs membres de l'académie de Strasbourg, parmi lesquels se trouvait un professeur en droit.

M. Rossée, procureur-général (à voix basse) : Il n'est pas permis de qualifier ainsi l'accusation !

Qu'est-ce, en effet, continue Me Martin, que cette ville et ces campagnes menacées du plus affreux carnage ? que le pillage et les réquisitions ? qu'est-ce que l'effroi des habitants de cette cité et l'indiscipline des soldats ? toutes choses dont on vous a tant parlé. Ce sont de vaines conjectures, des suppositions mal fondées, contraires à tout ce qui s'est passé, à tout ce que nous avons vu, à tout ce qu'ont affirmé de nombreux témoins.

Ces conspirateurs voulaient le pillage et les réquisitions ? Et ils avaient pris la précaution de distribuer de l'argent aux soldats, dans le but même d'empêcher toute exaction envers les citoyens. Ils voulaient le carnage ? et ils négligeaient tout le matériel d'artillerie qui était à leur disposition, et qui leur aurait assuré une victoire certaine dans la ville. Ils voulaient le carnage ? Et au moment où ils pouvaient encore vaincre et réussir, le prince ne veut agir que par la persuasion, et leur défend de se servir de leurs armes.

Ils étaient indisciplinés, ces soldats du 4e ? ces soldats qui ont écouté la voix de leur chef au cruel instant même où ils devaient s'en séparer et le livrer au 46e ?

Non, non, tout cela est exagéré et mal fondé ; c'est ajouter aux faits, c'est aggraver ceux dont les accusés ont à répondre, et qui sont déjà bien assez graves par eux-mêmes. Mais ces faits tels qu'ils sont, portent avec eux un caractère de douceur, d'humanité et de générosité, qui vient au devant de la défense. C'est là ce qu'on a voulu détruire, et ici aussi, c'est par la peur qu'on cherche à agir sur vos esprits !

On attaque l'honneur des accusés, on leur conteste de nobles sentiments. On nie qu'ils aient pu agir par conviction, et quand ils expriment leur opinion, quand ils font leur profession de foi politique, on le leur reproche comme une faute ou un délit. Cependant il est permis aux accusés de défendre leur honneur ! Il s'agit, en effet, d'un acte politique ; un tel acte peut constituer un crime, et ne pas entacher l'honneur personnel de celui qui l'a commis ; ce peut être une erreur, mais cette erreur peut être fondée sur la fidélité à des convictions politiques, et cette erreur n'est pas déshonorante.

Après ce brillant exorde qui a été écouté avec un profond recueillement, le défenseur en vient à discuter le caractère de son client que l'accusation présente comme un homme chassé de son régiment pour dettes, se trouvant dans une position gênée. L'avocat donne ici lecture d'une lettre à lui adressée par le malheureux père de l'accusé, qui démontre le peu de fondement de ces accusations, et il trace en peu de mots la biographie de son jeune client; il s'attache principalement à combattre les arguments que l'accusation a voulu tirer du carnet de M. de Querelles; il démontre que ce n'est pas l'intérêt, l'égoïsme, l'ambition qui ont entraîné son client, à prêter son appui au prince Louis, mais ses convictions, et ici Me Martin donne lecture du projet de défense que le prince avait préparé dans la prison de Strasbourg, pour faire voir quels étaient les projets du prince. Voici cette pièce :

» Messieurs,

» Ce n'est pas ma vie que je viens défendre devant vous : j'y ai » renoncé en mettant le pied sur le territoire français; mais c'est » mon honneur et mon droit! Oui, Messieurs, mon droit! Après » 1830 j'ai demandé à rentrer en France comme citoyen : on m'a » repoussé; j'ai demandé à servir comme simple soldat : on ne m'a » pas répondu. On m'a traité en prétendant; eh bien! je me suis » conduit comme prétendant.

» Ne croyez pas cependant que je ne prétendisse qu'au désir de » m'asseoir sur une chaise recouverte de velours; mes idées étaient » plus élevées. Je voulais remettre le peuple dans ses droits, je vou- » lais convoquer un congrès national qui, consultant les antécé- » dents et les besoins de chacun, eût fait des lois françaises sans em- » prunter à l'Angleterre ou à l'Amérique des constitutions qui ne » peuvent nous convenir.

» ....L'empereur a accompli sa mission civilisatrice. Il a préparé » les peuples à la liberté, en introduisant dans les mœurs le principe » d'égalité et en faisant du mérite la seule raison pour y parvenir.

» ....Tous les gouvernements qui se sont succédés ont été exclu- » sifs, les uns s'appuyant sur la noblesse et le clergé, les autres sur » une aristocratie bourgeoise, d'autres enfin, uniquement sur les » prolétaires. Le gouvernement de l'empereur, au contraire, s'ap- » puyait sur le peuple comme un général sur son armée.

» ....Le gouvernement de Napoléon reçut quatre fois la sanction » populaire. En 1804 le peuple français reconnut par quatre millions » de voix l'hérédité dans la famille impériale. Depuis il n'a plus été » consulté. Comme aîné des neveux de l'empereur, je pouvais donc » me considérer, non comme le représentant de l'empire, car de- » puis vingt ans les idées ont dû changer, mais comme le représen- » tant de la souveraineté nationale. J'ai toujours regardé l'aigle » comme l'emblème des droits du peuple et non comme l'emblème » d'une famille.

» ....Fort de ces idées et de la sainteté de ma cause, je me suis » écrié : Les princes qui se disent de droit divin, trouvent des hom-

» mes qui consentent à mourir pour eux, pour rétablir les abus et » les priviléges, et moi dont le nom rappelle la gloire et la liberté, » mourrai-je donc seul dans l'exil? Non, m'ont répondu mes braves » compagnons d'infortune, nous mourrons avec vous ou nous vain- » crons ensemble pour la cause du peuple français.

» ....Ne croyez pas que j'aie voulu singer les derniers empereurs » romains, que la soldatesque élevait un jour sur le pavois et ren- » versait le lendemain. J'ai voulu faire la révolution par l'armée, » parce qu'elle offrait plus de chances de réussite et pour éviter » aussi les désordres si fréquents dans les bouleversements so- » ciaux.... »

Puis l'honorable défenseur aborde le fond de l'accusation dirigée contre son client, et démontre que du moment qu'il est fait abstraction de la personne du prince, de Querelles lui semble à l'abri de toute recherche : Otez le but, s'est-il écrié, ôtez le but et le fait du prince, et il n'y a plus ni crime ni délit.

Dans une discussion remarquable de logique et de raison, Me Martin établit l'impossibilité pour le jury de condamner des complices, quand l'auteur principal est violemment soustrait à la juridiction du pays. Si l'affaire était régie par le droit commun, dit-il, si le prévenu était sur ce banc à côté des accusés, vous auriez à prononcer d'abord sur la culpabilité du prince ; et s'il était déclaré coupable, comme auteur principal, vous déclareriez sans doute les accusés coupables de complicité, et comme tels ils seraient punis de la même peine que l'auteur principal. Tel est le droit commun, la disposition formelle de l'art. 59 du code pénal, d'où il résulte que si l'accusé principal n'est pas punissable, les complices ne le sont non plus, car sans cela il n'y aurait plus *même peine*. Telle est la règle, la règle générale, et la loi ajoute qu'il n'y a d'exception que pour les cas où elle en aurait disposé autrement. Ainsi, suivant cette règle et suivant la loi, quand l'auteur principal est déclaré non punissable et mis en liberté, les complices doivent aussi être déclarés non punissables et être mis en liberté.

Du reste, le principe que nous avons invoqué et qui est écrit en tête du code pénal, le droit positif de la France, n'est que l'application de ce sentiment de justice qui est inné à l'homme et qui forme la base de toute religion et de toute morale !

Il n'existe au monde aucune législation, ni aucun peuple qui aient admis un principe contraire. Punir les moins coupables, absoudre et mettre en liberté l'accusé principal! quelle maxime! quelle justice! Et c'est là ce qu'on vous demande! un pareil principe révolterait jusqu'à des enfants. Si des écoliers, entraînés par un de leurs camarades, avaient commis une faute, que le maître voulût tous les punir, en exceptant celui qui les a entraînés; s'il absolvait celui-ci, parce qu'il est le fils d'une famille riche et puissante, demandez à un enfant si ce serait là de la justice, et voyez si à ce mot son jeune cœur ne se soulèverait pas d'indignation!

Eh bien! votre position est la même : on met en liberté le plus coupable, celui qui a entraîné, excité, dirigé tous les autres; celui pour qui l'attentat avait été commis, celui qui devait en profiter. On déclare qu'il ne sera pas puni, qu'il ne peut être puni parce qu'il descend d'empereur et de rois, et on veut que vous punissiez ses complices, ses compagnons, les amis qu'il a entraînés! Et vous pourriez hésiter? mais il faudrait pour cela avoir étouffé ce sentiment de justice, ce sentiment qui anime jusqu'aux enfants. Messieurs, vous tenez trop aux mœurs simples de notre province pour ne pas protester dans une pareille circonstance contre une supposition aussi injurieuse pour vous.

Votre position l'exige d'autant plus que vous devez en même temps revendiquer et reprendre toute la dignité qui appartient au jury. C'est une injure, c'est un outrage envers vous que d'avoir enlevé le prince. On vous dit : à vous roturiers à juger vos égaux; mais un prince quel qu'il soit, vous êtes indignes, vous n'êtes pas capables d'apprécier ses faits et ses actions; votre justice est bonne pour le peuple et non pas pour les grands.

Après vous avoir ainsi abaissés, on vous demande de charger votre conscience d'une condamnation, dans une procédure, dans un débat incomplets; dans un procès où les accusés ici présents, ont été privés, par l'absence du prince, des avantages, de l'influence et de l'autorité que pouvaient donner à la défense les explications et les révélations du principal accusé. Non, Messieurs, c'est ce qu'on n'obtiendra pas de vous, vous n'irez pas vous humilier jusque-là. Oh! soyez plus fiers et plus dignes, et la main sur la conscience, devant Dieu et les hommes, dites à l'Europe et au monde entier, qu'il serait injuste de punir des complices, quand l'auteur principal est mis en liberté! Répondez NON à toutes les questions qui peuvent vous être posées, et votre décision sera respectée, sera admirée jusqu'au delà des mers!

Après avoir démontré que cette solution est commandée et par notre droit positif et par ce sentiment de justice qui a été révélé à l'homme, Mc Martin prouve qu'elle l'est aussi par notre droit politique et constitutionnel. En effet, l'égalité est le fondement de tout notre droit public ; l'égalité de tous devant la loi, cette conquête de 89, a passé dans toutes nos institutions, dans toutes nos lois ; c'est la base de toutes nos libertés, la plus grande garantie de l'ordre. Dans le doute donc, il faut toujours revenir à ce principe, il faut toujours le prendre pour guide, il faut appliquer, interpréter toutes les lois dans le sens de l'égalité, car encore une fois, toutes nos lois, quelles qu'elles soient, sont fondées sur ce principe et se réfèrent à ce principe.

La France et l'Amérique sont les seules nations qui l'aient admis et proclamé. Honneur à elles! Ce principe d'égalité fait l'admiration et l'envie de tous les peuples ; mais ce serait l'abdiquer que de prononcer une condamnation.

L'égalité devant la loi est d'ailleurs écrite en toutes lettres dans la charte. Or, la charte est la loi des lois ; vous avez tous juré obéissance à la charte, et pour obéir à la charte, pour la respecter, il faut ne jamais rien faire, rien permettre contre l'égalité. La charte vous le défend.

C'est déjà bien assez qu'on y ait porté atteinte par l'enlèvement du prince ; et, en effet, pour lui et à son égard, on a suspendu les lois et dispensé de leur exécution, ce qui était défendu par l'art. 13, tandis que, d'un autre côté, on portait atteinte à la liberté individuelle, en l'arrêtant autrement que dans les cas et dans les formes voulus par la loi. Ce qui était prohibé par l'art. 4.

C'est déjà bien assez, disons-nous ; et aujourd'hui on tente encore d'établir entre lui et les accusés une monstrueuse inégalité, quand l'art. 1er de la charte dit que les Français sont tous égaux devant la loi, quels que soient d'ailleurs leurs titres et leurs rangs.

Mais cette inégalité contraire à la charte, dépend de vous, Messieurs les jurés ; une condamnation la consommerait, et c'est vous qui deviendriez l'instrument de cette violation de notre constitution.

En vain vous dit-on que vous n'êtes pas juges de cette question, que c'est aux chambres, au pouvoir législatif seul à l'apprécier. C'est une erreur ; car la charte et tous les droits qu'elle consacre, sont confiés au patriotisme et au courage de tous les citoyens français. C'est le texte de l'art. 66 de la charte.

Chaque citoyen doit donc, dans sa sphère, veiller au maintien de la charte, quelle que soit sa position et quelles que soient ses fonctions.

Comme jurés vous devez, plus que tout autre, faire preuve de patriotisme et de courage. Comme jurés vous devez, avant tout, veiller à ce que votre décision ne puisse point blesser la charte, et dès que vous en avez l'occasion, vous devez avant tout protester contre une violation de nos droits, de quelque part qu'elle vienne.

Or, entre l'acquittement d'un accusé ou la violation de la charte, vous ne pouvez pas balancer : car la violation de la charte est le plus grand des crimes, mille fois plus coupable, mille fois plus punissable que tous les attentats.

La charte est le seul lien entre le souverain et le peuple, entre le peuple et le souverain ; et violer la charte, c'est préparer pour tôt ou tard le déchirement de ce lien.

La violation de la charte est le plus grand des maux, car si ce n'est là la cause première et la cause directe de tous les troubles, de toutes les tentatives de renversement, c'est du moins là le prétexte et la meilleure raison de tous les mécontents et surtout de tous les prétendants.

Ainsi, Messieurs, votre qualité de citoyens français, votre serment, vos fonctions de jurés et la saine raison, vous font une loi de ne pas vous associer à une pareille mesure (profonde sensation).

Ces raisons, sans doute, existaient déjà, et elles étaient du même poids pour tous les fonctionnaires et magistrats qui ont eu à s'occuper de cette procédure depuis l'enlèvement du prince. Tous aussi ils auraient pu, tous, suivant nous, ils auraient dû protester contre cet acte ; mais parce que tous ne l'ont pas fait, ce n'est pas un motif pour que vous ne le fassiez pas ; c'est au contraire un motif puissant pour que vous ne le négligiez point.

Pour eux, ils sont tous plus ou moins dépendants du pouvoir ; vous seuls, vous êtes complétement indépendants.

Pour eux, leurs fonctions et souvent leurs devoirs sont tracés et limités ; vous seuls, vous ne devez écouter que votre raison et votre conscience.

Pour eux, ils pouvaient tarder ou hésiter, parce qu'ils savaient qu'il restait encore une dernière garantie dans l'institution du jury ; et après vous, Messieurs, il ne reste plus rien. Oui, votre institution est la plus belle, la plus forte, mais aussi la dernière des garanties du peuple, et si vous fléchissez, tout est perdu.

Et pourquoi fléchir ou pourquoi hésiter? votre marche est toute tracée par l'arrêt de la chambre d'accusation, car la violation de la charte y est montrée du doigt, et c'est à vous que la cour paraît avoir voulu réserver l'honneur de la réparer.

Un acquittement, en effet, réparerait et rétablirait l'égalité, et l'acquittement est le seul moyen de rentrer dans la constitution et dans le droit commun.

Aujourd'hui on soutient, il est vrai, que l'enlèvement du prince était un acte entièrement légal; mais le ministère public se met par là en contradiction et avec les organes du gouvernement et avec l'arrêt de mise en accusation; et quand on le voit, en tâtonnant, chercher à qualifier cette mesure, on est porté à venir à son aide en le renvoyant à nos livres de jurisprudence. Qu'il ouvre en effet le Répertoire de Merlin, et il trouvera le caractère légal, le véritable caractère de l'ordre d'enlèvement, au mot : *Lettre de cachet*. Oui, Messieurs, l'ordre d'enlèvement du prince n'était qu'une lettre de cachet, un renouvellement de cet horrible abus de l'ancien régime, aboli expressément par une loi du mois de mars 1790, et tellement aboli qu'on aurait rougi d'en parler encore lors des législations subséquentes. Et c'est à l'occasion d'une lettre de cachet que nous voyons jusqu'à des magistrats se courber devant l'arbitraire!

Examinons, du reste, en droit les doctrines du ministère public :

M. le procureur-général vous a dit que l'ordre d'enlèvement n'était que l'exercice du droit de grâce, et d'autant plus respectable qu'il a été appliqué avant la condamnation, ce qui, suivant ce magistrat, est beaucoup plus dans les convenances que la grâce accordée après jugement.

Mais que devient cette singulière doctrine, quand, en ouvrant M. Legraverand, l'auteur que M. le procureur-général a lui-même cité de préférence, nous lisons, que *la grâce est la remise que le souverain fait au coupable* DE LA PEINE *prononcée par les tribunaux qui l'ont* JUGÉ ?

M. le procureur-général ajoute, il est vrai, que si ce n'est pas une grâce, c'est, du moins, une amnistie, et il a rappelé, à ce sujet, la distinction faite par M. Legraverand entre les amnisties générales ou particulières, et les amnisties absolues ou conditionnelles.

Mais, en s'attachant à ces distinctions secondaires, M. le procureur-général oubliait que le caractère essentiel et distinctif de l'amnistie est de s'appliquer au fait, abstraction faite de son auteur, tandis que la grâce ne s'applique qu'à la personne du coupable.

Quand donc l'amnistie est particulière, cela veut dire particulière à tel ou tel fait, et non pas particulière à telle ou telle personne.

En effet, et c'est encore M. Legraverand qui nous l'enseigne, *l'amnistie est un acte du souverain qui couvre, du voile éternel de l'oubli, certains crimes, certains délits, certains attentats spécialement désignés, et qui ne permet plus aux tribunaux d'exercer aucune poursuite contre ceux qui s'en sont rendus coupables.*

Si donc l'acte d'enlèvement du prince était une amnistie, l'attentat reproché aux accusés devrait être couvert du voile de l'oubli, et il ne serait plus permis aux tribunaux d'exercer aucune poursuite contre eux : car il n'est pas vrai que l'amnistie puisse être restreinte à l'auteur principal. L'exemple particulier à la ville de Strasbourg, et cité par M. le procureur-général, prouve même le contraire, puisque cette amnistie particulière a libéré à la fois les complices et l'auteur principal.

Il est, d'ailleurs, de principe que l'amnistie profite toujours aux complices. C'est encore un point de jurisprudence attesté par M. Legraverand, et il a été consacré par plusieurs arrêts de la cour de cassation.

Tout est donc erroné dans les doctrines du ministère public. Mais à côté des lettres de grâce et des lettres d'amnistie on connaissait encore autrefois des lettres d'abolition. Oui, Messieurs, c'est à une lettre d'abolition que ressemble l'ordre d'enlèvement du prince, mais pour cela il n'en est pas plus légal. Les lettres d'abolition, avant le jugement, étaient aussi un abus de l'ancien régime, et un abus tellement dangereux que la restauration elle-même avait protesté qu'il ne se renouvellerait plus. Et n'est-il pas déplorable que nous soyons réduits aujourd'hui à opposer aux doctrines du ministère public des actes du beau temps de 1814 ? Car, en effet, c'est dans des lettres d'abolition du 10 août 1814, accordées *après jugement*, que nous lisons : « *Que les lettres d'abolition avant le jugement, contre lesquelles*

« les magistrats les plus distingués n'ont cessé de réclamer au-
« trefois, sont contraires aux règles, entravent le cours de la
« justice et nuisent à l'action des tribunaux. »

Enfin le ministère public a invoqué le précédent de la duchesse de Berry.

Nous savons bien que c'est là ce qui a engagé le gouvernement à mettre en liberté le prince Louis. Mais le fait d'une première violation de la loi ne constitue pas un droit, et ce précédent même ne peut conduire qu'à un acquittement, car aucun des complices de la duchesse de Berry n'a été condamné. La mise en liberté de cette princesse a donc profité à ses complices, et dès lors la mise en liberté du prince Louis doit aussi assurer l'acquittement de nos accusés.

Il existe d'ailleurs un motif d'acquittement bien puissant pour les hommes de toutes les opinions: car, d'après les propres doctrines du ministère public, il est certain aujourd'hui que le roi est intervenu dans cette procédure. Or, il a toujours été de principe en France que le prince ne doit pas s'immiscer dans l'exercice de l'autorité judiciaire.

Et l'acquittement est de droit, dès que le souverain est intervenu: car la main du roi, qui ne peut jamais faire le mal, ne doit provoquer que de la reconnaissance et des bénédictions ; la main du roi ne doit jamais s'exposer à être maudite. Et cependant, si un seul des accusés était condamné, il aurait le droit de dire : *J'aurais peut-être été acquitté, si le roi n'était pas intervenu.*

Une condamnation serait même contraire au but que le gouvernement a cherché à atteindre par l'enlèvement du prince Louis; car, rendu à la liberté par un acte tout dans l'intérêt de la considération princière, il se trouverait frappé de la plus indélébile des flétrissures par la condamnation de ses complices, de ses amis, de ceux qu'il a séduits et entraînés, de ceux qui se sont dévoués à lui.

Le défenseur rappelle ensuite que les crimes politiques ne sont que des fautes amenées par les circonstances. Il ne doit y avoir de condamnation, dit-il, que dans les cas d'une absolue nécessité. Hors de là, une condamnation serait une réaction. Y a-t-il donc ici nécessité de condamner? Et dans quel intérêt? Dans l'intérêt de la société, de l'ordre et de la paix publique? Mais cet intérêt n'eût existé qu'à l'égard du prince: car l'attentat du 30 octobre n'était qu'un acte de prétendant; et en mettant en liberté le principal coupable, le gouvernement a lui-même reconnu que la société n'était pas intéressée à sévir contre les auteurs de cet acte.

Le pouvoir, d'ailleurs, avait lui-même encouru une grande responsabilité; car la faute et l'incurie de l'administration ne peuvent pas être regardées comme étrangères aux circonstances qui ont amené l'attentat. Le gouvernement, en effet, avait été averti de tout ce qui se passait. M. le capitaine Raindre avait prévenu le général Voirol; ce général avait fait part de cet utile avis au ministère et au préfet du département. Ces faits ont été constatés dans ces débats. Et on vous demande une condamnation, quand l'administration refuse de vous dire ce qu'à la suite de ces avertissements elle a fait ou ce qu'elle a négligé de faire. Non, non, une condamnation ne serait fondée ni en raison, ni en justice; une condamnation serait une réaction.

Est-ce donc une réaction qu'on vous demande? Oh! ici je me rassure, car on se trompe encore. L'Alsace n'est point un pays de réaction; jamais cette province ne s'y est prêtée, et nous renierions comme Alsaciens les hommes qui seraient arrivés dans cette enceinte avec de tels sentiments.

Depuis six ans vous seriez, Messieurs, les premiers jurés alsaciens qui prononceraient une condamnation politique! et n'est-ce donc rien pour vous que de conserver intact le renom patriotique de notre province?

Ce n'est pas que nous prétendions que l'opinion politique doive aveugler ou empêcher la justice; bien au contraire, c'est la justice que nous invoquons et que nous venons réclamer, mais c'est une justice libre et éclairée, c'est une justice pure et complète, ce n'est point une justice boiteuse et privilégiée, ce n'est pas la justice des grands, la justice des cours, c'est la justice populaire, c'est la justice qui est égale pour tous.

Ah! nous aussi, nous nous élevons contre cette corruption qui menace le temps présent et qui s'infiltre partout.

Nous aussi, nous sommes réduits à nous écrier, comme M. le procureur-général: système représentatif! système corrupteur! Mais nous ajoutons que, si chez nous le système représentatif, tel qu'il est, est essentiellement corrupteur, c'est que tout d'abord ce système est corrompu: car si nous avions un système représentatif sincère et véritable, le gouvernement du pays par le pays, tel que le voulait et tel que le promettait la révolution de juillet, nous n'aurions pas tous ensemble à gémir sur cet état de dépravation.

Mais d'où vient-elle donc, cette corruption ? Vous n'oseriez pas alléguer qu'elle surgit d'en bas, que sa source est dans le peuple. Car si vous l'osiez, je vous dirais que vous le calomniez.

Ce n'est pas le peuple qui est corrompu, ce n'est pas le peuple qui est corrupteur. Non, non, la corruption vient d'en haut, c'est du pouvoir même qu'elle s'écoule....

M. LE PRÉSIDENT : Je ne puis, Me Martin, vous laisser égarer dans de pareilles attaques contre le pouvoir.

Me MARTIN : Je n'attaque pas le pouvoir ; je réponds à une assertion de M. le procureur-général.

M. LE PROCUREUR-GÉNÉRAL : Vous attaquez le pouvoir, vous attaquez l'administration, vous attaquez la magistrature. Je vais vous rappeler vos propres paroles : Vous avez dit que l'accusation était passionnée et malveillante ; qu'il y avait eu incurie de la part de l'administration ; vous venez de dire que la corruption descend du pouvoir, et auparavant vous aviez dit que les magistrats se courbaient devant l'arbitraire. Ce sont là des écarts qu'il est impossible de tolérer.

Me MARTIN : Je ne crois pas.....

M. LE PRÉSIDENT : Il est douloureux pour moi d'avoir à vous rappeler l'exemple de haute convenance que nous avons tous admiré hier.

Me MARTIN : Je voulais seulement dire, en terminant, que la corruption, de quelque côté qu'elle vienne, ne peut trouver de remède que dans les principes de la morale, et qu'une condamnation contraire à la morale ne serait point un remède à ce mal.

Une condamnation serait d'ailleurs une honte pour la France, car elle annoncerait au monde entier qui nous contemple dans ce moment, que nous ne savons pas garder intact le principe de notre égalité.

Une condamnation serait une tache pour l'Alsace, et songez-y bien, Messieurs les jurés, c'est un intérêt grand, un intérêt puissant que l'honneur de l'Alsace, et c'est pour vous un devoir de le transmettre à vos enfants, pur et sans tache.

Me Martin se rasseoit au milieu d'un murmure approbateur. Sa discussion, pressante et serrée, a paru produire une forte impression sur le jury, dont l'attention constante a surtout été vivement excitée par les arguments tirés du respect dû à la charte, et de l'atteinte que lui porterait un verdict de condamnation.

L'interprète traduit.

M. LE PRÉSIDENT : La parole est au défenseur de l'accusé de Gricourt.

Me CHAUVIN-BELLIARD : Mon jeune client a voulu vous dire tout son crime, que l'accusation ne connaissait pas encore, ou connaissait mal, et moi, Messieurs, je n'ai pu me refuser à cette tâche si nouvelle pour mon ministère. Et pourtant une autre voie nous était ouverte, moins périlleuse sans doute. Il semble même qu'une défense bien aisée et bien sûre nous fût offerte, précisément par le mauvais langage et les injures de l'acte d'accusation : car nous pouvions bien, après tout, accepter cette jeunesse aventureuse et dissipée que M. le procureur-général vous a faite si perdue de mœurs.

Imprudentes paroles qui vont plus loin et plus haut que vous n'avez cru, Monsieur le procureur-général. Elles s'adressent à tout ce qu'il y a de distingué, de plus haut placé dans la jeunesse de France. Et si vous saviez les noms propres que je pourrais citer ici, malgré l'éloignement des situations et des intérêts politiques......... Oh! j'en suis sûr.........

M. LE PROCUREUR-GÉNÉRAL : Si c'est un parti pris au banc de la défense d'attaquer, de calomnier tout, nous ne le souffrirons pas, et nous prendrons des réquisitions.

Me CHAUVIN : S'il plaît au ministère public de prendre des réquisitions, qu'il les prenne. S'il veut retirer ses paroles, je ne dis plus rien qui pourrait l'irriter.

M. LE PROCUREUR-GÉNÉRAL : Je ne retire rien.

M. LE PRÉSIDENT : Vous faites des insinuations personnelles. On ne se dit pas des injures entre gens qui se respectent.

Me CHAUVIN continue sa défense.

Si nous avions voulu, nous aurions représenté ce jeune gentilhomme, ardent, fou, dissipé, mais généreux, ayant sucé le lait de la branche aînée, et détestant cordialement les nouveaux Bourbons, quoiqu'en conscience ils ressemblent bien aux anciens. Gentilhomme de l'autre siècle, lui aussi, se jetant à l'étourdie partout où il y a des coups à donner et à recevoir, tirant l'épée dans l'Ouest pour une princesse de race ointe et sacrée, et arborant en Alsace le drapeau d'une famille élevée dès longtemps sur le pavois populaire par quatre millions de suffrages.

Me Chauvin termine en reconnaissant que la dynastie actuelle a pour mission d'établir l'ordre et la tranquillité, mais par des voies nouvelles, par des voies de conciliation, par des moyens tout sociaux. Il finit en faisant, comme ses confrères, un appel aux sympathies des jurés pour une bonne justice.

Après une courte suspension, l'audience est reprise.

M. le Président : La parole est au défenseur de Mme Gordon. (Profond silence.)

Me Liechtenberger se lève et s'exprime en ces termes :

Messieurs les jurés,

Si Mme Gordon que je viens défendre en ce moment, était accusée d'avoir pris une part active et directe à la tentative du prince Louis-Napoléon, si l'accusation lui imputait d'avoir accepté ou rempli un rôle dans les événements de la matinée du 30 octobre, ma tâche serait déjà remplie. Je devrais rester assis et me taire. Que pourrais-je ajouter, en effet, à ces principes de droit constitutionnel et politique, à ces moyens tirés de ce qui est le plus susceptible d'échauffer et d'émouvoir le cœur de citoyens français ; à ces considérations d'un ordre si élevé, quoique d'une application si facile ; à ces arguments qui saisissent l'âme, et qui la subjuguent, et qui, depuis deux audiences, ont dû éclairer et maîtriser vos consciences, comme elles ont excité mon admiration et électrisé mon cœur. Venir jeter encore ma faible voix dans ces débats, ce ne serait que retarder le moment solennel où, par votre organe, la justice nationale viendra compléter, légitimer peut-être, la justice que le pouvoir s'est cru en droit de faire lui-même, en dehors de la magistrature et des lois.

Mais il n'en est pas ainsi, Messieurs. De la hauteur des questions politiques qui ont été traitées par les orateurs qui m'ont précédé, de ces vastes théories qu'un admirable talent a fécondées, le débat va descendre à des proportions plus restreintes ; c'est une simple discussion de preuves que j'ai à entreprendre, car, désormais, les faits nous manquent. Aucune participation aux tentatives d'exécution des projets du prince Louis-Napoléon ne peut être reprochée à Mme Gordon. Aussi ne vient-elle pas vous expliquer les motifs qui l'auraient rendue coupable. Étrangère à l'attentat, étrangère au complot qui l'a précédé, elle se borne à se présenter devant vous, pour faire constater son innocence. Cette différence dans les positions a dû vous frapper, Messieurs, avant même que la défense ait pu vous y rendre attentifs; car, si les cinq accusés qui précèdent ma cliente, acteurs dans les scènes du 30 octobre, ont avoué avec la franchise de leur caractère, franchise que ma cliente admire, et que dans leur position elle aurait imitée, la coopération qu'ils ont accordée ou promise aux desseins du prince, vous avez vu que l'accusation en est encore réduite à des conjectures, à des inductions, à des raisonnements plus ou moins heureux, à des interprétations toujours dangereuses, et que nous démontrerons être erronées, pour établir la complicité de Mme Gordon à l'attentat ou sa participation au complot. Mais avant tout, Messieurs, n'avez-vous point partagé notre étonnement? Une tentative a lieu: son succès, selon les accusés, et selon la vérité que tous les faits constatés au procès rendent évidente, son succès ne devait dépendre que du prestige attaché au grand nom de l'empereur, à la magie des souvenirs de cette gloire immense que la France a recueillie comme un héritage de l'empire: selon l'accusation, démentie ici solennellement par les faits, cette tentative devait en appeler, pour réussir, à la force brutale, à la dévastation, à la guerre civile et au carnage.

Dans l'une comme dans l'autre de ces hypothèses, n'êtes-vous pas étonnés de voir sur ces bancs, au milieu de tout cet attirail militaire qui forme le corps de délit, dans une cause où il s'agit d'une tentative exclusivement militaire, une femme accusée de complicité? Certes, Messieurs, notre pays, depuis quelques années surtout, a assisté au triste spectacle de beaucoup de procès politiques. Nous avons pu faire plus d'une douloureuse expérience sur les excès auxquels on peut arriver, lorsque la politique envahit le sanctuaire de la justice, ou lorsqu'il s'agit de faire de la justice politique; et cependant, si nous en exceptons la Vendée, où la surexcitation des passions politiques a pu pousser une jeune et noble châtelaine à se mettre à la tête de ses vassaux pour défendre ses croyances et ses opinions, témérité qu'on lui a fait expier aussi par une accusation, l'exemple que donne ce procès est encore le premier. Ce progrès dans l'art de faire des poursuites, qui serait effrayant, si l'on ne devait pas espérer qu'il sera le dernier dans cette funeste carrière, ce progrès qui démontre que dans les procès qui intéressent le pouvoir, ni l'âge, ni le sexe, ni la position des personnes ne peuvent mettre à l'abri d'une accusation, quelque extraordinaire qu'elle paraisse, il était réservé à notre province de le constater; à notre province qui, connue par son ardent amour pour la liberté, l'est aussi par sa modération et par son calme, par sa répugnance pour toutes les exagérations.

Vous voyez dans ce procès, au milieu de ces débats de complot, de conspiration militaire, une femme que ses goûts, ses habitudes, les occupations de sa vie entière devaient rendre et rendaient en effet étrangère à toutes les discussions politiques, à toute lutte de partis, à toutes ces préoccupations qui se sont emparées des hommes de notre époque, et dont les diverses tendances les ont jetés dans des camps opposés, obligée de venir défendre ici sa vie, sa liberté, son honneur de femme contre les attaques du ministère public.

Ces dernières paroles vous ont causé de la surprise sans doute : elles vous auraient étonné bien plus, si vous n'aviez pas entendu la lecture de l'acte d'accusation, si vous n'aviez pas été stupéfaits de cet amas d'insinuations injurieuses, d'épithètes flétrissantes qui se sont présentées sous la plume du rédacteur de cet acte.

Sans doute, ces sombres couleurs se sont adoucies à l'audience et dans le réquisitoire qu'a prononcé M. le procureur-général; ce magistrat aura reconnu, j'aime à le croire, que, dans un auditoire et devant un jury français, elles ne recevraient pas un favorable accueil. Devrai-je donc les laisser sans réponse? A Dieu ne plaise; l'acte d'accusation est un document, un document important au procès; il fait charge contre nous; il vous a été lu à l'ouverture de ces débats; bien plus, depuis un mois il a été livré à la publicité, jeté en proie à tous les commentaires de la malignité et de la malveillance. Garder le silence en présence de semblables attaques, ne serait-ce pas en reconnaître la vérité, ne serait-ce pas vous autoriser à y croire? ne serait-ce pas priver une accusée du légitime intérêt, de la juste sympathie que sa position et son sexe doivent vous inspirer?

L'acte d'accusation accorde à Mme Gordon le vain don de la beauté, il reconnaît qu'elle possède tous les trésors d'un esprit cultivé ; il aurait pu ajouter encore qu'à ces bienfaits de la nature et de l'éducation elle joint le prestige d'un talent distingué. Ces éloges, ces cajoleries, adressés à une femme, gardez-vous de croire qu'ils aient été dictés par un esprit de bienveillance ; non, c'est pour en faire une arme, une arme puissante au profit de l'accusation et au soutien du système qu'elle a choisi ; car, dans la même ligne où vous lisez ces expressions flatteuses, vous trouvez aussi que Mme Gordon est de mœurs équivoques, qu'elle est une intrigante !

Qui donc a pu vous donner le droit, dans une accusation, lorsqu'il s'agit d'une conspiration, d'un complot avorté, dans lequel, après sa non-réussite, vous voulez entraîner de vive force une femme qui demeura toujours étrangère à la politique, qui donc a pu vous donner le droit de fouiller dans sa vie intime, de violer à son préjudice ce principe de morale universelle, qui veut que la vie privée soit murée, qu'elle soit un asile inviolable ? Et si, par suite de ces investigations d'inquisition que se permet trop souvent la justice, ou, pour mieux dire, la police politique, si, en portant un regard indiscret dans ces papiers de famille, qui doivent être sacrés pour tous, vous aviez, je ne l'admets pas, mais je vous le concéderai si vous voulez, découvert les traces d'une de ces faiblesses qui quelquefois sont le résultat de l'âge et des passions, étiez-vous autorisés à la dévoiler ? Le bonheur domestique, le secret et la paix des familles, la pudeur publique, tout cela doit-il donc s'évanouir et céder devant les prétendues nécessités d'une accusation ? Le besoin d'assurer force aux lois politiques de l'État est-il donc assez pressant, pour qu'il faille lui sacrifier les mystères du portefeuille d'une dame ?

Mme Gordon est une intrigante ! cette qualification est tout aussi injurieuse et heureusement non moins vaine. Où avez-vous puisé ce reproche sanglant ? de quel élément, de quel indice l'appuyez-vous ? A l'exception de l'intrigue politique ourdie au mois d'octobre et qui est venue expirer dans la matinée du trente, intrigue à laquelle vous accusez ma cliente d'avoir participé et contre laquelle elle proteste, quelle est donc celle que cette instruction si minutieuse et si longue a révélée ? L'auriez-vous trouvée par hasard dans les pages de cette correspondance confidentielle que vous avez saisie, dans laquelle vous avez fouillé avec tant d'indiscrétion et de complaisance ? serait-ce dans cette phrase adressée de Bade à l'homme qui possède toute la confiance de Mme Gordon, à l'homme qui doit l'épouser ? l'auriez-vous trouvée dans ces mots, *je me lance à corps perdu dans l'intrigue*, mots qui, dans une longue lettre où il n'y a pas même une allusion à la politique, certes sont inoffensifs et sans portée, qui ne sont qu'une pure plaisanterie, une de ces saillies qui peuvent échapper à la femme qui haïrait le plus l'intrigue, et qui, s'ils avaient besoin d'une interprétation, s'expliqueraient d'ailleurs si bien par les nécessités d'une vie d'artiste, dites, dites, est-ce là que vous avez trouvé ce grand grief, cette inculpation assez puissante pour vous autoriser à livrer, dans un réquisitoire, une femme au mépris public?

Et voyez, Messieurs, quelle est la justesse de la logique employée par le ministère public dans son acte d'accusation. Mme Gordon est belle, dit-il; elle est douée de tous les charmes d'un esprit aimable et brillant; elle possède un talent qui, à lui seul, devait attirer sur ses pas les attentions et les hommages. A tous ces avantages qui prêtaient à celle qui les possède tant de facilité pour parvenir, l'accusateur ajoute encore que, peu scrupuleuse sur les moyens, ma cliente transige facilement avec les mœurs, qu'elle est une intrigante! et tout cela pour arriver, à quoi? à proclamer qu'elle est sans fortune!

Y a-t-il, Messieurs, la défense pourrait-elle vous présenter une réfutation plus énergique des accusations qui précèdent? Oui, ma cliente l'avoue, elle l'avoue avec orgueil, elle l'avoue dans un temps où l'on cherche cependant à préconiser ce principe corrupteur que l'argent tient lieu de tout, oui, elle est sans fortune: et si le vice de la pauvreté ne trouve pas grâce devant le ministère public, si, à ses yeux, il doit être un argument ou un motif d'accusation, Mme Gordon n'en insistera qu'avec plus de force, n'en protestera qu'avec plus d'indignation et d'énergie contre cet odieux projet de lui ravir sa réputation, de ternir son honneur, puisqu'elle ne possède pas cet or qui, aux yeux de tant de monde malheureusement, dispense ou tient lieu de qualités plus honorables et plus solides (Sensation).

Le défenseur raconte ensuite, en peu de mots, la vie de son intéressante cliente. Fille d'un capitaine de la vieille armée, elle fut, par les soins de son père, placée au Conservatoire où, sous les maîtres habiles, qui tous restèrent ses amis, elle put développer et perfectionner le talent qui lui a assigné, depuis, un rang si distingué dans les arts. Il la suit dans ses voyages, qui ont été pour elle l'occasion de tant de triomphes; il démontre que les relations fugitives de l'accusée avec le prince Louis-Napoléon aux eaux de Bade, relations qu'elle n'a jamais déniées, étaient totalement étrangères à la politique et n'avaient eu pour motif et pour cause que l'art qu'elle cultive, et qui seul était le but de ses voyages.

Il combat avec énergie et bonheur les indices de culpabilité que le ministère public veut tirer de quelques lettres adressées à Mme Gordon, saisies à la poste, et que l'accusée n'a jamais reçues. Il flétrit l'usage ou, pour mieux dire, l'abus que l'accusation dans les causes criminelles fait trop souvent de l'interprétation, de cette arme favorite et redoutable de l'arbitraire. Arrivant ensuite au voyage de Fribourg, il discute les charges produites sur ce point par l'accusation; il démontre que ce prétendu rendez-vous supposé par le ministère public, et lors duquel les bases définitives de l'exécution du complot devaient avoir été arrêtées, se trouve démenti par les moyens mêmes employés par l'accusation pour en administrer la preuve : il établit victorieusement que, sur ce point capital du procès quant à Mme Gordon, puisque ce voyage, avec le but que lui prête le ministère public, est le seul fait personnel à l'accusée dont sa participation au complot pût s'induire, le système de l'accusation est inadmissible, parce qu'il ne repose que sur des invraisemblances qu'il signale, sur des impossibilités qui frappent tous les esprits judicieux et éclairés.

Il raconte ensuite l'arrivée de Mme Gordon à Strasbourg, le 27 octobre, dans la société de M. le colonel Vaudrey, et l'accident funeste dont elle fut la victime peu d'instants après qu'elle était descendue de voiture. Ici l'avocat donne lecture d'un certificat en bonne forme, délivré par deux docteurs en chirurgie et qui constate que le 27 octobre ils ont été appelés au domicile de M. le colonel Vaudrey auprès de Mme Gordon pour opérer la réduction d'une luxation complète de son épaule gauche : cette opération, disent les hommes de l'art, fut difficile et douloureuse, et après qu'elle fut terminée, ils ordonnèrent à la malade le repos le plus absolu. Ce n'est donc pas, continue le défenseur, comme l'accusation l'a dit avec si peu de vérité et de retenue, ce n'est pas, en secouant, ou pour me servir du terme plus convenable employé par Mme Gordon dans son interrogatoire, en déposant toute pudeur, mais en obéissant à une fatale, à une irrésistible nécessité, qu'elle a consenti à accepter un appartement dans le logement de M. le colonel Vaudrey. Cette dernière insulte, jetée par l'acte d'accusation à la face de ma cliente, est donc aussi gratuite, aussi dénuée de fondement que celles dont je vous ai déjà démontré l'injustice et la *dureté*, puisque c'est là le terme que veut bien admettre la susceptibilité de l'accusation. Elle est moins excusable encore, puisque la vérité était connue; en effet, le commissaire de police qui, le 30 octobre, arrêta Mme Gordon, avait reconnu, sa déposition en fait foi, l'état de souffrance et de douleur dans lequel ce jour-là encore se trouvait l'accusée.

Il est bien affligeant, sans doute, dit en terminant le défenseur, que dans une accusation politique, il ait fallu lutter contre tant d'insinuations malveillantes, tant d'amères insultes, tant d'oubli des justes égards qui étaient dus au sexe de celle que je défends, et plus encore à la vérité et au malheur. Toutes ces accusations, quoique non reproduites à l'audience, j'ai dû les relever et les réfuter; j'ai dû le faire, malgré la conviction qui doit vous pénétrer, que le silence qui a été gardé pendant les débats sur ces paroles irritantes de l'acte d'accusation, n'avait d'autre motif que l'impossibilité reconnue par le ministère public lui-même, de persister dans ses attaques contre le caractère et la réputation de ma cliente, et d'en soutenir ici la discussion. Car la modération de M. le procureur-général n'a pas été dictée par le désir de ménager l'accusée; forcé d'abandonner les armes cruelles dont l'acte d'accusation s'était servi pour la blesser, ne l'avez-vous pas entendu de la hauteur de son indignation et de son mépris crier encore anathème à ma cliente et lui lancer avec dédain l'épithète de *cantatrice!* (Mouvement.)

Sommes-nous donc en Béotie pour que l'on ose croire que le culte des arts soit une flétrissure? Ne sait-on pas que le grand Fréderic, ce favori des muses et de la victoire, était aussi flatté des applaudissements que lui attirait l'exécution d'un concerto de flûte, que des félicitations qu'il recevait après le gain d'une bataille? Et sans citer ici de nouveau l'exemple si heureusement produit à l'audience d'avant-hier par un éloquent confrère, Me Barrot, ne sait-on pas, qu'au sortir d'un concert, le grand-duc de Saxe-Weimar fit présenter les armes par son régiment des gardes à cette même cantatrice, l'illustre Malibran? Ne sait-on pas que le chanteur Rubini, en descendant du théâtre, recevait les honneurs militaires? Ah! Messieurs, ce mot, s'il a dû être une invective, est bien malheureux. Il n'est ni de notre époque, ni de notre pays; en France, dans notre province surtout, on respecte les arts, on honore les personnes qui les cultivent avec distinction et avec succès, on plaint ceux qui les méprisent et qui cherchent à les avilir! (Profonde sensation.)

Pour compléter maintenant la défense de Mme Gordon, il ne me reste plus qu'à répondre au dernier reproche qui lui a été adressé, et qui est relatif à sa conduite dans la matinée du 30 octobre. A peine le 4e régiment d'artillerie, commandé par le prince, avait-il parcouru les rues de cette ville, que des bruits vagues, une rumeur sourde, qui, de moment en moment, prenaient plus de consistance, répandirent la nouvelle de l'échec éprouvé à la Finckmatt. Poussée par un sentiment naturel d'intérêt et de générosité, Mme Gordon, oubliant ses douleurs et les dangers qu'une imprudence pouvait lui attirer, sortit pour obtenir des renseignements plus certains. C'est alors, au milieu de ses démarches pour connaître la vérité, qu'elle fit la rencontre de M. de Persigny. Ce jeune homme était dans un état de douleur, facile à imaginer, impossible à dépeindre. Il fit un appel à la pitié de ma cliente, il la supplia de ne point l'abandonner dans l'affreux malheur où il était plongé. Que devait faire Mme Gordon? Ne sait-on pas que, parmi toutes les vertus qui distinguent son sexe, et qui lui donnent tant de droits à notre admiration et à notre respect, celle qui a fait éclater en lui les actes les plus touchants de dévouement et d'héroïsme, celle que, dans toutes les grandes catastrophes, dans tous les malheurs publics, il semble avoir adoptée pour sa devise, c'est: *pitié pour le malheur!* La douleur de M. de Persigny était si vive, vous a dit l'accusée, que tout homme, quel qu'il fût, un inconnu, qui aurait réclamé, dans un tel état, ma protection et mes soins, je ne l'eusse point repoussé. Avoir obéi à un sentiment si pur et si noble, serait-ce un crime? Arrivée au domicile de M. de Persigny, Mme Gordon se hâta de jeter au feu des biographies du prince, qui se trouvaient, par centaines, renfermées dans une malle. L'accusation prétend qu'il n'est pas vraisemblable que l'on ait détruit des papiers si peu importants: ce sont des preuves du complot, dit-elle, que vous avez fait disparaître! Cependant le commissaire de police, dont tout à l'heure j'invoquais déjà le témoignage, déclare qu'au moment de son irruption dans la chambre, il arracha des mains de ma cliente des papiers, qu'elle se préparait à livrer au feu, et que ces papiers étaient des biographies! L'accusée le déclare d'ailleurs : je n'ai point brûlé d'autres papiers ; M. de Persigny ne m'en remit point d'autres; s'il l'avait fait, je les aurais détruits de même, et je le dirais! Serait-ce un crime, d'ailleurs, Messieurs, et oserait-on le soutenir? Ne savez-vous pas qu'un officier de la garnison, à qui l'on reprochait, non pas d'avoir fait disparaître quelques papiers, mais d'avoir facilité l'évasion de plusieurs accusés, fait bien plus grave, a été mis en jugement, et que sur l'éloquente plaidoirie d'un confrère, dont à l'audience d'hier vous avez admiré le talent, il a été acquitté à l'unanimité par la juridiction exceptionnelle d'un conseil de guerre? Et un tel acte de générosité, un acte que nous tiendrions tous à honneur d'avoir pu commettre, pourrait être incriminé devant un jury!

De cette discussion que résulte-t-il? La participation de Mme Gordon au complot vous paraît-elle encore vraisemblable? En droit, sera-t-il possible de la déclarer coupable? Non, mille fois non! Suffit-il donc, pour que l'on puisse être déclaré coupable de complot, qu'il soit constant que l'on en a eu connaissance? La preuve, l'aveu même de ce fait constituerait-il un délit ou un crime aux yeux de la loi pénale? Non, Messieurs. Autrefois, il est vrai, une législation, qu'à juste titre on a flétrie du nom de draconienne, avait essayé de naturaliser en France l'espionnage et la délation, en plaçant le devoir de la révélation sous la sanction du bourreau; mais cette disposition de la loi, insultante pour nos mœurs et pour le caractère de la loyauté française, a disparu de notre code; elle a été obligée de céder devant les progrès de la civilisation ; et le besoin, de jour en jour mieux senti, de conformer les lois aux mœurs. C'est là pourtant, Messieurs, et en adoptant toutes les suppositions du ministère public, tout ce que vous pourriez admettre, et vous l'entendez, la loi vous le dit, ce n'est là ni un crime, ni un délit.

Maintenant, Messieurs, que l'accusation, que la défense vous sont connues, jeterez-vous une tête de femme à l'accusation qui la réclame, sacrifierez-vous sa liberté à je ne sais quelles nécessités sociales, sacrifierez-vous la liberté d'une faible femme à ce que l'on n'a pas craint de nommer la sécurité du pouvoir?

Ce discours, prononcé avec chaleur et dignité, est écouté par l'auditoire dans un profond silence, que viennent interrompre de temps à autre des marques d'approbation et de sympathie qui ne manquent jamais à cet éloquent orateur.

Il est deux heures; l'audience est renvoyée à demain.

AUDIENCE DU 17 JANVIER.

Demain va finir cette affaire qui, malgré la lenteur de ses développements et de sa conduite, n'a pas cessé jusqu'à ce moment d'exciter l'intérêt et la sympathie publique; l'auditoire est toujours aussi nombreux, la curiosité toujours la même.

Les accusés aujourd'hui, paraissent à l'audience sans les insignes militaires qu'ils ont conservés jusqu'à ce jour. Comme hier, le colonel Vaudrey porte une redingote verte; le lieutenant Laity n'a pas d'épaulettes sur sa petite tenue d'artilleur; M. de Querelles, revêtu d'une capote de fantaisie, a quitté également ses épaulettes.

A neuf heures la cour entre en audience. M. l'avocat-général Devaux a apporté un de ces vastes portefeuilles rouges qui n'accompagnent d'ordinaire que les excellences du ministère à la chambre. C'est M. Devaux qui se charge, ainsi qu'on l'a annoncé, de répliquer aux divers plaidoyers de la défense. Me Parquin a reçu de l'honorable confiance de ses collègues la mission de répondre seul en leur nom. Il a pris place à cet effet en tête du banc de la défense, à la place jusqu'alors occupée par Me F. Barrot.

Me Liechtenberger, défenseur de M. de Bruc, a la parole, et s'exprime en ces termes :

Messieurs les jurés,

Vous approchez enfin du terme de ces longs et fatigants débats : c'est pour la dernière fois que la voix de la défense va se faire entendre. Ah! ici encore sa tâche sera bien facile.

Je vais vous parler de M. le comte de Bruc.

D'où vient-il donc, Messieurs, que, dans cette cause, tous les défenseurs, avant d'aborder l'examen des questions capitales du procès, se soient trouvés réduits à discuter devant vous des questions de personnes? Cette nécessité ne révèle-t-elle pas quelque chose d'extraordinaire et d'heureusement insolite dans les débats judiciaires? Oui, sans doute; c'est que l'accusation, avec une ardeur, avec une obstination que je n'hésite pas de nommer immorales, s'est efforcée, s'est complue à déverser sur tous les accusés le fiel des plus cruelles imputations ; c'est qu'avant d'essayer de les livrer au glaive ou à la vindicte des lois, elle a tout tenté, tout imaginé pour les déshonorer, pour les perdre devant le tribunal de l'opinion publique. Et qui, de tous les accusés, plus que M. de Bruc, est en droit de se plaindre des attaques du ministère public, de ses incursions dans la vie privée, de ses tentatives pour trouver, en dehors des faits du procès, un étai aux frêles indices de culpabilité que lui fournissait l'information ? Pour lui, rien n'a été omis, tout a été calculé pour le noircir, pour tracer de lui le portrait hideux que la presse a répandu sur tous les points de la France.

La première mention que le réquisitoire fait de M. de Bruc, est en lui donnant le titre de légitimiste. Cette dénomination n'est sans doute pas une injure, même dans la bouche du ministère public ; mais elle n'a pas été placée ici pour qu'elle dût demeurer sans portée. Sommes-nous donc devant vous pour répondre de nos opinions ? Les opinions ne sont-elles pas le patrimoine de l'homme, ne sont-elles plus dans le domaine exclusif de la conscience ? Si celle que l'accusation suppose à mon client, est en effet la sienne, l'abime de deux grandes révolutions la sépare de la mienne, et néanmoins, je le déclare, je la respecte, parce que je sais qu'elle est consciencieuse, je sais qu'elle se fonde sur de profondes convictions ; M. le procureur-général devait la respecter aussi. Y avait-il d'ailleurs quelque loyauté à poser la question sur ce terrain brûlant, sur un terrain où le ministère public savait que l'accusé ne pourrait point se placer, sans attirer sur lui les foudres d'un nouveau réquisitoire ? Les lois de septembre n'existent-elles donc plus ? Ah ! Messieurs, le procureur-général les a oubliées ! Je lui en rends grâces : il a pensé sans doute, comme moi, que, pour la gloire et l'avenir de la France, elles ne prendront pas racine dans le pays !

M. de Bruc, continue l'acte d'accusation, a pris en 1815 un commandement dans la Vendée ! Il n'était donc pas sans mérite et sans distinction, le jeune officier de hussards (il avait alors à peine dix-huit ans), à qui l'on confiait le commandement important de la cavalerie dans le 3e corps des armées royales de l'Ouest !

M. de Bruc a été gentilhomme de la chambre de Charles X !

Il est trop vrai que, pour son malheur, Charles X, comme on l'a vu sous des rois qui l'ont précédé, comme on l'a vu depuis, n'a pas appelé dans ses conseils des hommes nationaux ; mais pour entourer la personne du roi, mais pour la distribution des grades et des emplois honorifiques de la cour, la restauration a-t-elle jamais choisi des hommes dont les noms ou les personnes eussent pu blesser les susceptibilités les plus chatouilleuses?

Et cependant, à entendre l'accusation, M. de Bruc est un aventurier, un de ces loups-cerviers qui s'élancent à la piste des grandes affaires ou des commotions politiques, pour les exploiter, et pour prendre leur part au butin!

Est-il donc un aventurier, ce rejeton de l'une des plus nobles et des plus illustres familles de la Bretagne, de cette famille qui fournissait des lieutenants-généraux à nos armées déjà sous le grand règne de Louis XIV? Est-il un aventurier cet accusé qui compte parmi ses alliances, non-seulement la famille de Beauharnais, qui, depuis un demi-siècle surtout, a reçu tant d'éclat et d'illustration, mais qui peut nommer encore parmi ses proches tant de familles historiques, dont les noms glorieux parent nos annales? les Montmorency, les Mortemart, les Clermont-Tonnerre, les Cossé-Brissac! Ah! certes, si le comte de Bruc est un aventurier, il est un aventurier de haute lignée, car j'apprendrai à l'accusation, qu'il est même l'allié de Louis-Philippe : Mme la duchesse de Cossé-Brissac, sa sœur, a pour belle-mère une demoiselle de Rothelin d'Orléans, proche parente de la branche cadette de Bourbon qui occupe en ce moment le trône de France.

Je vous ai dit, Messieurs, quelle était l'illustration de la famille de mon client; j'aurais pu ajouter qu'à ces titres elle alliait les avantages d'une grande fortune, et cependant l'acte d'accusation n'a pas craint de déclarer que l'accusé que je défends, agissait dans un intérêt d'argent, que sa position était gênée, et qu'il pressurait la conspiration. Une telle accusation sans aucune base, sans aucun fait, sans aucun indice qui la justifie, n'est-elle pas odieuse? Je ne viendrai pas prétendre ici que la fortune personnelle de mon client soit demeurée intacte. Une jeunesse orageuse, quelques passions peut-être, de ces folies que l'on excuse dans un jeune officier de hussards, et qui certes ne rendent un homme justiciable ni des lois de la morale, ni des cours d'assises, ont pu diminuer son patrimoine; mais il est riche encore, et pour justifier tout ce qu'il y a de contraire aux lois de la justice, aux premiers devoirs de la société, dans cette inculpation, dans cette invective sanglante du ministère public, je n'en appellerai qu'à l'indignation générale que la lecture de l'acte d'accusation a soulevée à Nantes, dans la ville natale de M. de Bruc, et dont les journaux de cette cité se sont rendus les échos! Non, se disait-on de toutes parts, non, ce n'est pas là le comte de Bruc que nous connaissons! Fréderic de Bruc, noble, généreux, prodigue quelquefois, a ouvert souvent, trop souvent peut-être, sa main, mais il ne l'a jamais tendue! Mais telle était, Messieurs, la tendance de l'accusation, tel était le penchant qui l'entraînait, que, pour parvenir au but qu'elle s'était proposé, elle ne s'inquiétait pas même des plus étranges contradictions. En effet, vous avez entendu l'un des orateurs du parquet, s'adressant à M. de Querelles, lui dire: dans ce journal où jour par jour vous insériez vos pensées les plus intimes, nous avons surpris, nous avons reconnu un généreux, un beau mouvement; un instant vous avez entrevu l'abime vers lequel vous marchiez, un instant vous avez paru hésiter. Ah! que n'avez-vous suivi cette grande, cette noble inspiration! Que ne vous êtes-vous présenté devant vos complices, que ne leur avez-vous déclaré que votre résolution était prise, que vous alliez vous séparer d'eux! Ces paroles auraient neutralisé peut-être les projets des conspirateurs, vous eussiez été un héros! Tel a été, Messieurs, le langage du ministère public: il s'agissait alors d'accuser M. de Querelles. Eh bien! la même accusation qui s'obstine à interpréter toutes les démarches, toutes les paroles de mon client dans le sens du complot qu'elle recherche et qu'elle poursuit, l'accusation soutient, et malgré les dénégations de l'accusé, elle ose déclarer que le 29 octobre M. de Bruc a tenu le langage qui, dans la bouche de M. de Querelles, aurait été, selon elle, un acte de noble héroïsme! Quelle est la conséquence logique qu'elle en tire? Sans doute, que mon client a bien mérité de la patrie! Non, Messieurs, détrompez-vous: en effet, il s'agit bien ici de logique! il s'agit maintenant d'accuser M. de Bruc, c'en est assez pour que dans la bouche du même accusateur les mêmes faits, les mêmes paroles prennent une signification toute opposée. Non, M. de Bruc n'est plus qu'un homme dont la prudence s'allie difficilement avec les habitudes de la vie militaire, c'est-à-dire, en d'autres termes, qu'il est un lâche! Un lâche! ah! que ne puis-je, Messieurs, déchirant devant vous les vêtements de l'accusé, découvrir à vos yeux sa poitrine, vous montrer les nombreuses cicatrices qui la sillonnent! Les unes, traces honorables des blessures qu'il a reçues au champ d'honneur, d'autres qui lui furent portées sur un autre terrain, mais qui, pour être moins glorieuses, parce que le sang qui en a jailli n'a pas été versé pour la patrie, n'en sont pas moins une éloquente protestation contre cette abominable accusation de lâcheté.

Examinons donc les états de service du comte de Bruc. Élevé aux écoles militaires de La Flèche et de Saint-Germain, l'accusé en sortit le 1er janvier 1813 pour entrer comme sous-lieutenant au 13e régiment de hussards. Dirigé immédiatement sur l'armée, il fut, à l'âge de seize ans, blessé de deux coups de lance à la bataille de Buntzlaw, en Silésie; à Hanau, une balle vint lui traverser le cou; en 1814, dans cette glorieuse campagne où l'on vit une poignée de braves disputer pied à pied le sol français aux hordes cosaques, à la bataille de Montereau, le jeune officier de dix-sept ans, s'élança sur un escadron de houlans, tua de sa main un colonel russe, s'empara de son cheval et de ses armes, action éclatante qui lui attira les éloges de l'armée et qui le fit nommer chevalier de la Légion-d'Honneur sur le champ de bataille. Voilà quel est, Messieurs, le bouillant et valeureux officier qu'un réquisitoire prétend vous présenter comme un lâche!

Lors des événements de juillet (je passe ici sur la campagne d'Espagne où M. de Bruc servit avec la même distinction), lors des événements de juillet, l'accusé était chef d'escadron au 5e régiment de chasseurs à cheval. On lui offrit alors le grade de lieutenant-colonel; M. de Bruc, cet ambitieux, cet homme qui sacrifie tout, jusqu'à l'honneur, à un vil intérêt d'argent, M. de Bruc refusa; il demanda sa mise en disponibilité; il ne voulut pas prêter un serment qui n'était pas dans ses convictions.

Le ministère public a prodigué aux autres accusés les titres *d'ingrats*, *de félons*, *de parjures;* il a été obligé de s'arrêter devant le comte de Bruc. Pour lui, pût-on le convaincre de complot, il ne doit rien à la monarchie de juillet, que les trois mois de prison préventive qu'il vient de subir, et le triste honneur de figurer dans cette accusation! Pût-on le convaincre de complot, il n'a rien trahi, car il n'a rien promis!

Ici le défenseur entre dans la discussion des faits; il examine successivement les diverses accusations portées contre son client; il démontre que, dans le système même de la poursuite, la participation de M. de Bruc au complot ne résulterait que du reçu daté du 15 avril 1836 et délivré par lui à M. de Persigny, et de la lettre que le 29 octobre il a écrite de Fribourg à ce même accusé. Quant au reçu, il invite les jurés à en remarquer soigneusement la date; à cette époque, au mois d'avril, des idées, des espérances de complot pouvaient exister peut-être, mais l'accusation a pris soin elle-même de constater, que ce n'est qu'à la fin de juillet, et pendant le séjour du prince aux eaux de Bade, que le complot s'est formé, qu'il a pris quelque consistance. L'accusé explique d'ailleurs les causes de cette quittance, et si le ministère public les taxe d'invraisemblables, M. de Bruc en appelle à la notoriété publique: les journaux du temps ont annoncé en effet que l'accusé avait obtenu le commandement des troupes du pacha de Tripoli, et un acte authentique déposé dans un notariat de Paris pourrait attester la réalité du traité passé avec le chargé d'affaires du pacha. Le ministère public se méprend au surplus sur ses droits, et sur les obligations qui sont imposées à un accusé: celui-ci n'a rien à prouver, toutes les preuves doivent émaner de l'accusation. Il est donc impossible, dit le défenseur, de produire ce reçu comme une preuve, ou comme un indice de complot; une remise d'argent, dans ce but, au mois d'avril, est invraisemblable. Aussi le ministère public, pressé d'assigner une cause raisonnable à une semblable négociation, a-t-il eu l'ingénuité de prétendre que c'était sans doute dans la prévision du voyage qu'au mois d'octobre, c'est-à-dire plus de six mois après, M. de Bruc devait offrir de faire avec le général Excelmans! Cependant, ajoute le défenseur, et pour aider d'autant mieux à l'interprétation, l'acte d'accusation, dans le seul passage où il cite ce reçu, lui a donné la date du 15 août. On comprendra facilement toute l'importance, toute la portée de ce changement de date. Ce qui, d'après tous les faits produits par l'accusation, d'après les différentes phases qu'elle assigne elle-même à la formation et aux progrès du complot, aurait été insignifiant, invraisemblable, ridicule même, le 15 avril, à la date véritable de l'écrit, deviendra sérieux, grave, accablant, le 15 août, c'est-à-dire, à la date supposée.

Je crois, je veux croire que c'est là une erreur involontaire ; mais elle est bien déplorable, elle a été fatale à l'accusé ; c'est à elle, à elle seule sans doute qu'il doit sa mise en accusation. Il est pénible déjà de se voir convaincu d'erreur, même dans les actes les plus simples, dans les relations les plus indifférentes de la société : alors cependant on n'encourt que le reproche d'ignorance ou de légèreté ! Mais quel nom mérite une telle erreur, alors qu'elle devient un argument pour flétrir la vie d'un homme de loyauté et d'honneur, alors qu'on s'en autorise pour assigner à un brave officier un rôle déshonorant, pour lui prêter une intention infâme, celle de pressurer ses amis ? quel nom méritera une telle erreur, lorsqu'elle aura pour conséquence de provoquer et de faire soutenir une accusation, lorsqu'elle vous amènera à demander, au nom de la justice, la tête d'un accusé ?

Passant ensuite à l'examen de la lettre du 29 octobre, l'avocat, après avoir dans une discussion serrée et lumineuse, expliqué ce que c'est que le complot, et indiqué les conditions requises par la loi, pour que l'existence d'un complot puisse être établie, et qu'un accusé puisse être convaincu d'y avoir trempé, il s'empare des arguments mêmes du ministère public ; il adopte, en leur entier, et dans le sens, qu'au moyen d'une subtile interprétation, leur donne l'accusation, les passages incriminés dans cette lettre, et il en déduit la conséquence rigoureusement légale, que de ces passages mêmes, et des moyens que l'accusation croit y puiser à l'appui de son système, résulte la preuve qu'aucune participation à un complot ne peut être reprochée à son client.

Il répond enfin aux charges que le ministère public veut tirer de la présence de l'accusé à Strasbourg, dans la journée du 31 octobre, et de son prompt départ de cette ville, dans la soirée du même jour. Le 30 octobre, dit le défenseur, et le 31 au matin, M. de Bruc se trouvait à Kehl ; il était sur un terrain neutre, sur une terre de liberté, où nulle accusation ne pouvait l'atteindre. Le complot, l'échec qui avait terminé la tentative d'exécution lui étaient connus alors : pensera-t-on que M. de Bruc, complice des personnes arrêtées, eût voulu échanger la sûreté qu'il trouvait sur la terre étrangère contre les dangers inutiles que lui faisait courir son entrée en France, son arrivée à Strasbourg ? Il ignorait si bien les détails de cette conspiration et les fils secrets qui en avaient formé la trame, que, sans crainte, sans hésitation, dès son arrivée dans cette cité, il se rend au domicile de M. de Persigny, dans cette maison qui devait être l'objet d'une si inquiète surveillance. C'est là, un témoin en a déposé, qu'il apprend que M. de Persigny, compromis dans les événements de la veille, avait pris la fuite. Il se rappela alors, et il se rappela avec terreur, que, dans le cours de cet automne, il avait fait un voyage de plaisir avec M. de Persigny; il se souvint qu'au mois d'octobre le prince Louis-Napoléon lui avait remis, à Aarau, une lettre pour le général Excelmans, et qu'il avait rempli la mission qui lui avait été confiée. Ces souvenirs agirent vivement sur sa détermination, et il se hâta de quitter une ville où des dangers pouvaient l'attendre. Qui de nous, Messieurs, n'eût pas agi de même? chacun ne sait-il pas quelle est la précipitation avec laquelle agit la police politique? quel est le saint respect qu'elle porte à la liberté individuelle? ne connaissons-nous pas, M. de Bruc n'avait-il pas lu dans les journaux ces effrayantes statistiques, qui constatent que, dans le cours d'une seule année, dans une seule ville, dans la capitale de la France, 20,000 personnes ont passé sous les guichets de la préfecture de police, ce qui fait par jour environ soixante arrestations, dont plus de la moitié ont été motivées sur des faits ou sur des soupçons d'opinion politique.

Passant au second chef d'accusation, celui de proposition non agréée de complot, le défenseur explique la rencontre fortuite de son client et du prince Louis-Napoléon à Aarau. Sa visite au général Excelmans ne peut avoir aucun caractère douteux. Vainement le ministère public, en argumentant sur ce chef d'accusation, a-t-il dit, que la loi n'expliquait pas à quels caractères la proposition de complot pouvait se reconnaître, que la loi laissait à cet égard au jury une latitude indéfinie : vainement a-t-il ajouté, que, dans de certains cas, une proposition de complot n'avait pas besoin d'être faite en termes clairs et formels, que l'on pouvait voiler son intention, et la couvrir d'expressions qui ne permettraient pas d'en pénétrer le sens! Cette dernière proposition, dit l'avocat, placée en tout autre lieu, ne serait qu'une naïveté; dans la bouche d'un magistrat qui accuse, elle devient effrayante. Où s'arrêterait-on, grand Dieu! dans un semblable système! ne voit-on pas, que promptement, car la pente du mal est rapide, il nous ramènerait vers ces temps de douleur et de deuil, où le simple échange de quelques paroles, un coup d'œil de l'amitié, un sourire de l'amour, un serrement de mains, suffisaient pour créer des conspirateurs, pour peupler les prisons, et alimenter les échafauds! La loi n'a pas défini ce qu'elle entendait par une proposition de complot! Non, Messieurs, et cela était inutile, car avant tout, la loi parle français, et chacun sait que, selon les lois du langage et la valeur qu'elles donnent aux expressions, proposer une affaire veut dire annoncer à quelqu'un qu'une affaire existe, ou qu'elle va être entreprise. La proposition de complot ne peut donc être faite qu'à la condition formelle de l'annonce d'un complot existant déjà, ou d'un complot que l'on désire nouer. La loi laisse au jury une latitude indéfinie! n'est-il pas inouï de voir attribuer un tel sens au texte d'une loi, d'une loi répressive? d'entendre dans une discussion solennelle et grave professer une telle monstruosité, que le juge ou le juré puissent, négligeant le texte clair et précis d'une loi, s'attacher au sens qu'ils croiraient entrevoir, ou à celui qu'ils voudraient créer? Non, Messieurs, c'est dans les termes de la loi, et non dans les laborieuses argumentations d'une accusation, que le juré probe et éclairé peut trouver la règle qui doit diriger sa conscience. Les lois politiques, pas plus que les autres lois pénales, ne sont pas des lacets élastiques, que l'on puisse étendre à volonté, afin de prendre au piége d'une accusation quiconque déplaît au pouvoir! Maintenant, appliquez ces principes à l'accusation. Vous avez entendu la déposition du général Excelmans; cet illustre guerrier, dont la haute probité politique est connue et admirée de tous, lui, et il l'a prouvé plus d'une fois, qui ne recula jamais devant la nécessité ou le droit de dire une vérité utile, il a protesté contre les allégations de l'accusation, il a déclaré que M. de Bruc n'avait fait auprès de lui ni mention d'un complot existant, ni même allusion à un complot éventuel, et nous ne pouvons plus dès lors que nous étonner de voir, que le ministère public ait encore le triste courage de persister dans son accusation.

Me Liechtenberger termine en ces mots sa plaidoirie noble et chaleureuse que l'auditoire a constamment écoutée dans un silence religieux :

Ici, Messieurs, ma tâche s'achève, la vôtre va commencer. Pourrait-on concevoir quelque doute sur le but auquel elle vous conduira? Non, Messieurs, d'autres vous l'ont dit, et je me sens heureux de ce que, par la position particulière de mes deux clients dans ce procès, je n'aie pas été réduit au désespoir de vous répéter ce qui vous a été dit par mes confrères avec tant d'âme, tant de conviction, et avec une si haute supériorité de talent.

Vous montrerez, vous apprendrez à la France entière ce que c'est que notre vieille, notre franche Alsace : combien l'on y aime la loi, combien l'on y respecte la morale, combien l'on y est jaloux de conserver la justice, la véritable justice, celle qui se rend sans acception de personnes ; vous apprendrez que dans ce pays aucune magistrature citoyenne, aucun jury ne consentira à admettre, à sanctionner ce principe corrupteur qui a fait naître souvent tant de coupables pensées, qui a poussé souvent à tant d'actions criminelles : que les lois, impuissantes contre les grands, ne gardent leur sévère efficacité que contre les faibles ; vous rendrez impossible désormais le retour d'une de ces flagrantes illégalités que ce procès a malheureusement signalées. Vous rendrez un éclatant hommage au principe écrit en tête de notre droit constitutionnel, vous ferez justice de ces traditions surannées de féodalité et de privilége, que l'on voudrait faire revivre. Hommes d'égalité, citoyens, vous démontrerez que l'égalité de tous devant la loi, que la charte proclame, n'est pas une lettre stérile, mais un principe vivifiant, un droit, et une égide pour tous.

Lorsque l'honorable défenseur se rasseoit, des marques bruyantes d'approbation, des applaudissements éclatent au fond de l'auditoire.

M. Devaux, avocat-général, prend ensuite la parole pour la réplique. Il commence par repousser tous les blâmes dont l'acte d'accusation a été l'objet de la part des défenseurs des accusés. Tous les faits, tous les jugements qui y sont consignés reposent sur les pièces de cette volumineuse procédure. Il examine ensuite la question de la mise en liberté du prince Louis : cette mesure a été légale. Dans l'ancienne monarchie existait à la fois le droit de grâce, d'amnistie et d'abolition. Pendant le cours de la révolution, ce droit de grâce, dans toute sa généralité, fut enlevé à la couronne. Mais, après la tempête révolutionnaire, quand l'ordre commença à se rétablir en France, ce droit de grâce fut rendu au souverain, et M. l'avocat-général pense que ce droit fut rendu dans toute son ancienne extension. Les chartes de 1814 et de 1830 ne firent que confirmer les dispositions du sénatus-consulte de l'an X, qui rétablissait ce droit. Ainsi, dans notre droit constitutionnel, le roi a le droit de faire grâce et d'amnistier. Ce principe n'est pas détruit par l'art. 1er de la Charte, qui reconnaît et proclame l'égalité de tous devant la loi. C'est là le droit général, commun; mais à côté de lui il y a de nombreuses exceptions particulières. Ainsi le militaire a ses tribunaux spéciaux; ainsi les fonctionnaires, les magistrats ne peuvent être poursuivis qu'en vertu de certaines formalités indispensables.

La mesure dont le prince Louis a été l'objet rentre dans le pouvoir royal, et c'est si bien un acte de la prérogative royale, s'exerçant dans toute sa latitude, que le *Moniteur* a annoncé que le prince avait été mis en liberté par ordre du roi.

Dira-t-on que l'absence du prince Louis met les accusés dans une fausse position et leur enlève leurs moyens de défense? On serait mal venu à le dire; car la seule chose qui puisse les excuser, sinon les justifier, c'est la question d'entraînement. Or, le prince Louis était incapable d'exercer sur eux cette espèce de fascination, derrière laquelle ils se retranchent si complaisamment, et cette fascination, fût-elle admise, par impossible, les accusés n'en sont pas moins coupables, car ils ont agi volontairement, librement; quelques-uns même ont violé leurs serments. L'absence ou la présence du prince Louis ne changerait donc rien à leur position.

M. l'avocat-général passe ensuite à l'examen des faits particuliers à chaque accusé, et il maintient toutes les charges de l'accusation.

Après la traduction du discours de M. l'avocat-général, pendant lequel Me Parquin a pris beaucoup de notes, l'audience est suspendue pour un quart d'heure. Dans l'intervalle, l'affluence des spectateurs augmente considérablement; car on sait que c'est Me Parquin qui est chargé de la réplique au nom de tous ses confrères.

Messieurs,

J'étais venu défendre un frère..... Mon cœur ne m'avait pas trop mal inspiré. J'avais trouvé quelques-uns de ces accents qui vont à l'âme.... Vous les aviez accueillis avec une indulgente bonté.... Je croyais ma tâche remplie.

Mais voilà que tout à coup le vœu de mes confrères de Strasbourg et de Paris m'impose l'obligation de rentrer dans la lice, en me conférant l'honneur de répondre, pour tous, aux derniers arguments du ministère public. Cet honneur est insigne sans doute, mais il est dangereux. En même temps que je l'apprécie, comme je dois le faire, je ne puis pas ne pas en sentir le poids.... Que mon zèle supplée à mes forces... Que, saisi au dépourvu, surpris, sans le temps nécessaire pour préparer et aiguiser mes armes, par la seule force de mon droit, par la seule bonté de ma cause, je sorte encore victorieux de ce nouveau combat!

Par la seule force de mon droit, par la seule bonté de ma cause! Messieurs, il n'est permis à personne de se méprendre sur le sens de ces paroles... Moi, du nombre de ceux à qui l'un des organes du ministère public reprochait de vouloir trouver à tout prix les accusés innocents!.... Non, non, leur faute, je la blâme, je la condamne autant et plus sévèrement que qui ce puisse être.... Mais la question n'est pas cela... Si le prince Louis avait pu être compris dans la poursuite dirigée contre les complices de son attentat; si l'honneur national, qui m'est cher, comme à tout Français, l'avait souffert; si une pensée que j'ai appelée de haute convenance, de belle et grande portée politique, n'avait pas voulu, impérieusement voulu, qu'à l'exemple de la duchesse de Berry, le neveu de Napoléon venant disputer le trône de France, les armes à la main, ne relevât, après sa capture, que de la générosité royale.... ; s'il était enfin assis sur ce banc, devant vous, confondu avec ses coaccusés... je n'aurais pas la moindre chose à dire... ce qui me donne le pouvoir de parler haut, de réclamer, comme un droit, l'acquittement absolu, complet de gens à mes yeux coupables, je ne m'en cache pas, et ma franchise sera la même pour tous: c'est l'enlèvement du prince Louis.

Ici, Messieurs, je rentre dans une question légale... Ce n'est plus le cœur du frère qui vous parlera, c'est la voix austère du jurisconsulte. Je vais suivre le ministère public dans ses arguments les plus décisifs en apparence. Je n'en éluderai aucun. Je tiens trop à les réduire tous au néant.

La mesure prise de confier à un seul de nous le soin de combattre pour l'intérêt commun, a deux inconvénients, et je les signale: l'un, de ne pas permettre la réfutation des attaques personnelles dirigées contre chacun des accusés; l'autre, de vous priver d'un nouveau développement de ces thèses brillantes, si habilement présentées, mais qui ne sont pas les miennes.... Messieurs, tout a été sacrifié au besoin de vous libérer, après quinze jours, de ces fatigants débats...

Les attaques personnelles ! Vous n'aurez pas oublié (nous l'espérons du moins) comme elles ont été toutes repoussées par l'éloquente voix des défenseurs.... Les thèses politiques ! Oh ! Messieurs, je respecte l'opinion des autres, mais je demande aussi qu'on respecte la mienne.... Ma langue se sécherait plutôt que d'abjurer les croyances que je me suis faites.... Je l'ai dit, je l'ai répété à mes honorables confrères.... « Nous allons au même but par des voies différentes, m'ont-ils répondu.... Parlez, parlez : Salut des « accusés, sois notre suprême loi ! »

Une des concessions que j'attendais le plus volontiers de M. l'avocat-général, c'est la reconnaissance des nombreuses erreurs que j'ai signalées dans l'acte d'accusation. Ministère public et défenseurs, nous sommes tous faillibles ; mais tous nous nous honorons, en confessant que nous nous étions trompés. La loyauté de l'adversaire que je combats, n'est pas pour moi l'objet d'un doute. Pourquoi donc n'a-t-il reconnu d'autre erreur que celle qui consistait dans l'altération d'un mot, dans la substitution de la date du 15 août à celle du 15 avril ? Pourquoi n'a-t-il pas reconnu et l'erreur qui suppose que les deux princes avaient choisi le séjour d'Arenenberg pour attendre les événements politiques, et l'erreur qui prête aux accusés l'affreuse espérance du succès d'un régicide, et l'erreur commise sur l'ignoble propos attribué au commandant Parquin, propos que tous les témoins entendus à cette audience, ont énergiquement démenti ?

Je croyais aussi que M. l'avocat-général me suivrait sur le véritable terrain où la cause se trouve placée. Je l'ai déjà fait observer : que les esprits soient divisés sur le plus ou moins d'opportunité de la mesure relative à l'enlèvement du prince Louis ; que quelques-uns estiment que le prince était justiciable des tribunaux français, que d'autres croient qu'avec le précédent de la duchesse de Berry, les plus impérieuses convenances ne permettaient pas au gouvernement d'agir autrement qu'il n'a jugé à propos de faire : du moins sur le caractère de l'acte en soi, il ne me paraît pas possible que l'on diffère d'opinion. Le ministère public pourtant se complaît dans sa pensée première. Il veut toujours que cet acte dérive du droit qu'a le souverain de faire grâce. Une thèse si fausse qui pourrait obtenir quelque crédit précisément parce qu'elle a été développée par un honorable organe, ne doit pas rester sans réfutation.

M. l'avocat-général, allant chercher jusques dans les constitutions de la vieille monarchie française, l'origine du droit de grâce, a cru remarquer qu'autrefois ce droit était complexe, qu'il comprenait aussi et le droit d'amnistie et le droit d'abolition. Puis, des termes soit du sénatus-consulte de floréal an 10, soit de la Charte de 1814 et de celle de 1830, il a conclu que le droit de grâce n'avait pas été modifié, qu'il existait aujourd'hui tel qu'auparavant... Mais le ministère public a confondu trois choses essentiellement distinctes. Il n'est pas vrai que sous l'antique monarchie le droit de grâce comprit et le droit d'amnistie et le droit d'abolition. Ces droits, de nature différente, n'étaient pas confondus et s'exerçaient différemment. Tantôt le monarque exerçait le droit de grâce. Tantôt, il exerçait le droit d'amnistie. Tantôt, il exerçait le droit d'abolition. Maintenant je rétorque contre M. l'avocat-général l'argument dont il s'est servi. Si les droits de grâce, d'amnistie et d'abolition étaient des droits distincts, des droits qui ne se confondaient pas, des droits qui s'exerçaient indépendamment l'un de l'autre, le sénatus-consulte de l'an 10, les Chartes de 1814 et de 1830 n'ayant rétabli pour le souverain que le droit de grâce, on arrive à cette conclusion nécessaire qu'ils n'ont entendu rétablir ni le droit d'amnistie, ni le droit d'abolition.

Mais on m'arrête: ce droit d'amnistie que vous contestez au souverain, il l'a quelquefois exercé; donc il lui appartient. Singulier mode de trancher la question! Messieurs, après la rentrée des Bourbons, une amnistie (cruelle dans ses exclusions) fut prononcée. Par qui? par le roi? non; par les chambres. Qui ne se souvient de la loi de juillet 1814? A cette époque, le monarque ne croyait donc pas pouvoir prendre sur lui d'amnistier....

M. l'avocat-général vous a rappelé le caractère énergique, la volonté absolue de l'homme qui a proposé, qui a fait rendre le sénatus-consulte de floréal an 10; et il s'est demandé si cet homme de fer aurait été disposé à accepter le droit de grâce modifié, mutilé, restreint.... J'ai deux réponses; elles sont péremptoires. La première, je la puise dans la date du sénatus-consulte: *floréal, an* 10. Alors le chef du gouvernement n'avait pas cette autorité étendue et arbitraire qu'il s'est arrogée depuis. La seconde, le ministère public me l'a fournie lui-même, en faisant ressortir la différence qui existe entre les termes du sénatus-consulte de l'an 10, et ceux de l'une et l'autre charte. Le sénatus-consulte de l'an 10 subordonnait le droit de grâce à l'accomplissement de certaines conditions. L'exercice de ce droit ne pouvait se décider que dans un conseil privé. Ni la charte de 1814, ni la charte de 1830 n'ont laissé subsister l'embarras qu'éprouvait le souverain dans l'usage de l'une de ses plus belles prérogatives. Comment serait-il possible d'admettre qu'en l'an 10, le chef du gouvernement aurait refusé le droit de grâce, moins étendu qu'il ne l'était avant la révolution, quand on voit qu'il consentait à se soumettre, pour l'exercer, à des conditions qui aujourd'hui ne sont même plus imposées au souverain ?

J'avais raisonné ainsi : « c'est l'application du droit de « grâce, selon vous ; mais toute grâce émane du roi. Elle est « constatée par des lettres-patentes signées de sa main ; ces « lettres doivent être entérinées dans une cour de justice... « Y a-t-il eu rien de pareil ici » ? Que répond le ministère public ? Les lettres-patentes du roi, leur entérinement dans une cour de justice ne sont que des choses d'usage, et on a pu y déroger. Oh ! la théorie est nouvelle, et je serais tenté d'engager M. l'avocat-général à prendre ses instructions à la chancellerie. Comment ! Au bas de toutes les lettres de grâce accordées par le roi, ne lit-on pas cette mention : *« mandons et ordonnons à la cour royale de ..... « d'entériner les présentes lettres. »*

Mais veut-on avoir la preuve que la cour royale de Colmar elle-même n'a pas considéré la mesure prise à l'égard du prince, comme émanant du droit de grâce ?... Ce sont ses réserves et ses protestations.... Est-ce qu'une cour royale, à l'audience de laquelle sont présentées des lettres de grâce et qui doit les entériner, se permettrait de protester contre l'exercice légitime de la prérogative du souverain ? vous parliez *de trahison, de félonie;* mais quel nom mériterait l'acte par lequel des magistrats (qui doivent donner les premiers l'exemple de la soumission aux lois) s'immisceraient dans l'usage du droit de grâce, se réserveraient de juger son utilité, son opportunité !.... Le système de M. l'avocat-général tend à constituer la cour royale de Colmar en état d'insurrection et de révolte. Croyons, croyons plutôt qu'elle est restée sur la ligne de ses devoirs.

D'ailleurs, qui a le contre-seing des lettres de grâce ? Le garde des sceaux. A qui est confié le soin de les faire exécuter ? Au procureur-général. Or, quels sont les ministres dont les signatures se trouvent au bas des ordres qui ont fait sortir le prince ? Le ministre de la guerre, le ministre de l'intérieur. Quels fonctionnaires ont été chargés de leur exécution ? Le préfet, le lieutenant-général. Quant au garde des sceaux, on ne le voit nulle part. Le procureur-général, pas davantage. Ce dernier n'est pas même prévenu. On s'isole de lui, ainsi que du conseiller instructeur. Tous les deux n'apprennent l'extraction du prince que lorsqu'il n'est plus en leur pouvoir de s'y opposer.... Dites, dites donc encore que dans cette circonstance le souverain a usé seulement de son droit de faire grâce.

Revenons à la vérité. Le gouvernement a voulu se montrer indulgent, généreux en faveur du prince Louis. Il a pris une mesure qui le sert, qui lui profite. Le caractère de cette mesure est essentiellement politique. Ainsi que l'a exprimé la cour royale de Colmar, c'est aux deux chambres à la juger.

Quand je confesse que c'est aux deux chambres à la juger, je réponds suffisamment à ce reproche de M. l'avocat-général, que la défense voudrait traduire l'acte du gouvernement devant le jury et le soumettre à son appréciation... Du tout, du tout. Le jury n'a, pas plus que la cour royale de Colmar, le droit d'apprécier cet acte.... Mais ce qui est au pouvoir du jury, ce qui est même dans son devoir, c'est d'examiner jusqu'à quel point l'absence du prince peut influer sur le sort des accusés.... Je ne veux pas reproduire tout ce que j'ai dit à cet égard. La matière est épuisée. Un mot néanmoins, en réponse à quelques objections nouvelles.

M. l'avocat-général a déclaré que les explications, de quelque part qu'elles vinssent, ne changeraient en rien le sentiment qu'il s'était formé sur chacun des accusés ; que le prince présent comme le prince absent, sa façon de voir serait toujours la même. J'en doute ; je crois que le ministère public se fait illusion. Quel est donc l'homme de bonne foi (et je crois surtout à la bonne foi de M. l'avocat-général) qui pourrait affirmer que des explications données de certaine manière, présentées surtout avec l'accent de la persuasion, n'agiraient jamais sur son esprit? C'est impossible. Au surplus, en supposant que la conviction du ministère public soit forte et inébranlable comme il le déclare, ce n'est pas lui qui juge, heureusement ! (rires universels) et la conviction du jury, est-ce qu'il peut en répondre comme de la sienne ?

M. l'avocat-général ne veut pas que le prince ait séduit,

ait égaré, ait entraîné les accusés.... Quelle raison en donne-t-il? Le prince est incapable d'exercer le moindre ascendant. C'est un homme vulgaire, que ses relations ne recommandaient pas, digne de peu de faveur et d'intérêt... Y avez-vous réfléchi, Monsieur l'avocat-général? Pensez-vous qu'il soit bien séant, bien convenable, de s'étendre, comme vous le faites, sur les faiblesses, sur les défauts, sur le caractère peu méritoire du prince, quand il est absent? Faut-il que ce soit des accusés que vous preniez, non pas leçon, mais exemple de délicatesse dans les procédés? Et si la presse, l'inexorable presse, qui recueille tout, vous le savez, ne laissait point tomber vos étranges paroles, si elle les portait au delà de l'Océan, si elle les transmettait à l'oreille du prince, quelles plaintes celui-ci ne serait-il pas en droit d'exhaler!.. «Votre gouvernement «ne veut pas souffrir que je comparaisse devant ses tribu-«naux. Il m'en interdit l'accès; et lorsque cédant à une «contrainte, honorable dans son principe, mais à laquelle «j'aurais voulu ne pas être soumis, je me suis expatrié, «moi, au loin, il permet aux organes de la loi, de m'injurier, «de me diffamer! On veut me perdre dans l'esprit de ces «Français dont je porte la confiance et l'estime si haut!... «Une clémence qui se reconnaît à de pareils traits, qu'on la «reprenne, je n'en veux pas. La vie avec l'opprobre! La «mort plutôt, mille fois la mort!.... »

Et ce généreux langage, quel cœur généreux pourrait ne pas l'accueillir!... Ah! M. l'avocat-général, je vous rends assez de justice pour croire qu'il vous toucherait vous-même (Murmure d'approbation dans tout l'auditoire).

Eh bien! je suis heureux de pouvoir donner à la France une meilleure, une plus favorable opinion du prince..... A défaut de sa personne, apprenez, Messieurs, à le connaître par ses écrits.... Il est enlevé rapidement de sa prison. On le dirige vers la capitale. Là il lui est permis de passer quelques heures à la préfecture de police, pour se remettre des fatigues du voyage qui finit, pour se préparer aux fatigues du voyage qui va commencer. Quel emploi fera-t-il, ce noble jeune homme, d'un temps consacré au repos? Il n'avait pas pu perdre le souvenir de ses coaccusés qu'il laisse seuls, malgré lui, sous le poids d'une accusation terrible. Il veut faire servir du moins à leur salut, cette halte de quelques instants.... Une lettre est commencée. En tête elle porte: *Paris, ce 11 novembre* 1836;

à la fin : *Lorient, ce 15 novembre* 1836. Le temps lui avait manqué à Paris pour la terminer ; mais il ne mettra pas le pied sur le bâtiment qui va l'emporter loin des côtes de France, sans avoir pris la défense de ceux dont il a causé la perte.

Paris, le 11 novembre 1836.

« Monsieur,

« Malgré mon désir de rester avec mes compagnons d'in-« fortune et de partager leur sort, malgré mes réclamations « à ce sujet, le roi, dans sa clémence, a ordonné que je « fusse conduit à Lorient, pour passer de là en Amérique. « Quoique vivement touché de la générosité du roi, (ici M. Parquin s'adressant à l'avocat-général : vous voyez, Monsieur, que parmi ses nombreux défauts, il ne faut pas compter l'ingratitude) (hilarité) « je suis profondé-« ment affligé de quitter mes coaccusés, dans l'idée que « ma présence à la barre, que mes dépositions en leur « faveur auraient pu influencer le jury et l'éclairer sur plu-« sieurs faits importants. Privé de la consolation d'être utile « à des hommes que j'ai entraînés à leur perte, je suis obligé « de confier à un avocat ce que je ne puis plus dire moi-« même devant le jury....

« .... Certes, nous sommes tous coupables envers le gou-« vernement d'avoir pris les armes contre lui ; mais le plus « coupable, c'est moi, c'est celui qui, méditant depuis « longtemps une révolution, est venu tout à coup arracher « des hommes à une position sociale honorable, pour les « livrer à tous les hasards d'un mouvement populaire....

« .... Vous voyez donc que c'est moi qui les ai séduits, « en leur parlant de tout ce qui était capable de toucher un « cœur français. Ils me parlaient de leurs serments ; je leur « rappelai qu'en 1815 ils avaient juré fidélité à Napoléon II « et à sa dynastie. L'invasion étrangère, leur dis-je, « vous a déliés de vos serments ; la force peut rétablir « ce que la force seule a brisé. Pour leur ôter même tout « scrupule, je leur dis qu'on parlait de la mort subite du « roi et que la nouvelle paraissait certaine. On verra par « là combien j'étais coupable envers le gouvernement. « Or, le gouvernement a été généreux envers moi ; il a « trouvé que ma position d'exilé, que mon amour pour la « France, que ma parenté avec l'empereur étaient des cau-

« ses atténuantes. Le jury restera-t-il en arrière de la « marche indiquée par le gouvernement? .... »

Messieurs, vous l'entendez: le prince ne partage pas, lui, le sentiment de M. l'avocat-général. Il ne juge pas sa présence inutile. Il croit qu'elle eût été d'une grande importance, et surtout il ne s'explique pas qu'absous par le gouvernement contre lequel il s'était armé, ceux qu'il avoue avoir égarés, puissent être sérieusement poursuivis. Le langage dans cette partie de la lettre est tout à fait l'écho du mien.

Ceci, Messieurs, me suggère une observation qui n'est pas indigne de vous être présentée. Parmi les causes de l'enlèvement du prince, on a pu naturellement placer la crainte qu'un jury français ne voulût jamais consentir à dégrader d'une peine afflictive et infamante le neveu de Napoléon. Dans cette hypothèse, si des jurés avaient absous le prince, ne répugne-t-il pas au simple bon sens qu'ils eussent condamné les complices? évidemment, les accusés aussi eussent été absous. Or, ces accusés que vous auriez acquittés avec le prince, seront-ils condamnés, parce que le prince tient son acquittement du gouvernement et non de vous? Poser la question de cette manière, Messieurs, c'est la résoudre. (Assentiment.)

Me Parquin développe plusieurs autres considérations accessoires, et il ajoute :

Messieurs, j'ai réfuté avec le peu d'ordre qu'une réplique instantanée permet, et cependant, je crois, avec un véritable avantage, les objections du ministère public... Mes devoirs sont accomplis; maintenant vont commencer les vôtres. Ils sont grands... La France toute entière a les yeux sur vous. Répondez noblement à son attente. Quand depuis six ans vos prédécesseurs se sont abstenus avec soin de toute condamnation politique, ce n'est pas par celle-ci, apparemment, que vous voudriez commencer. Un procès où l'égarement des accusés se montre, et non pas leur perversité! un procès où la condamnation viendrait flétrir, moins les complices que le principal auteur de l'attentat; un procès entaché, dès son origine, par la violation du grand principe constitutionnel : Égalité devant la loi!... un tel procès : oh! quel triste honneur pour vous, Messieurs, si le premier, le premier de tous, il ne se terminait pas par un acquittement!

Je ne tarderai pas à quitter cette belle contrée. Dans

peu de jours, j'aurai regagné Paris. J'y rentrerai, le cœur plein du bienveillant intérêt qu'on m'a témoigné ici. Magistrature, administration, armée, barreau (barreau où j'ai rencontré des confrères que la capitale serait fière de posséder dans son sein), personnages de tous rangs, de toutes nuances, de toutes convictions politiques, partout on a compris ma position; partout j'ai recueilli de précieux suffrages; ma mémoire reconnaissante ne l'oubliera jamais... Ah! Messieurs les jurés, ayez, prenez aussi votre part de ces heureux souvenirs... Faites qu'à côté d'eux ne vienne pas se placer un amer, un poignant regret; faites que tout me soit doux dans les pensées qu'il m'arrivera souvent de reporter vers l'Alsace...

Et toi, ma vénérable mère, toi qui, à quatre-vingt-deux ans, as retrouvé des jours sans repos et des nuits sans sommeil, toi qui reproches à la Providence de ne t'avoir pas enlevée plus tôt de cette terre, où ton passage fut marqué par la pratique de toutes les vertus; toi dont les mains suppliantes, sans cesse élevées vers le ciel, redemandent un fils, tu m'attends; je te vois; je t'aborde; tes yeux interrogent les miens; j'entends ton cri: *Parquin, qu'as-tu fait de ton frère?...* Ma mère, ma bonne mère, sois tranquille, sèche tes larmes; ton fils, ton Charles, un jury alsacien te le rendra!

Cette brillante improvisation, sa péroraison touchante excitent une impression impossible à décrire: dans l'auditoire, au barreau, sur le banc des accusés, au siége même de la cour, une entraînante émotion se manifeste par des sanglots et par des larmes. Au moment où Me Parquin termine, des applaudissements prolongés éclatent dans l'auditoire, et tel est l'effet produit par l'orateur, que M. le président n'essaie pas même de les comprimer.

Le silence se rétablit enfin, et l'interprète traduit cette belle réplique.

L'audience est renvoyée à demain pour le résumé du président, la délibération et le verdict.

AUDIENCE DU 18 JANVIER.

Plusieurs heures avant l'ouverture de l'audience, une foule immense encombre les abords de la salle des assises. C'est aujourd'hui que doivent se terminer ces débats, dont les féconds incidents ont depuis près de quinze jours préoccupé l'attention publique. Avec l'issue prochaine du procès semble s'être accru aussi l'intérêt qu'inspirent les accusés; la foule est plus compacte, plus animée que jamais.

L'autorité, de son côté, a redoublé de précautions et de vigilance; une force armée, plus considérable que les jours précédents, est déployée au Palais-de-Justice; une compagnie de voltigeurs du 46e de ligne et une compagnie de grenadiers du 14e régiment d'infanterie légère, une escouade de gendarmes, des agents de police surveillent et gardent les issues de la salle.

Les curieux privilégiés, les dames et les membres du barreau se sont rendus de bonne heure à leur poste; la tribune réservée est remplie de dames élégantes qui semblent attendre avec impatience l'issue de ces graves débats.

Le bruit s'est répandu que M. le procureur-général Rossée doit prendre la parole pour répondre à la belle réplique de Me Parquin, qui a fait hier tant d'impression. Cette circonstance prolongerait encore ces discussions, qui déjà ne s'étaient avancées qu'avec une lenteur extrême.

A neuf heures la cour entre en audience.

Les accusés sont introduits et prennent leurs places ordinaires au banc de la prévention, avec cette calme assurance, cette dignité qu'ils n'ont pas cessé un instant de conserver pendant le cours des débats. Leur costume n'a point changé: le colonel Vaudrey porte encore la redingote qu'il a revêtue depuis deux jours; le lieutenant Laity est, comme hier, dépouillé des insignes de son grade; le costume du commandant Parquin est celui qu'il a conservé depuis le commencement du procès; M. de Querelles porte, comme hier, une capote de fantaisie, sans épaulettes; le comte de Gricourt est toujours habillé avec élégance ainsi que Mme Gordon; le comte de Bruc n'a pas non plus changé de costume.

M. LE PRÉSIDENT: Aucun des accusés n'a-t-il plus rien à dire pour sa défense? (Signes de dénégation au banc des accusés et des défenseurs.)

M. LE PRÉSIDENT: Les débats sont clos.

M. LE PRÉSIDENT fait le résumé des débats. Il le commence à peu près en ces termes:

« Messieurs les jurés,

« Si un accusé manque à votre jugement, si un prince d'illustre naissance a été soustrait à l'accusation, c'est qu'au cœur de la France vit le culte des grandes choses; c'est que la politique a des exceptions forcées et légitimes; c'est que dans le malheur la France a des regards pour ceux qui ont géré et gardé le dépôt de la dignité nationale. Vous vous féliciterez donc, comme nous, d'avoir un coupable de moins à rechercher et à punir, car elle est douloureuse votre mission. Flétrir, châtier son semblable, c'est un triste devoir, mais les crimes ne sauraient rester impunis, et la sûreté du pays exige que, dans une circonstance aussi grave, vous fassiez votre devoir sans écouter d'autres suggestions que celles de votre conscience et de la vérité. Que serait devenue la France et l'Alsace, si l'attentat dénoncé par le ministère public avait eu quelques instants de succès? L'anarchie hideuse, en haillons, populacière, le meurtre et le sang, la guerre intérieure et la guerre étrangère, tous ces fléaux seraient venus envahir notre pays, et s'asseoir sur notre sol de prospérité. Le cliquetis des armes, le fléau des réquisitions, les cours prévôtales remplaceraient le calme, producteur des travaux utiles, et la liberté aurait péri sous le sabre avec l'égalité même, autre colonne de notre vie politique. Mais le bon sens français a fait avorter à leur naissance ces coupables projets, et l'attitude du pays, morne, froide, dédaigneuse, a prouvé que l'abime des révolutions était à jamais fermé, et que la séduction ne pouvait prévaloir sur la fidélité aux lois. Mais jetons un dernier regard sur ces longs débats, et dans une analyse aussi succincte que possible, ramenons les faits à leur simplicité originelle et d'éloquents discours à leur juste proportion. Voyons s'il y a eu complot, quelles personnes s'y sont affiliées, voyons comment il s'est traduit en attentat. »

Ici M. le président résume les différentes charges qui pèsent sur chaque accusé, et les différents moyens de justification qui ont été allégués en leur faveur. Il reproduit, avec une impartialité scrupuleuse, tous les différents incidents de ce long procès. Ce résumé, écrit avec élégance et simplicité, a produit un vif effet sur le public. M. Gloxin termine ainsi :

« Ma tâche est arrivée à son terme, la vôtre va commencer. Vous l'accomplirez avec cette loyauté qui convient à des hommes d'honneur, avec ce consciencieux discernement qui, seul, honore votre mission. Vous vous montrerez les gardiens fidèles du repos, de la sécurité, de l'existence de tous les bons citoyens, et vous répudierez les illusions d'un faux patriotisme et d'une fausse pitié. Le droit de grâce appartient à la seule couronne, et notre souverain s'est toujours montré aussi jaloux de l'exercice de la clémence que des prérogatives de la liberté, et cette liberté n'existe qu'au prix de la justice ; sans la justice elle est une amère dérision. La France vous demande donc justice, au nom de son présent et de son avenir ; elle vous la demande, au nom de la dignité nationale, au nom du serment auquel vous avez juré de rester fidèle. Elle ne vous la demandera pas en vain, car la conscience du jury n'a jamais fait défaut à son serment.

Après ce résumé qui a duré plus d'une heure, M. le président fait faire la traduction par l'interprète.

Conformément à la loi, il donne lecture à MM. les jurés des vingt-quatre questions qu'ils ont à résoudre, et lit les instructions voulues par la loi.

Au moment où le jury se lève pour quitter la salle et entrer dans la chambre des délibérations, un violent tumulte éclate au fond de l'auditoire : »*Acquittez-les! acquittez-les!*» s'écrient plusieurs voix.

M. LE PRÉSIDENT. Gendarmes, faites retirer les interrupteurs.....

Vous faites tort aux accusés, dit d'une voix émue Me Parquin, en se tournant vers l'auditoire.

Il est onze heures et demie lorsque le jury se retire au milieu du mouvement d'étonnement excité par cet incident.

Durant la délibération, des conversations animées et bruyantes s'engagent dans toutes les parties de la salle. Les défenseurs sont entourés des membres du barreau et des personnes admises dans l'intérieur du prétoire.

Après vingt minutes l'huissier annonce le jury. La cour entre aussitôt en audience, et M. Weiss, de Truchtersheim, chef du jury, dit, au milieu du silence le plus profond :

« Devant Dieu et devant les hommes, sur mon âme et « ma conscience, la déclaration du jury, sur toutes les « questions, est, NON, les accusés ne sont pas coupables. »

M. le président rend aussitôt son ordonnance de mise en liberté.

Au même instant de bruyants applaudissements retentissent dans la salle; l'allégresse, l'enthousiasme est universel; les accusés acquittés remercient et embrassent leurs défenseurs avec une émotion visible; les membres du barreau et les amis des honorables avocats en font de même et les félicitent du beau succès qui a couronné leurs efforts.

La foule se retire lentement de la salle d'audience pour attendre dans la cour du palais la sortie des prévenus. Ici les témoignages de satisfaction recommencent. Les portes d'entrée de la salle sont fermées, et la foule, sans se laisser rebuter par le froid, attend avec impatience l'arrivée des accusés. Sa curiosité fut trompée : on les avait fait sortir par une porte de derrière.

A leur sortie, les jurés sont reçus par des vivat. Longtemps après l'issue du procès une foule immense encombrait encore la cour et les avenues du Palais-de-Justice.

FIN.

www.ingramcontent.com/pod-product-compliance
Ingram Content Group UK Ltd.
Pitfield, Milton Keynes, MK11 3LW, UK
UKHW021103230726
13926UKWH00004B/1989